Jutta Allmendinger
Schulaufgaben

**Wie wir das Bildungssystem verändern müssen,
um unseren Kindern gerecht zu werden**

Pantheon

Verlagsgruppe Random House FSC-DEU-100
Das für dieses Buch verwendete FSC®-zertifizierte
Papier *Lux Cream* liefert Stora Enso, Finnland.

Der Pantheon Verlag ist ein Unternehmen der
Verlagsgruppe Random House GmbH.

Erste Auflage
September 2012

Copyright © 2012 by Pantheon Verlag, München,
in der Verlagsgruppe Random House GmbH

Umschlaggestaltung: Büro Jorge Schmidt, München
Lektorat: Jana Schrewe, Berlin
Satz: Ditta Ahmadi, Berlin
Druck und Bindung: CPI – Clausen & Bosse, Leck
Printed in Germany
ISBN 978-3-570-55187-5

www.pantheon-verlag.de

Inhalt

Einleitung ... 7

Bildungsketten ... 11

KAPITEL 1
Aller Anfang braucht mehr als Zeit
Die Prägung der ersten Lebensjahre ... 13

KAPITEL 2
Die Macht der Integration
Was Kindergärten leisten können ... 35

KAPITEL 3
Zurück auf die Plätze
Grundschule und Entscheidungszwang ... 61

KAPITEL 4
Die Abschottung sozialer Kreise
Schulen unserer Kinder ... 85

Gewinner und Verlierer ... 107

KAPITEL 5
Alex im Glück
Was Schule auch sein kann ... 109

KAPITEL 6
Erkan geht in die Lehre
Mit dem falschen Namen auf den Markt ... 125

KAPITEL 7
Laura sucht ihren Weg
Inklusion als Menschenrecht 139

KAPITEL 8
Jenny trägt die rote Laterne
Ohne verwertbaren Abschluss in die Welt 159

Wie wir das Bildungssystem verändern müssen 175

KAPITEL 9
Gemeinsam Fahrt aufnehmen
Bildungs- und Sozialstaat im Einklang 177

KAPITEL 10
Länger gemeinsam lernen
Soziale Mobilität für unsere Kinder 191

KAPITEL 11
Demokratie wagen
Breite Bildung in unserem Unterricht 209

KAPITEL 12
Einer für alle – alle für einen
Ein Pakt von Bund, Ländern und Gemeinden 221

Unsere Schulaufgaben 233

Anmerkungen 247
Literatur 275
Dank 303

Einleitung

Dieses Buch verfolgt den Werdegang von vier Kindern, die soeben volljährig geworden sind. Einst waren sie die besten Freunde, heute haben sie sich nichts mehr zu sagen. Aus dem mit Stöcken und Plastikschwertern beschworenen »Einer für alle, alle für einen« wurde ein gleichgültiges Schulterzucken. Die Spuren dieser zerbrochenen Freundschaft führen schnurstracks zu den Eltern, in die Schulen und Nachbarschaften zurück. Sie zeigen unser aller Mangel an Geld, Zeit, Geduld und Kraft. Und damit die verführerische Macht, alles beim Alten zu lassen.

Die Freundschaft der vier begann im Alter von drei Jahren. In einem Kindergarten, der gezielt Kinder aus ganz unterschiedlichen sozialen Kreisen zusammenbringen wollte, fanden sie gut Platz: Alexander, genannt Alex, das Kind zweier Akademiker, Erkan, der Sohn türkischer Händler, Jenny, deren alleinerziehende Mutter arbeitslos war, und Laura, das leicht behinderte Kind eines Künstlers und einer Friseurin.

Die vier Kinder erwartete eine schöne Zeit. Viele Geburtstage, viele Wochenenden, viele Ausflüge verbrachten sie gemeinsam und mit ihnen die Eltern. Jenny siegte stets beim Memory-Spiel, Erkan rechnete blitzsauber für alle die Bonbons zusammen, Laura malte die wunderbarsten Bilder, und von Alex lernten sie Großmut und Deutsch. Nach drei Jahren wurden die Freunde getrennt. War der Kindergarten für die meisten noch frei wählbar, so wurde die Schule durch den

Wohnbezirk fest zugewiesen. Jenny und Erkan kamen auf Grundschulen, die in unmittelbarer Nähe zu ihrer Wohnung lagen. Alex besuchte die gutbürgerliche Schule in seinem Stadtteil. Laura dagegen blieb ein Jahr länger im Kindergarten, kam dann auf eine Grundschule und wurde bald auf eine Förderschule geschickt, die eben nicht mehr integrativ war.

Einige Jahre hielt die Freundschaft, insbesondere die Eltern von Alex kümmerten sich darum. Zuerst riss das Band zu Laura. Die neuen Freunde von Alex, Erkan und Jenny konnten mit ihr nichts anfangen, hänselten und gängelten sie. Den dreien fehlte der Mut zu widersprechen. Und die Eltern konnten nicht mehr helfen. Nach der vierten Klasse standen weitere Schulwechsel an. Würden die drei jetzt eine gemeinsame Schule besuchen? Alle hofften es, doch daraus wurde nichts. Die Noten von Jenny reichten gerade so für die Realschule, bald jedoch rutschte sie auf die Hauptschule ab. Ihre Mutter regte sich nicht. Die Eltern von Erkan wünschten sich den höchstmöglichen Bildungsabschluss für ihren Sohn. Er kam auf eine Realschule. Bei Alex dagegen stand das Gymnasium von Geburt an fest. Sein Klassenlehrer wörtlich: »Deine Noten sind nicht besonders. Aber das wird schon. Bei deinen Eltern braucht man sich keine Sorgen zu machen.« Noch hatten die drei sich fest im Blick. Geburtstage feierten sie gemeinsam, überreichten sich Geschenke, krakelig beschriftet: »Von Deinem besten Kumpel.«

Doch die Fäden lösten sich unaufhaltsam. Die Schule, die Freunde, das Leben unterschieden sich und damit die Interessen, der Sport, die Musik, die Urlaube, die Sprache. Bald weigerte sich Alex, seine Kumpels einzuladen, er schämte sich. Erkan traute sich nicht mehr, einfach bei seinen alten Freunden anzurufen, sie waren ihm fremd geworden. Jenny fand die anderen nur noch uncool. Und Laura suchte von sich aus sowieso nicht den Kontakt. Heute, mit achtzehn Jahren, fehlt ihnen jeder Kitt.

Laura, Erkan, Alex und Jenny sind meine Freunde. Es gibt sie wirklich. Meine Schilderungen folgen ihrem Leben. Persönlich wollen sie nicht erkannt werden. Das respektiere ich. In dem Buch ändere ich daher ihre Namen und die Lebensräume, vernachlässige einige Details und überziehe andere deutlich.

Eigentlich braucht es nur diese vier Leben und achtzehn Jahre, um zu zeigen, wie unser Bildungswesen funktioniert, wie es führt und verführt, wie es solange rüttelt und schüttelt, bis wir wieder dort angelangt sind, wo wir begonnen haben. Dies schlicht zu behaupten, wäre freilich billig. Also illustriere und belege ich die vier Bildungsverläufe mit Daten und Fakten. Das macht aus diesem Buch kein akademisches Werk, aber doch eine Darstellung, der die Forschung und die wissenschaftliche Verankerung nicht fehlen.

Anprangern will ich mit diesem Buch nicht. Schwarzmalerei und Larmoyanz sind mir fremd. Ich will beschreiben, warum es so gekommen ist. Begreifen, wo wir einhaken können. Die Bildungsverläufe dieser vier Kinder und die Forschung zeigen uns im Kleinen wie im Großen, wie Deutschland zu einer Bildungsrepublik werden kann. Noch sind wir das nicht. Die Bildung der Kinder hängt jenseits ihrer Fähigkeiten und Potenziale zu stark von ihren Elternhäusern ab. Gerade für die vielen neugierigen Kinder mit Einwanderungsstatus ist das besonders hart. Die Unterschiede zwischen den Bundesländern sind so ausgeprägt, dass daraus ungleiche Lebenschancen für die Kinder entstehen. Den Anspruch auf Bildung als Bürgerrecht verwirklichen wir nicht.

Warum eigentlich? Wir wissen, was zu tun ist. Wir sehen die Erfolge im Ausland, sehen viele wunderbare Schulen bei uns um die Ecke. Schulen, die Eltern mit ins Boot holen. Schulen, die mit kleinen Klassen, guten Lehrern und Sozialpädagogen die Schülerinnen und Schüler mitnehmen, die sie in ihrem Ehrgeiz piksen und sie motivieren. Wir stellen uns vor: Gemeinden lassen Schulen, Schüler, Lehrer und Eltern einen Pakt auf die Zukunft schließen. Sie ziehen an einem Strang und erzeugen das, was für sie und die Gesellschaft das Wichtigste ist: Unabhängigkeit, Selbstverwirklichung, ein gutes Leben. Auch davon handeln die folgenden Seiten.

Gewidmet ist dieses Buch meiner Mutter, die sich über meine Frauenbücher immer gefreut hat, ein Bildungsbuch aber stets wichtiger fand. Nun ist es da, ohne dass sie es noch lesen und mir in zarten Nebensätzen deutlich kommentieren kann.

Jutta Allmendinger
Berlin, im August 2012

Bildungsketten

KAPITEL I

Aller Anfang braucht mehr als Zeit
Die Prägung der ersten Lebensjahre

1994, Mitte April. Ein sonniger Nachmittag in Norddeutschland. Im Stundentakt sieht man Frauen, teilweise begleitet von ihren Männern, ein schönes Einfamilienhaus betreten und wieder verlassen. Geöffnet wird die Tür von einer blonden Frau in Jeans und mit lustigem Pferdeschwanz, manchmal auch von einem großen, fast schlaksigen Mann. Um was es geht, erschließt sich dem Beobachter von außen nicht.

Meine Freunde Susanne und Michael erwarten im August ihr erstes Kind. Schon lange steht fest, es wird mein Patenkind sein: das Kind, welches ich hoffentlich über Jahrzehnte begleiten würde. Auch deshalb bin ich heute dabei. Die zukünftigen Eltern hatten eine Anzeige in die Zeitung gesetzt: Wir suchen eine Kinderfrau. Aus den vielen Zuschriften wählten sie mühsam fünf Bewerbungen aus. Die Frauen stellen sich heute vor. Eine skurrile Situation. Die Schwangerschaft sieht man Susanne kaum an. In der Wohnung deutet nichts darauf hin, dass hier bald ein Kind leben wird. Fachzeitschriften für Architektur und Design stapeln sich auf den Tischen. Nüchtern und irgendwie provisorisch ist alles eingerichtet, fast wie eine zu groß geratene Studentenbude.

Wir sitzen am Küchentisch und befragen die fremden Frauen, wie sie ein Kind erziehen würden. Wie würden sie es versorgen und betreuen? Welche Erziehungsstile würden sie wohl anwenden? Nur Michael und ich fragen, einen vorbereiteten Bogen mit Strichpunkten in der Hand. Susanne wirkt ungewohnt reserviert, fast in sich gekehrt. Die Bewerberinnen antworten, manche lassen ihre Männer für sich sprechen, es fehlt ihnen das nötige Deutsch. Ganz unterschiedliche Menschen haben wir zum Vorstellungsgespräch eingeladen. Ältere Damen, junge Studentinnen, politische Flüchtlinge, die in Deutschland nur schwer Fuß fassen dürfen. Alle haben Erfahrungen mit Kindern, eine Ausbildung als Erzieherin und entsprechende Abschlüsse kann keine vorweisen.

Meine Freunde benötigen eine Kinderfrau ab Oktober, unmittelbar nach dem Mutterschutz von Susanne. Michael, ein Architekt, macht allemal keine Babypause. Er ist in mehrere Großprojekte eingebunden. Susanne, eine Innenarchitektin, will zügig zurück ins Büro. Sie möchte sich auf Lichtdesign spezialisieren und dann ihr eigenes Design-Büro gründen. Die Kinderfrau soll zunächst ganztags und flexibel betreuen, je nach Arbeitspensum der Eltern. Wenn das Kind sechs Monate alt ist, kann sie ihre Arbeitszeit etwas verringern, dann darf das Kind in eine Krippe. Dort ist es bereits seit letztem Jahr angemeldet, als Susanne und Michael entschieden, endlich eine Familie zu gründen. Es ist die einzige Krippe für unter Einjährige in der norddeutschen Stadt. Es ist eine private Einrichtung. Für meine gut verdienenden Freunde kostet sie, was sie wert ist: 1400 DM im Monat. Die Kinderfrau brauchen sie trotzdem. Die Kita richtet sich nicht nach den Projektterminen der Eltern, nicht nach den Dienstreisen des Vaters und den Prüfungen der Mutter, abends und an den Wochenenden bleibt sie geschlossen. Susanne und Michael rechnen mit Kosten von 3500 DM im Monat. Das ist etwas mehr, als Susanne zu dieser Zeit verdient. Wer kann sich das schon leisten.

Michael hatte die Idee und ergriff die Initiative. Er schlug vor, das Kind in der Kita anzumelden, bevor es überhaupt gezeugt war, und eine Kinderfrau auszuwählen, vier Monate vor der Geburt. Susanne macht das Angst. Sie will das alles anders. Nein, mit dem Kind zu Hause bleiben möchte sie nicht.

Keinesfalls. Das sagt sie auch Michael. Sie will wieder an den Schreibtisch, arbeiten und ihre beruflichen Pläne verwirklichen. Doch dieses Treffen am Küchentisch? Das Kind soll erst einmal da sein, gesund, quietschend und froh. Sie will es sehen, erst dann die Kinderfrau und die Kita suchen. Wie soll man jetzt wissen, was passt?

Mit 36 Jahren gilt Susanne als Risikomutter. Sie muss häufiger zum Arzt als jüngere Frauen, mehr Vorsorgetests werden ihr empfohlen. Sie wartet wochenlang auf die Ergebnisse, ein wichtiges steht noch aus. Das macht sie unsicher. Mittelfristige Planungen sind in ihrem Beruf ganz normal, in diesem intimen Bereich empfindet sie das aber als anmaßend. Susanne braucht ihren gesamten Verstand, um die Betreuungsfrage so früh zu klären. Sie will das Ganze schnell hinter sich bringen. Bereits an diesem Nachmittag fällt die Entscheidung. Maria wird eingestellt, eine spanische Frau mittleren Alters. Selbst kinderlos traf sie mit ihrem Mann gerade in Deutschland ein, als Lehrerin ohne Aussicht auf eine Anstellung in deutschen Schulen. Er mit passablem Deutsch, sie holpert noch und muss lernen. Maria kam auf Empfehlung, sie ist eine entfernte Bekannte. Das war der ausschlaggebende Grund. Man kann sich auch vorstellen, Maria langfristig zu beschäftigen, denn meine Freunde wollen gerne ein zweites und drittes Kind.

Alexander kam im August zur Welt. Ein Wonnebrocken glücklicher Eltern. Maria half viel früher als geplant, wo sie nur konnte. Susanne war froh darüber. So fiel ihr die Rückkehr in den Beruf leicht. Das Kind war an Maria gewöhnt und nach sechs Monaten auch schnell an die Krippe. Mit den Eltern verbrachte Alex täglich wertvolle Stunden. Eine traute Familie war entstanden. Zwei Jahre später bestand Susanne ihre Prüfung. Alle Planungen hatten sich umsetzen lassen. Der hohe finanzielle Einsatz hatte sich gelohnt. Sie erwartete ihr zweites Kind.

Erkan, Jenny und Laura, die drei anderen Kinder dieser Geschichte, wurden im selben Jahr in derselben norddeutschen Stadt geboren. Doch 1994 kannte ich sie noch nicht. In den ersten drei Jahren wuchsen sie zu Hause auf.

Die Eltern von Erkan wollten das so. Erkans Mutter war allemal zu Hause und kümmerte sich mit ihrer Mutter um die große türkische Familie. Eine Krippe für Erkan kam ihnen nicht in den Sinn. Es ging ihm gut zu Hause. Seine Geschwister und die Erwachsenen spornten ihn an und brachten ihm vieles bei. Eine gute Bildung war den Eltern wichtig. Doch Erkan sprach nur Türkisch. Deutsche Kinder kannte er nicht. Der Einstieg in die Schule würde ihm später schwerfallen. Der Kinderarzt empfahl den Eltern daher dringend, Erkan zumindest für einige Stunden am Tag in einen Kindergarten zu geben. Da war Erkan schon drei.

Bei Jenny war es anders. Ihre Mutter war seit der Geburt ihres älteren Halbbruders arbeitslos, wollte arbeiten und litt sehr darunter, nur zu Hause zu sein. Sie wollte raus aus ihrer Wohnung, aus dem Viertel mit so vielen Sozialwohnungen. Sie wehrte sich dagegen, langsam unterzugehen, sich anzupassen an diese Gegend ohne Hoffnung. Der Vater ihres Sohnes hatte Wert darauf gelegt, dass sie sich nur um das Kind kümmert. Von seinem Lohn konnte die Familie leben. Dabei wäre die Mutter gern erwerbstätig gewesen. Ihr Realschulabschluss war nicht schlecht. Ihre Ausbildung zur Einzelhandelskauffrau hatte vielversprechend begonnen. Dann wurde sie schwanger und brach die Ausbildung ab. Als der Vater ihres Sohnes sie später verließ, rutschte sie schnell in die Sozialhilfe. Die zweite Schwangerschaft folgte, Jenny wurde geboren. Der leibliche Vater erkannte seine Tochter zwar an, aber die Eltern wollten nicht zusammenleben. Jennys Mutter war also alleinerziehend. Solange eine Kinderbetreuung für die unter dreijährige Jenny fehlte, konnte die Mutter nicht erwerbstätig sein. Deshalb drängten Sozial- und Arbeitsamt sie nicht. Sie förderten auch nicht. Die junge, gescheite Frau verlor mehr und mehr den Halt. Die Antriebskraft verebbte, Hoffnung und Mut schwanden. So verstrichen die ersten Lebensjahre von Jenny.

Laura und ihre Familie hatten die unruhigsten ersten drei Jahre. Rasch nach der Geburt befürchtete ihre Mutter, dass mit ihrer Tochter irgendetwas nicht stimmen könnte. Laura erschien ihr kraftloser als andere Kinder. Der Kinderarzt versuchte sie zu beruhigen und verwies darauf, dass jedes Kind sein eigenes Tempo hat. Doch bis zur nächsten Vorsorgeuntersuchung hatte sich Lauras Zustand nicht verbessert. Sie zeigte zu wenig Muskelspannung für ihr Alter. Der Kinderarzt überwies sie ans Sozialpädiatrische Zentrum. In dieser Kinderklinik arbeiten Ärzte und Therapeuten unterschiedlicher Disziplinen unter einem Dach zusammen. Sie kümmern sich um Kinder, die sich auffällig entwickeln. Die Ärzte untersuchten Laura, führten spezielle Tests durch. Schließlich stellte sich heraus, dass Laura eine zentrale Bewegungskoordinationsstörung hat, mittelschwer, therapierbar. Die Ärzte empfahlen verschiedene Therapieformen und setzten ihre ganze Maschinerie in Gang. Laura wurde nach dem Bobath-Konzept behandelt, erhielt Cranio-Sacral-Therapie, ihre Mutter recherchierte nächtelang im Internet und übte mit Laura stundenlang nach dem Vojta-Prinzip. In regelmäßigen Abständen begutachteten die Ärzte, ob sich bei Laura Fortschritte zeigen, denn das war keineswegs sicher. Mit ihnen wartete Lauras Mutter. Sie wartete auf kleine Erfolge, eine gewisse Entwicklung. Keiner konnte ihr sagen, wann diese einsetzen, ob sie überhaupt kommen würde. Diese Unsicherheit nagte an ihr. Mit ihrem Mann konnte sie darüber nicht sprechen. Er ging anders mit der Situation um, räumte der Krankheit seiner Tochter nicht so viel Raum ein, vertraute ganz stark seinem Kind.

So suchte die Mutter den Rat einer Therapeutin in dem Sozialpädiatrischen Zentrum. Etwa ein Jahr lang sprach sie dort einmal in der Woche über ihre Ängste und ihre Trauer. Die Therapeutin half ihr, selbstbewusster mit der Krankheit von Laura umzugehen. Die unterschiedlichen Therapien und die Termine wurden ihr bald zu viel. Sie suchte eine andere Kinderärztin auf, zumal bei Laura zusätzlich eine sensorische Integrationsstörung diagnostiziert worden war. Die neue Kinderärztin war eher ganzheitlich orientiert und empfahl eine Einrichtung, die nach dem Pikler-Prinzip arbeitet. Pädagogen, Psychologen und Familientherapeuten unterstützen gemeinsam Eltern und Kinder. Dort fühlten sich Laura und ihre Mutter erst einmal gut aufgehoben.

Gut eineinhalb Jahrzehnte liegen diese frühen Lebensjahre der vier Kinder jetzt zurück. Damals mussten sich die Eltern schwierigen Entscheidungen stellen: Kann ich Erwerbstätigkeit mit Familie in Einklang bringen? Steht eine Infrastruktur zur Verfügung, die beiden Eltern oder Alleinerziehenden eine Erwerbstätigkeit und damit finanzielle Unabhängigkeit ermöglicht? Das sind keine individuellen Fragen, so unterschiedlich die Situation jeder Familie im Einzelnen auch aussehen mag. Es sind Fragen an unser Gemeinwesen. Was wird gefördert, welche Anreize gibt es, einer Erwerbstätigkeit nachzugehen? Wen begünstigt das Steuersystem, diejenigen, die ohnehin schon besser dastehen, oder jene, die wenig haben, auch wenig Spielraum für freie Entscheidungen? Es sind auch Fragen an das Bildungssystem. Wird Kindern, in deren Familie nicht Deutsch gesprochen wird, außerhalb des Elternhauses nahe gelegt, die Sprache der neuen Heimat früh zu lernen? Werden Potenziale der Kinder erkannt und wird ihnen geholfen, Stärken zu nutzen und Schwächen zu überwinden oder zu kompensieren?

Zufriedenstellende Antworten und kluge politische Lösungen für diese Fragen an den Sozialstaat, an die Bildungsrepublik, an uns alle gab es Mitte der 1990er Jahre nicht. Die

Dringlichkeit dieser Probleme, die damals offenkundig wurden, hat seitdem noch zugenommen. Heute sehen wir den demografischen Wandel mit allen Konsequenzen. Der Wirtschaft dämmert, dass die ungenutzten Potenziale für den Arbeitsmarkt zwingend ausgeschöpft werden müssen. Heute weiß die Forschung, wie entscheidend die Förderung gerade der Kleinsten aus armen und zugewanderten Familien ist, damit sie früh den Anschluss an das Niveau der Kinder finden können, die in einer günstigeren Situation aufwachsen. Hat die Politik seit den ersten Jahren von Alex, Erkan, Jenny und Laura gehandelt, wird es Eltern und Kindern heute leichter gemacht?

In Maßen. Die Politik schlingert. Sie verwirrt und verirrt sich in den Kategorien Kinder, Ehe, Frauen. Die unterschiedlichen Anreizstrukturen unserer Steuer- und Beitragssysteme belegen das glasklar. Die Ehe führt zum Ehegattensplitting und, wenn man gut verdient und die Spielregeln beherrscht, zu richtig viel Geld. Kinder führen zu Steuerfreibeträgen, das ist vergleichsweise wenig Geld. Im deutschen Transfersystem erhalten – bei gleicher Einkommenssituation – die Paarhaushalte mit einem Kind höhere Transferzahlungen als Alleinerziehende mit einem Kind. Betrachten wir Maßnahmen, die besonders eng mit der Bildung sehr kleiner Kinder verbunden sind: das Erziehungsgeld, das Elterngeld und den Ausbau der außerhäuslichen Betreuung.

Zwischen 1986 und 2006 gab es neben dem *Kindergeld* das *Erziehungsgeld* für bedürftige Eltern.[1] Im Fachjargon bezeichnet man diese Transferzahlung als kindbezogene kompensatorische Leistung. Sie änderte sich ständig. Man spielte mit ihr und wollte zunehmend neben den Kindern auch ihre Eltern erziehen. Zunächst lagen die Leistungen bei 600 DM (300 Euro), und sie wurden für zehn Monate gewährt. 1988 erhöhte man auf zwölf Monate und bald auf 24 Monate. 2003 wurde es raffiniert: Eltern konnten wählen zwischen 307 Euro für 24 Monate und dem »budgetierten Erziehungsgeld« von 460 Euro für zwölf Monate. Der Gesamtbetrag lag zwar bei einer längeren Erwerbsunterbrechung höher als bei einer kürzeren Bezugsdauer, doch die Umsteuerung von »lang und niedrig« zu »kurz und hoch« zeigte sich deutlich. Man wollte wegkommen von der Mütterfalle, weg von Anreizen für zu lange Erwerbsunterbrechungen, nach denen Frauen nur schwer in ihre Berufe zurückfinden.

Eingeführt von Familienministerin Renate Schmidt, die das Amt von 2002 bis 2005 innehatte, bereiteten die kürzeren Laufzeiten bei höheren Beträgen maßgeblich das spätere *Elterngeld* vor. Als erste Ministerin arbeitete Renate Schmidt offensiv mit den drei Dimensionen Zeit, Geld und Infrastruktur. Denn nach dem budgetierten Erziehungsgeld brachte sie das *Kindertagesbetreuungsausbaugesetz* auf den Weg. Es wurde 2005 verabschiedet und sah vor, bis 2010 insgesamt 230 000 neue Betreuungsplätze für unter Dreijährige zu schaffen. Zudem formulierte es erstmals klare Standards für die Qualität der frühkindlichen Betreuung. Ursula von der Leyen, Familienministerin von 2005 bis 2009, arbeitete mit diesen Ansätzen entschlossen und mutig weiter. Zeit, Geld und Infrastruktur waren auch ihre Themen: Das *Bundeselterngeld* und das *Elternzeitgesetz* wurden 2006 eingeführt, das *Kinderförderungsgesetz* mit seinem Rechtsanspruch auf Kinderbetreuung ab dem ersten Geburtstag folgte wenig später.

Bei dem heutigen *Elterngeld* handelt es sich um eine elternbezogene Entgelt*ersatz*leistung. Das erste Lebensjahr von Kindern wird ähnlich wie ein Jahr in der Arbeitslosigkeit behandelt. Das Konstruktionsprinzip des Elterngelds entspricht dem des Arbeitslosengelds I (ALG I), das seit 2005 gezahlt wird. Beide Sozialleistungen werden für zwölf Monate gewährt, die Höhe richtet sich jeweils nach dem letzten Nettoeinkommen des Antragstellers.[2] Damit setzen beide Leistungen darauf, den vorherigen Status des Antragstellers zu erhalten. Nur die zwei Partnermonate, die gezahlt werden, wenn der andere Elternteil, meist der Vater, zu Hause bleibt und sich um die Erziehung der Kinder kümmert, kennt man beim Arbeitslosengeld nicht.

So nachvollziehbar diese – nun von Kindern ausgelöste – uralte Logik eines Wohlfahrtsstaats erscheint, so verheerend sind einige Folgen dieses Vorgehens. Die Sozialleistungen bewahren zwar die wirtschaftliche Situation der Familie, eröffnen jedoch keine neuen Chancen. Kinder werden von Geburt an ungleich alimentiert – und zwar nicht entgegen dem Einkommen ihrer Eltern, um so einen vertikalen Ausgleich zwischen den sozialen Schichten zu schaffen, sondern entsprechend dem Einkommen der Eltern. Kurz gesagt: Die Kinder sozial schwacher Eltern bekommen weniger, die Kinder gut situierter Eltern mehr. Dies ist die klare Konsequenz der nun auf Eltern bezogenen Leistungen.

Aus diesem Ansatz einer Entgeltersatzleistung leiten sich weitere Folgen ab: Gegenüber dem Erziehungsgeld wurden die Gesamtleistungen bei nicht erwerbstätigen oder arbeitslosen Eltern drastisch vermindert. Zwar ist das Elterngeld nach unten bei 300 Euro gedeckelt, aber es wird nun für zwölf statt zuvor für 24 Monate gezahlt. Die Leistungen wurden damit halbiert. Eltern, die aus der Arbeitslosigkeit heraus Kinder bekommen, beziehen seit dem 1. Januar 2011 gar kein Elterngeld: Da sie ja zuvor kein Arbeitseinkommen hatten, kann es auch keine Entgeltersatzleistung geben. Ihr Unterhalt wird durch das pauschalierte Arbeitslosengeld II (ALG II) abgegolten.

Wie passt diese Entwicklung in der Familienpolitik zu den Erkenntnissen, wonach Kinder unter der Armut ihrer Eltern ganz besonders leiden? Müssten nicht gerade Kinder aus sozial schwachen Familien und von Alleinerziehenden zielgenau unterstützt werden? Dies ist nicht der Fall. Heute wird mit über 4 Milliarden Euro für das Elterngeld mehr ausgegeben als für das Erziehungsgeld, das mit 2,9 Milliarden

Euro budgetiert war. Von diesen 4 Milliarden Euro wird nur ein Drittel für Sozialleistungen aufgewendet, also für Eltern, deren Einkommen so gering ist, dass sie unter dem Sockelbetrag von 300 Euro bleiben würden. Merkwürdig ist auch, dass das Elterngeld aus Steuern erstattet wird. Einkommensabhängige Leistungen werden in der Systematik des deutschen Sozialstaats sonst über Beiträge finanziert. In dieser Hinsicht erscheint die Konstruktion des beitragsfinanzierten Arbeitslosengelds I und des steuerfinanzierten, pauschalierten Arbeitslosengelds II weit fairer.

Wie ist diese Wende in der Familienpolitik zu verstehen? Die Antwort ist einfach. Man setzte nicht auf Armutsprävention, sondern auf eine »qualitative Bevölkerungspolitik«, möchte also insbesondere Gutverdienenden Anreize für die Familienbildung bieten.[3] Kinder zu haben soll nicht mit Einschnitten in den Lebensstandard verbunden sein. Sie sollen nicht zu langen Erwerbsunterbrechungen führen oder einseitig zu Lasten weiblicher Erwerbsbiografien gehen. Vätern werden Anreize gegeben, sich mehr für ihre Kinder zu engagieren. All das sind wichtige und richtige Ziele.

Bezieht man diese Leistungen aber auf die Lebensverläufe von Eltern aus unterschiedlichen Schichten, erkennt man leicht, dass die neue Familienpolitik die armen Familien vergisst. Frauen ohne Einkommen erhalten Hartz IV und sonst nichts. Sie verlieren damit 300 Euro im Monat, da das frühere Erziehungsgeld zusätzlich zu Hartz IV gewährt wurde. Bei Frauen mit niedrigem Einkommen ändert sich nichts an der Höhe der monatlichen Transfers. Deren Dauer ist aber auf ein Jahr beschränkt worden und legt damit eine wesentlich frühere Rückkehr in den Arbeitsmarkt nahe. Frauen mit mittlerem bis höherem Einkommen gewinnen Geld und Zeit. Hatten sie vor 2007 keine Ansprüche, so beziehen sie jetzt bis zu 1800 Euro im Monat für ein ganzes Jahr. Da beide Eltern das Elterngeld auch gleichzeitig bekommen können, eröffnen sich damit gemeinsame Korridore an Zeit und Geld: Bis zu sieben Monate bei bis zu 3600 Euro können die Eltern gemeinsam in Elternzeit gehen. Das ist viel Geld. Mit einer vorbeugenden Familienpolitik für alle verträgt sich das (noch) nicht. Es muss nachgebessert werden.

Wie steht es um das dritte Element der Familienpolitik, die Infrastruktur? In der Systematik familienpolitischer Maßnahmen ist der Ausbau einer guten Infrastruktur für Kinder sicherlich das bedeutsamste und teuerste Projekt. Das *Kinderförderungsgesetz* wurde 2008 vom Bundestag und vom Bundesrat, also der Länderkammer, verabschiedet. Hiernach soll das Betreuungsangebot für Kleinkinder bis August 2013 so weit ausgebaut werden, dass für jedes dritte Kind im Alter zwischen einem und drei Jahren ein Platz bei einer Tagesmutter oder in einer Kindertagesstätte bereitsteht. Damit gilt ein Rechtsanspruch für Kinderbetreuung bereits vom ersten Geburtstag des Kindes an. Die damalige Familienministerin Ursula von der Leyen hat also ein ehrgeiziges Ziel festgeschrieben und die Vorgabe ihrer Vorgängerin Renate Schmidt nochmals deutlich erhöht. Zwischen 2008 und 2013 soll sich die Zahl der Betreuungsplätze für kleine Kinder auf insgesamt 750 000 verdreifachen. Das neue Gesetz kostet nicht weniger als 12 Milliarden Euro, also das Dreifache des Elterngeldes, und wird von Bund, Ländern und Gemeinden zu je einem Drittel getragen. Darüber hinaus beteiligt sich der Bund ab 2014 an den Betriebskosten mit jährlich 770 Millionen Euro.[4]

Von Anfang an wurde das Gesetz hochgelobt und gleichermaßen kritisiert. Für mich, wie für viele andere, ist es die passende Ergänzung und zugleich ein Korrektiv zum Elterngeld. Denn es sieht vor, dass jedes Kind einen Platz in einer Kindertagesstätte haben soll, ganz gleich aus welchem Elternhaus es stammt. In vielen Bundesländern und Gemeinden werden Kinder aus sozial schwachen Familien und von Alleinerziehenden zudem bevorzugt aufgenommen. Damit könnte die Bundesagentur für Arbeit endlich ihre bereits 2005 erlassenen Beschlüsse zum Fordern und Fördern bei den Müttern zumindest ansatzweise umsetzen. In den Gesetzen für moderne Dienstleistungen am Arbeitsmarkt, landläufig als Hartz-Gesetze bekannt, heißt es, die Bundesagentur für Arbeit müsse sich um entsprechende Kinderbetreuungsangebote kümmern. So sollen insbesondere junge arbeitslose Mütter schnell zurück ins Erwerbsleben finden. Doch wo es keine Infrastruktur für die Kinderbetreuung gibt, können auch Arbeitsagenturen nicht helfen.

Die Kritik am Kinderförderungsgesetz umfasst viele bis heute offene Punkte und Fragen. Wie steht es um die Zielgröße: Reicht das Angebot, wenn wir für (nur) jedes dritte Kind im Alter zwischen einem und drei Jahren einen Kitaplatz vorhalten? Wie sieht es mit der Umsetzung aus: Schafft man den Ausbau in fünf Jahren? Wie sichert man die Qualität: Wie muss eine gute Betreuung aussehen? Was ist mit den Gebühren: Können sich Eltern die Betreuung leisten? Wie fasst man den Grad der Verpflichtung: Müssen Eltern ihre Kinder außerhäuslich betreuen lassen? Wie geht man damit um, dass nur ein Teil der Eltern die Leistungen abruft: Stehen Nicht-Nutzern dann Ersatzleistungen, wie etwa das Betreuungsgeld, zu?

Diese Punkte sind mehr als nur klitzekleine Fragen. Sie betreffen das Wohl von Kindern, Eltern und Familien. Sie stehen für unser Verständnis von Chancengleichheit, von Zukunftsfähigkeit und nachhaltiger Familienpolitik. Es lohnt sich, über jede einzelne Frage zu streiten. Ein Rückzug in alte ideologische Gräben oder der Glaube an die kraftvoll ordnende Hand des Marktes empfehlen sich dagegen nicht. Auch nicht für Kristina Schröder, unsere Familienministerin seit 2009.

Die Zielgröße:
Reichen Kitas für jedes dritte Kind unter drei Jahren?

Fragt man Eltern, ob sie eine Kita für ihre kleinen Kinder nutzen würden, läuft man unweigerlich in ein Erhebungsproblem: Wie soll man eine Meinung zu etwas äußern, das man nicht oder kaum kennt? In den alten Bundesländern trifft dies für die Betreuung von Kindern unter drei Jahren unweigerlich zu. Die Betreuungsquote von unter Einjährigen liegt hier bei 2 Prozent, von Einjährigen bei 15 Prozent und von Zweijährigen bei 35 Prozent. Eltern kennen bei dieser geringen Quote kaum andere Eltern, die über ihre Erfahrungen berichten könnten. In den neuen Bundesländern ist das anders: Zwar gehen hier die Betreuungszahlen der unter Einjährigen rasant zurück. 2010 lag die Quote bei 5 Prozent. Doch von den einjährigen Kindern werden 55 Prozent und von den Zweijährigen 80 Prozent außerhäuslich betreut. In den neuen Bundesländern können die Eltern auf die Erfahrung, das Vertrauen und das Wissen zurückgreifen, dass eine außerhäusliche Erziehung weder Kindern noch Eltern schadet.

Wie viele Eltern wünschen sich also eine Betreuung für ihre Kinder? Befragt man Eltern mit mindestens einem Kind unter vier Jahren, so würden im Bundesdurchschnitt 39 Prozent der Eltern ihr Kind in eine außerhäusliche Betreuung geben.[5] In Westdeutschland sind es 37 Prozent und in Ostdeutschland 51 Prozent. Insbesondere gut qualifizierte Eltern und Alleinerziehende sprechen sich für eine frühe Kinderbetreuung aus. Diese Eltern würden ihre Kinder übrigens auch deutlich länger am Tag betreuen lassen. Eltern von älteren Kindern gaben hier weniger Stunden täglich an. Sie sind wesentlich häufiger in Teilzeit erwerbstätig.

Diese Zahlen, die inzwischen drei Jahre alt sind, legen es nahe, dass die Vorgabe des Gesetzes, im Bundesdurchschnitt für jedes dritte Kind eine Tagesbetreuung vorzuhalten, knapp auf Kante gerechnet ist. Mit dieser Zielsetzung lässt sich in den neuen Bundesländern kein Rechtsanspruch unterlegen. Die alten Bundesländer hinken noch hinterher. Doch auch der Blick ins Ausland zeigt, wie viel sich bei der Kinderbetreuung innerhalb kurzer Zeit bewegt. Es wird nicht lange dauern, bis wir mehr Plätze brauchen.

Bleibt die Frage nach der Betreuung von Kindern, die jünger als ein Jahr sind. Das Kinderförderungsgesetz gilt für diese Kinder nicht. Um die ganz Kleinen sollen sich die Eltern kümmern. Dafür wird ihnen das Elterngeld ein Jahr lang gezahlt. Für viele, vielleicht sogar die meisten Familien erscheint diese Konstruktion durchaus sinnvoll. Die Forschung ermittelte, dass unter Einjährige, die frei von Risikolagen heranwachsen, nicht von einer außerhäuslichen Betreuung profitieren. Bei mittleren und höheren Einkommen stimmt der finanzielle Rahmen. Wenn sich Eltern die Betreuung teilen, unterbrechen beide ihre Erwerbstätigkeit weit weniger als ein Jahr, sodass auch hier keine Verluste entstehen. Zudem wäre eine qualitativ hochwertige, außerhäusliche Betreuung so kleiner Kinder sehr teuer. Bei ihnen darf die Gruppe nur sehr klein und der Betreuungsschlüssel niedrig sein. Problematisch wird es jedoch, wenn Risikofaktoren in der Familie vorliegen, etwa Armut herrscht, Sorgfalt und Perspektiven fehlen. In diesen Familien richten die 300 Euro Elterngeld nichts aus, wenn sie überhaupt gezahlt und nicht mit dem Arbeitslosengeld II verrechnet werden. Denken wir nur an das erste Jahr von Jenny. Hier besteht Handlungsbedarf. Diese Familien müssen nicht nur besser finanziell unterstützt werden. Insbesondere sollten diese Kinder bevorzugt eine kostenfreie außerhäusliche Betreuung erhalten.[6]

Die Umsetzung:
Schafft man den Ausbau in fünf Jahren?

Von Beginn an wurde heiß diskutiert, ob der Bund beim Ausbau der Kinderbetreuung nicht mehr als ein Drittel der Kosten übernehmen müsste. Denn vielerorts scheitert der Ausbau an den hohen finanziellen Beiträgen, die Bundesländer und insbesondere die Gemeinden aufzubringen haben. Die Diskussion gewann an Fahrt, als Bundestag und Bundesrat 2009 die Schuldenbremse verabschiedeten und das Grundgesetz entsprechend geändert wurde. Woher sollen verschuldete Gemeinden denn nun die Mittel für den Ausbau der Kinderbetreuung nehmen? Das Mantra einer Bildungsrepublik Deutschland unterstreicht die Verantwortung des Bundes.

Betrachtet man die Dynamik und den heutigen Stand beim Ausbau von Kindertagesstätten und Kindertagespflege, sind große Zweifel angebracht, ob das gesetzte Ziel in der Frist überhaupt erreicht werden kann.[7] Im März 2010 waren in ganz Deutschland 23 Prozent der unter Dreijährigen in Tagesbetreuung. In Westdeutschland nahmen 17 Prozent einen Kitaplatz in Anspruch, in Ostdeutschland 48 Prozent.[8] Zusätzlich unterscheiden sich die Betreuungsquoten je nach Bundesland sowie zwischen Stadt und Land. In Kernstädten und im dicht besiedelten Umland liegt die Betreuungsdichte wesentlich höher als im ländlichen Raum.[9]

Diese Zahlen zeichnen ein deutliches Bild. Zunächst scheint unsicher, ob der Zielwert überhaupt erreicht wird. Sollte dies tatsächlich gelingen, müssen wir uns dennoch im Klaren darüber sein, dass sich hinter einem bundesdeutschen Durchschnitt sehr große Unterschiede in den Betreuungsquoten verbergen. Die sozialräumliche Betrachtung verdeutlicht, wie diese Unterschiede bis heute strukturiert sind: Kinder, die ohnehin in privilegierten Kreisen leben, werden durch die dortigen Angebote weiter begünstigt. Dies müsste genau umgekehrt sein. Gerade benachteiligte Sozialräume brauchen hervorragende Angebote, die vorbeugend und ausgleichend wirken.

Die Qualitätssicherung: Was macht den Wert guter Kindertagesstätten aus?

Eine frühe außerhäusliche Betreuung von Kindern kann sich nur dann positiv auf den gesamten Lebensverlauf auswirken, wenn die Qualität stimmt.[10] Doch wie bestimmt man Qualität? Die American Academy of Pediatrics definiert Qualität über den Betreuungsschlüssel, die Gruppengröße und die Ausbildung der Erzieherinnen und Erzieher.[11] Der Betreuungsschlüssel und die empfohlene Gruppengröße bemessen sich nach dem Alter der Kinder. Je jünger die Kinder sind, desto niedriger sollten der Betreuungsschlüssel und die Gruppengröße sein. Auch die Ausbildung und die Fähigkeiten der Betreuerinnen und Betreuer entscheiden über die Qualität einer Kita. Sie sollten über Kenntnisse auf so anspruchsvollen Gebieten wie Entwicklungsdiagnostik, frühkindliche Lernpsychologie, Didaktik und Methodik, Medienpädagogik, Kinder- und Jugendliteratur, Umwelt- und Gesundheitserziehung, Spielpädagogik und Kunst verfügen. Untersuchungen zeigen: Erzieherinnen und Erzieher mit mindestens Fachschulausbildung fördern die kognitive Entwicklung der Kinder stärker als Erziehende mit einem niedrigeren Ausbildungsniveau.[12] Sie sind anders ausgebildet und werden besser bezahlt.

Setzen unsere Kindertagesstätten und Krippen nun Qualitätsstandards? Für den Betreuungsschlüssel gilt das schon.[13] In den meisten alten Bundesländern liegt er zwischen eins zu drei und eins zu fünf. In den neuen Bundesländern beträgt er im Durchschnitt eins zu sechs.[14] Doch bei der Gruppengröße fehlen einheitliche Standards, entsprechend gibt es zwischen den Kitas enorme Unterschiede. Im Schnitt werden zwölf bis vierzehn Kinder pro Gruppe betreut.[15] Die Qualifikation der Erzieherinnen und Erzieher verbessert sich. Im Jahre 2010 besaßen drei von vier Fachkräften einen Fachschulabschluss.[16] Absolventen fachspezifischer Studiengänge findet man dagegen selten, bundesweit liegt ihr Anteil bei weniger als 5 Prozent.[17] Ebenso trifft man in Kitas und Krippen nur wenige Fachkräfte mit Migrationshintergrund. Nach Angaben des Statistischen Bundesamts 2008 waren es gerade einmal 9 Prozent. Um aus dem Ausland zugewanderte Eltern anzusprechen, reicht das nicht aus. Wollen wir ihnen den Zugang zu Kitas und Krippen erleichtern und sie ermutigen, ihre Kinder außerhäuslich betreuen zu lassen, so müssen wir um mehr Fachkräfte mit Migrationshintergrund werben.

Besorgniserregend ist auch, dass für junge Menschen der Beruf einer Erzieherin oder eines Erziehers an Attraktivität zu verlieren scheint. Der Anteil von jungen Berufsanfängern nimmt absolut und prozentual stetig ab. Frauen wechseln in akademische Berufe, und Männer können es sich nach wie vor schwer vorstellen, Erziehung zu ihrem Beruf zu machen.[18] Die Arbeitsbedingungen spielen hier eine besondere Rolle. Pädagogische Fachkräfte in Krippen und Kitas werden schlecht bezahlt, ihre Aufstiegsmöglichkeiten sind nur begrenzt. Um die Qualität unserer Kindererziehung zu sichern, muss auch an dieser Stelle deutlich nachgebessert werden.

Die Kosten:
Können und wollen sich Eltern Kindertagesstätten leisten?

Krippen sind teuer. Von Bund, Ländern und Gemeinden werden sie hoch subventioniert. Die Eltern zahlen dafür je nach Dauer der täglichen Betreuung ihres Kindes, nach Haushaltszusammensetzung, Einkommen und Region unterschiedliche Beträge. Statistiken findet man darüber kaum, Studien weisen meist nur die Gesamtausgaben für Kinder aus. Nach Lage der Dinge scheinen aber weniger die Kosten – teilweise sind sie exorbitant – als vielmehr die geringe Zahl an freien Plätzen und die fehlende soziale und kulturelle Nähe das Problem zu sein. Gerade für Familien mit Migrationshintergrund und auch für viele Geringverdiener bestehen oft große Hürden, ihr Kind außerhäuslich betreuen zu lassen.

Wenn ich an die Krippe von Alex denke, leuchtet mir das ein. Wie hätten sich Jennys Mutter und die Eltern von Erkan wohl dort gefühlt? Umgeben von Müttern, die gerade von ihrer Arbeit kommen, mit eigenem Auto und eigenem Geld? Von Eltern, die ihre kleinen Kinder bereits in Musikschulen schicken, in Sprachklassen und teure Sportstunden? Für viele Eltern ist dies eine fremde und finanziell unerreichbare, elitäre Welt.

Natürlich müssen wir uns um die Kosten kümmern: Für Kinder aus sozial schwachen Elternhäusern sollten sie vollständig von der öffentlichen Hand übernommen werden. Der Schlüssel liegt in mehr Krippen, aber auch in den offenen Armen. Der so oft geäußerte Vorwurf »Aber die wollen das doch gar nicht« ist paternalistisch und damit billig. Er unterstellt die Nähe, das Wissen, das Vertrauen – häufig auch schlicht das Sprachvermögen. Doch vieles davon fehlt den Eltern und ihren Kindern.

Angebot oder Pflicht:
Müssen Eltern ihre Kinder außerhäuslich betreuen lassen?

Im Durchschnitt aller westdeutschen Kitas haben 11 Prozent der Kinder unter drei Jahren einen Migrationshintergrund, in ostdeutschen Kitas sind es gerade 1 Prozent. Schaut man sich nun aber die Kitas im Einzelnen an, findet man alles andere als eine gleichmäßige Verteilung dieser Kinder. Die meisten Kinder mit Migrationshintergrund besuchen eine Einrichtung, in der mehr als die Hälfte der Kinder mit einer anderen Muttersprache als Deutsch aufwächst. Die Konzentration ist hoch, sogar höher, als es das Wohnumfeld vermuten lässt.[19]

Warum beschäftigen uns diese Zahlen, die ähnlich niedrig auch bei Kindern aus sozial schwachen Elternhäusern sind? Der Grund liegt auf der Hand. Eine außerhäusliche Betreuung würde gerade diesen kleinen Kindern für ihr späteres Leben entscheidend weiterhelfen. Man kann die Hilfe auch dürr quantifizieren: Kinder mit Migrationshintergrund, die eine Krippe besuchen, gehen später doppelt so häufig aufs Gymnasium wie die Migrationskinder, die nicht die Krippe nutzen.[20] Geld darf keine Rolle spielen. Es geht um Lebenschancen, um Integration, um Teilnahme und Teilhabe. Doch selbst wenn man es wirtschaftlich durchrechnet, Aufwand und Ertrag gegenüberstellt, zahlt sich diese Investition mehr als aus. Im weiteren Lebensverlauf der Kinder zeigt sich: Sie schließen eher eine Ausbildung ab, und sie arbeiten damit eher in einem sozialversicherungspflichtigen Job; sie zahlen eher Steuern und Sozialabgaben, sie beziehen seltener durch Arbeitslosigkeit bedingte Transferleistungen.

Die Frage, wie man hier politisch handeln soll, ist schwer zu beantworten. Aus Forschung und eigener Erfahrung wissen wir, dass Anreize besser als Strafen wirken. Eine Krippenpflicht würden wohl viele als Strafe empfinden, als Zwang und Korsett. Damit wäre also niemandem gedient.

Eine Möglichkeit bleibt offen: Wir belohnen Eltern mit geringen Einkommen und Eltern, deren Muttersprache nicht Deutsch ist, wenn sie ihre Kinder außerhäuslich betreuen lassen. Es geht um passgenaue Anreize, nicht um ein Gießkannenprinzip. Warum diskutieren wir noch über ein Betreuungsgeld und nicht längst über ein Kindergartengeld? Zusätzlich brauchen Eltern Informationen, Transparenz und ein herzliches Willkommen.

Geld und Infrastruktur: Stehen Eltern, die Krippen nicht nutzen, Ersatzleistungen zu?

Mit dem Rechtsanspruch auf Betreuung von Kindern im Alter zwischen ein und drei Jahren wurde auch verstärkt über das Betreuungsgeld diskutiert. Im Koalitionsvertrag von November 2009 steht, es dürfe keine einseitigen Anreize auf außerhäusliche Betreuung geben. Eine Wahlfreiheit sei nur dann vorhanden, wenn auch die Betreuung der kleinen Kinder zu Hause finanziell unterstützt würde. Nach zwölf bis vierzehn Monaten Elternzeit, die als Lohnersatzleistung ausgestaltet sind, stünden den Eltern damit für weitere zwei Jahre pauschal 150 Euro im Monat zu.[21]

Das Betreuungsgeld ist in der Anlage paradox. Unterstützt und motiviert man mit dem Elterngeld die Betreuung von Kindern zu Hause und die Unterbrechung der Erwerbsarbeit für ein Jahr, so setzt das Betreuungsgeld nun Prämien auf eine längere Unterbrechung. Eine passgenaue und nachhaltige Familienpolitik ist das nicht. Irritierend ist auch, dass man mit einer Leistung (Geld) belohnt wird, wenn man eine andere Leistung (Infrastruktur) nicht beansprucht. Es ist, als baute der Staat Schwimmbäder für alle und prämiert gleichzeitig die, die sie nicht nutzen. Ebenso wenig nachvollziehbar ist, dass es diese Leistung nun für alle gibt – außer für die Ärmsten. Das frühere Erziehungsgeld wurde nur bei Bedürftigkeit und auch an ALG II-Bezieher gezahlt. Diese sollen nun aber keinen Anspruch auf Betreuungsgeld haben.[22]

Hier werden die falschen Signale gegeben. Das Betreuungsgeld zieht erhebliche Mittel ab, die für den Ausbau der

Kinderkrippen dringend gebraucht werden. Das Betreuungsgeld motiviert eine längere Erwerbsunterbrechung gerade für solche Mütter, die auf ihre Erwerbsarbeit finanziell am meisten angewiesen sind. Für diese Familien sind 150 Euro viel Geld. Für andere Mütter ist es nur ein nettes Taschengeld. Sie nehmen es gerne mit. Am schlimmsten aber ist: Bei der Erziehung unserer Kinder werden so die falschen Anreize bei den Startbedingungen gesetzt. Vorenthalten werden ihnen dadurch Netzwerke, Sprache, Kontakte und Reize. Gebraucht wird ein Head-Start-Programm im Geiste des großen Lernprogramms, das seit Mitte der 1960er Jahre Millionen amerikanischen Kindern Chancen eröffnet. Ein solches Programm kann Kinder aus allen Schichten und Milieus mitnehmen und Möglichkeiten eröffnen für gemeinsame Bildungs- und Lebenswege. Wenn wir jetzt nicht handeln, werden wir dies bitter bereuen und teuer dafür bezahlen.

Kehren wir zurück zu Alex, Erkan, Laura und Jenny. Hätten die Neuregelungen ihre Leben in andere Bahnen gelenkt? Zunächst zum Elterngeld. Bei Alex wissen wir es nicht. Vielleicht hätten seine Eltern bei einer Lohnersatzleistung von 1800 Euro tatsächlich ihre Erwerbstätigkeit unterbrochen. Ob Susanne dann noch zwei Kinder bekommen und ihre Fachausbildung gemacht hätte, bleibt offen. Bei Erkan hätte die Neuregelung keinen Unterschied gemacht. Seine Mutter war nicht erwerbstätig, seine Familie nicht arm, der Haushalt hatte früher kein Erziehungsgeld und hätte heute kein Elterngeld bekommen. Die Mutter von Jenny hätte Geld verloren. Sie hat Erziehungsgeld bezogen, heute stünde ihr kein Elterngeld zu. Nur Lauras Mutter hätte für einen Augenblick profitiert. Sie hat kein Erziehungsgeld bezogen, heute würde ihr das Elterngeld gezahlt. Und das Betreuungsgeld? Susanne und Michael hätten es niemals in Anspruch genommen. Alex würde auch heute in die Krippe gehen. Lauras und Erkans Eltern bekämen nun zwei Jahre lang 150 Euro für ihre Kinder. Deutsch würde Erkan so aber höchstwahrscheinlich auch nicht lernen. Jennys Mutter ginge leer aus. Sie bekäme weder Elterngeld noch Betreuungsgeld und keinen Anreiz, ihre Tochter in eine Krippe zu geben. Unser Bildungssystem lässt Kinder wie Jenny und Erkan bereits an der frühesten und wichtigsten Stelle außen vor.

KAPITEL 2

Die Macht der Integration
Was Kindergärten leisten können

Alex wurde früh zum Weltenbummler. Er war gerade zwei Jahre alt, als seine Eltern das Angebot erhielten, für ein Jahr an der Westküste der USA zu arbeiten. Sie überlegten nicht lange. Noch waren sie mobil, den eigenen Eltern ging es gut, Alex würde es nicht schaden, und das zweite Kind könnte problemlos in Amerika geboren werden. Leider mussten sie ohne ihre Kinderfrau Maria reisen, denn sie erhielt kein Visum.

Der neue Arbeitgeber in den USA, ein global agierendes Architekturbüro, übernahm die Betreuungskosten von Alex. Unaufgefordert informierte der Arbeitgeber darüber, welche Kinderbetreuung vor Ort möglich wäre. Auf dem Formular kreuzten Susanne und Michael die Einrichtungen an, die aus ihrer Sicht infrage kamen, und bald füllte sich der Briefkasten mit Prospekten und Broschüren. In eigenartiger Weise fühlten sich die Eltern nun eher überinformiert. Hatten sie sich vor der Geburt von Alex die Auskünfte in Deutschland mühsam zusammensuchen müssen, ertranken sie jetzt fast in einer Informationsflut.

In den Unterlagen fanden sich zahlreiche statistische Rahmendaten: die Größe der Einrichtung, die Betreuungsschlüssel für die einzelnen Gruppen, die Ausbildung und die Berufserfahrung der Erzieherinnen und der anderen Fachkräfte. Die pädagogischen Konzepte wurden beschrieben, ebenso die Lehr- und Lernpläne, die man dort Syllabi nennt. Ein Kulturschock für Susanne und Michael. Sie suchten doch nur nach einer Einrichtung, die schön gelegen und ordentlich geführt war, die aufmerksame, pflichtbewusste, liebevolle Kindererzieherinnen beschäftigte. An Kontinente, Sprachen, Mengenlehre, Naturwissenschaften oder gar an frühkindlichen PC-Märchenunterricht, angeleitet von einer Informatik-Fachkraft, hatten beide nicht gedacht. Der kleine Alex musste fortan Englisch verstehen und sprechen, das erschien ihnen Herausforderung genug. In den Broschüren fanden sie auch Hinweise, wie andere Eltern den Kindergarten bewerten: ihre Zufriedenheit mit der Entwicklung der Kinder, mit der Einrichtung, mit den Lehrinhalten. Routinemäßig erbat der Kindergarten diese Rückmeldungen von den Eltern und teilte sie der nächsten Elterngeneration mit. Es las sich alles sehr gut. Nun denn, wenn all die anderen das schafften und prima fanden, warum nicht auch Alex?

Susanne und Michael entschieden sich für den Kindergarten, der am nächsten zu ihrer Wohnung lag. Susanne nahm gleich die erste Woche frei. Wegen der Eingewöhnung. Typisch deutsch, meinten ihre neuen Kollegen. Und absolut überflüssig, wie sich am ersten Tag herausstellte. Susanne, mittlerweile wieder hochschwanger, begleitete Alex und dokumentierte diesen wichtigen Tag ihres Sohnes mit ihrem Camcorder. Am Abend zeigte sich im Film ein aufgewecktes, zufriedenes Kind. Dass er unterrichtet worden war, hatte er kaum wahrgenommen. Klar, er habe Zahlen gemalt und einen Frosch gebastelt. Aber Unterricht? Nein, den hätte er nicht gehabt. Er hatte es nicht gemerkt. Am nächsten Tag ging Alex gern wieder in den Kindergarten, auch ohne seine Mutter. Bald darauf wurde Leonard geboren. Der kleine Bruder von Alex besuchte schon nach vier Wochen eine Krippe.

Nach dem Jahr in Nordamerika zog die Familie zurück in die norddeutsche Stadt. Susanne erwartete ihr drittes Kind. Der kleine Leonard kam in die von seinem Bruder bereits erprobte Krippe. Alex war mittlerweile drei Jahre alt. Für die Dreijährigen standen genügend Betreuungsangebote bereit. Die Eltern wählten bewusst einen Kindergarten, der auf Integration setzt, in dem also Kinder aus unterschiedlichsten sozialen und kulturellen Bezügen, Kinder mit und ohne Behinderung gemeinsam betreut werden. Alex sollte früh auf möglichst unterschiedliche Kinder treffen. Der Kindergarten hatte einen guten Ruf und lag in der Nähe.

Alex, Erkan, Laura und Jenny begegneten sich 1997 zum ersten Mal. Zusammen mit Alex lernte auch ich die drei anderen Kinder kennen. Zu Erkan fand ich sofort Kontakt. Verschmitzt zupfte er mich hier und da, rannte weg und wollte gefunden werden. Es dauerte einige Tage, bis ich merkte, dass er mich kaum verstand. Er wurde in einer großen türkischen Familie erzogen, mit vielen Freunden und engen Netzwerken. Sie sprachen miteinander meist Türkisch. Seine Mutter arbeitete im Haushalt, erwerbstätig war sie nicht. Sie brauchte die deutsche Sprache sehr selten. Um die Außenkontakte kümmerte sich der Vater. So fehlte dem dreijährigen Erkan nur die deutsche Sprache. Seine sozialen Kompetenzen, sein Umgang mit anderen Kindern, seine Großzügigkeit und Fairness beeindruckten mich. Er war daheim durch eine gute Lebensschule gegangen.

Laura war vom ersten Moment an anhänglich. Sie suchte meine Nähe. Die Erzieherinnen berichteten mir ganz selbstverständlich von Lauras Einschränkungen. Laura war eines der vielen Integrationskinder. Von ihren Eltern erfuhr ich, wie sehr sie sich einen Integrationskindergarten gewünscht hatten. Ihre Tochter sollte normal aufwachsen, auch wenn sie nach zahllosen Tests amtlich als von Behinderung bedroht eingestuft worden war. Mit diesem Bescheid in der Hand hatten die Eltern die lange Suche nach einem passenden Kindergarten begonnen und eine Absage nach der anderen erhalten. Letztlich fanden sie diesen Kindergarten mit dem großen Spielgelände. Die Erzieherinnen hatten langjährige Erfahrung mit Integrationskindern. Die Gruppen waren gut durchmischt. Ein Glücksfall für Laura.

Jenny dagegen ließ zuerst niemanden an sich heran. Sie war abweisend und schirmte sich ab. Angebote zum Spielen nahm sie nicht an, weder von mir noch von den Kindern. Jenny hatte ihre ersten drei Lebensjahre ganz bei ihrer Mutter und ihrem älteren Bruder verbracht. Gelegentlich besuchte sie ihre Großeltern, ihren Vater kannte sie gar nicht. Ihre alleinerziehende Mutter gehörte in der Statistik zu den vielen Frauen, die in den ersten drei Jahren nach der Geburt ihrer Kinder dem Arbeitsmarkt nicht zur Verfügung stehen. Als Jenny drei Jahre alt wurde, empfahl das Jugendamt ihrer Mutter, Jenny in einen Kindergarten außerhalb des Bezirks zu geben. Sie sollte Anregungen erhalten, damit sich ihre kognitiven Fähigkeiten entwickeln. Sie sollte mit anderen Kindern aufwachsen und andere Sozialbezüge kennenlernen. Für die dreijährige Jenny fand sich als Tochter einer alleinerziehenden Mutter mit Sozialhilfebezug ein Integrationsplatz im Kindergarten. Es war der Kindergarten von Alex, Erkan und Laura.

Als sich die vier Kinder zum ersten Mal trafen, prallten Welten aufeinander. Mein Patenkind war an neue Umgebungen und fremde Menschen gewohnt, er kannte es nicht anders. Morgens wurde er zum Kindergarten gebracht und wusste ganz sicher, dass er wieder abgeholt wird. Zu Hause nur mit seiner Kinderfrau fand er es eher langweilig, so gern er sie hatte. Die drei anderen Kinder mussten diese »Parkettsicherheit« in fremden Welten noch erwerben. Sie waren erstmals ohne ihre Familie. Alex nahm es lässig, die anderen schluckten oder weinten. Allen fehlte etwas. Laura passte irgendwie nicht in die Routinen des Lebens, Erkan mangelte es an der Sprache, Jenny an den sozialen Fähigkeiten. Alex verstand sich gut mit Laura, Erkan und Jenny. Natürlich mochte er Erkan am meisten, er war immerhin ein Junge.

Die nächsten Jahre vergingen schnell. Felix, der dritte Sohn von Susanne und Michael, ging inzwischen in die Krippe. Ich war in einer anderen Stadt beschäftigt, sah die Kinder nur an den Wochenenden und in der vorlesungsfreien Zeit. Die Freundschaft zwischen Alex, Erkan, Jenny und Laura wurde enger. Schnell lernte Erkan Deutsch. Jenny verlor ihre Scheu und sog wie ein Schwamm alles auf, was sie sah und hörte. Laura zog mit, so gut es eben ging. Sie war zarter als die anderen. Die kleinen Jungs fanden sie auch hübsch und irgendwie interessant. Memory wurde immer von Jenny gewonnen, bei Schach war Erkan den anderen voraus, in Sachen Eloquenz und Verhandlungsgeschick überragte Alex alle. Laura malte ganz farbenprächtige, phantasievolle Bilder.

Außerhalb des Kindergartens trafen sich die vier Freunde meist bei Alex. Erkans Eltern öffneten auch weit ihre Türen, doch die vier waren dort seltener, und zu Jenny wollten sie wegen der ihnen etwas unheimlichen Gegend überhaupt nicht. Laura konnte oft nicht mitspielen. Sie hatte so viele Therapietermine. Einmal pro Woche ging sie zur Heilpädagogin, zur Logopädin und zur Ergotherapeutin, mal vormittags, mal nachmittags. Die Zeit mit ihren drei Freunden war knapp bemessen. Sie freute sich, im Sommer dabei zu sein, wenn die anderen die Wasserrutsche herunter sausten. Selbst traute sie sich noch nicht so recht. Im Winter fuhren sie auf den norddeutschen Erhebungen gemeinsam Schlitten. Manchmal kamen die Freunde auch zu ihr nach Hause. Lauras Vater war ein Künstler, und wenn er Zeit hatte, nahm er sie mit in sein Atelier. Sie stöberten zwischen den Staffeleien, Farben, Pinseln und Stiften oder zeichneten selbst, was ihnen im Kopf herumging. Jeder, wie er wollte.

Als die Einschulung nahte, hatten sich die vier Freunde festgelegt: Es sollte dieselbe Schule sein. Der Kindergarten empfahl dies auch. Doch der Amtsarzt hatte nach dem Einschulungstest Bedenken. Seiner Meinung nach war Laura noch nicht so weit. Sie sprach nicht altersgerecht, war langsamer und weniger selbstbewusst als andere Kinder, konnte sich nicht so gut konzentrieren, blieb oft nicht am Ball. Um die Frage zu klären, ob Laura auch in ihrer kognitiven Entwicklung beeinträchtigt war, schlug er einen nonverbalen Intelligenztest vor. Die Eltern lehnten zunächst ab, stimmten schließlich doch zu. Der Test ergab kein eindeutiges Ergebnis. Die Eltern dachten sich, dass Laura ein weiteres Jahr in der Kita sicher helfen würde, körperlich aufzuholen. Die Ärzte stimmten zu, Laura wurde zurückgestellt und blieb ein Kindergartenkind.

Ihre drei Freunde aber würden bald Schulkinder sein. Erkan gelang der Einschulungstest mühelos, und auch Jenny löste die Aufgaben gut. Bei Alex jedoch gab es unerwartete und von Susanne nicht nachvollziehbare Probleme. Der Schularzt äußerte starke Bedenken und empfahl eine spätere Einschulung. Weiterer Expertenrat sei angemessen, am besten möge man sich an einen Psychologen wenden. Attestiert wurden Alex zwar ausreichende intellektuelle Fähigkeiten, sein Sozialverhalten sei aber unterentwickelt, er sei noch nicht schulreif. Als ich dies hörte, war ich sprachlos. »Ruf doch mal an«, riet ich Susanne. »Meine Empfehlung ist leicht zu begründen«, erklärte der Amtsarzt. »Alexander kann sich nicht ohne seine Mutter bewegen. Er ist zu stark auf sie fixiert und sitzt ständig auf ihrem Schoß. Für ein Schulkind muss ein höherer Grad an Selbstständigkeit erreicht sein.«

Was ich selbst stets als Ausdruck einer engen, liebevollen und stabilen Verbindung zwischen einer voll erwerbstätigen Mutter und ihrem Sohn gesehen hatte, wurde plötzlich pathologisiert. »Vergiss es«, ermutigte ich meine Freundin. »Schule ihn ein. Immerhin ist er mehrfach ohne euch im Urlaub gewesen und zerfließt in der Schule sicherlich nicht vor Sehnsucht nach dir.«

Was Kindergärten leisten können

Mit dem Kindergarten beginnen die Zeiten des Kennenlernens und der Trennung. Kinder aus unterschiedlichen sozialen und kulturellen Bezügen kommen unter einem Dach zusammen. Klar, auch dieses Dach ist vergleichsweise schmal, da die Eltern meist Einrichtungen wählen, die in der Nähe ihrer Wohnung liegen, und sich die räumliche Trennung sozialer Kreise damit bereits im Kindergarten zeigt. Doch anders als Schulen verfolgen viele Kindergärten einen deutlich integrativen Ansatz. Sie bieten Plätze für Kinder aus sozial schwächeren Elternhäusern oder mit physischer Behinderung an, die auch in anderen Stadtteilen leben. Die Gemeinden setzen dafür Anreize: Die Betreuungsschlüssel sind günstiger und die Fachkräfte gut ausgebildet. Dieses Zusammenziehen kennt allerdings nur eine Richtung. Kinder aus sozialräumlich benachteiligten Kreisen kommen in die gut situierten Wohngebiete. Höchst selten dagegen verirrt sich ein Kind aus der deutschen Mittelschicht in Gegenden mit hohem Sozialhilfebezug oder hohem Migrantenanteil. Dennoch: Auf einem niedrigen Niveau sind Kindergärten vergleichsweise offen. Nachhaltig können sie nicht sein. Selbst die wenigen pendelnden Kinder kehren mit der Einschulung in ihre Wohnbezirke zurück, die Zuordnung zum Einzugsbereich greift. Das war bei meinen vier Freunden so, und daran hat sich bis heute nur wenig geändert.

Bis auf die kleinen Irritationen um Alex hatten die Kinder eine schöne und glückliche Zeit im Kindergarten. Das Konzept war dabei völlig anders als in der amerikanischen Einrichtung, die Alex im Alter von zwei Jahren besucht hatte. Struktur, Ordnung und Disziplin herrschten auch hier. Man spielte, sang und unternahm gemeinsam Ausflüge. Bildungspläne, ähnlich dem curricularen Aufbau der amerikanischen Einrichtung, fehlten jedoch. »Macht das einen Unterschied?«, fragte ich mich damals. Würden sich die Kinder hier und dort anders entwickeln? Wären Jenny, Erkan, Laura und Alex davon gleichermaßen betroffen? Dauerhaft oder nur für den Moment? Eindeutige Antworten werde ich auf diese Fragen nie erhalten, doch die Forschung kann dazu zumindest Hinweise geben.

In Deutschland galt die Kindertagesbetreuung zunächst als Ausdruck gesellschaftlicher Für- und Daseinsvorsorge. Die Einrichtungen halfen Eltern, die ihre Kinder selbst nicht erziehen konnten oder bedürftig waren. Freie Träger wie Kirchen und Wohlfahrtsverbände übernahmen oft die inhaltliche und finanzielle Verantwortung. Der Staat unterstützte die freien Träger, da er die Einrichtungen förderungswürdig fand. Bis heute gehen die Finanzausstattung, die Verantwortlichkeiten sowie die Ausbildung und Bezahlung der Fachkräfte auf diese Grundhaltung zurück.[1] Später trat neben die Bedürftigkeit ein erzieherischer Ansatz. Nun wurde angenommen, dass die Kinder profitieren, wenn sie nicht nur daheim bei den Eltern sind, sondern stundenweise außerhalb der Familie betreut werden. Eine weitere Zeitenwende folgte: Die Mütter sollten jetzt entlastet werden, damit sie Familie und Beruf besser vereinbaren können. Seit 1996 hatten Kinder ab dem Alter von drei Jahren einen bundesweit gültigen Rechtsanspruch auf einen Platz in einer Kindertageseinrichtung.[2] Bezeichnend ist, wie das Bundesverfassungsgericht diese Entscheidung begründet hat: Der Rechtsanspruch sollte den Entschluss begünstigen, ungeborenes Leben auszutragen.

Seither werden Kindertagesstätten als Einrichtungen der *Bildung*, *Erziehung* und *Betreuung* für *alle* Kinder begriffen. Doch die Kindergärten in Deutschland arbeiten innerhalb eines föderalen Systems. Sie werden nach wie vor maßgeblich von den Gemeinden gestaltet, finanziert und verantwortet. Es fehlt ein bundeseinheitliches Grundverständnis davon, wie die

Kinder genau in den Kindergärten gebildet, erzogen und betreut werden sollten. Verbindliche Bildungspläne sind ebenso wenig vorhanden wie Raum- oder Personalstandards. Erste vorsichtige Ansätze, gemeinsame Bildungspläne zu entwickeln, gelten als radikales Unterfangen.[3]

Wir leben in und mit der Unverbindlichkeit. Sie schürt immer höhere Anforderungen, Anmutungen und Anmaßungen. Ihr Bildungsauftrag macht sie zu vorweggenommenen Schulen, von ihrem Erziehungsauftrag erwartet man, dass sie das familiäre Umfeld der Kinder ausgleichen, ihr Betreuungsauftrag ruft nach Spaß, Sport und Spiel. Hinzu kommt der integrative Anspruch: Einige Kinder müssen individuell befähigt werden, die vielen anderen sollen lernen, das Fremde und Andere zu respektieren und zu schätzen. Angesichts so vielfältiger und so hoher Erwartungen ist die Fallhöhe groß – die Kindergärten drohen zu scheitern.[4]

Diese Gefahr besteht insbesondere, wenn wir diesen Einrichtungen nicht die Ressourcen geben, die sie für ihre Arbeit brauchen. Wie also steht es um die Finanzierung der Kindergärten? Wie gut sind die Betreuungsschlüssel, wie sind die Kindergärten ausgestattet? Wie sind die Arbeitsbedingungen der Erzieherinnen, wie gut bilden wir sie aus? Kindergärten sind für unsere Kinder da. Nutzen sie das Angebot? Gibt es Gruppen, die einen Bogen um die Kindergärten machen? Wie lange spielen, lernen und arbeiten Kinder dort? Was ist dran an dem Hype, dass sich mit dem Kindergartenbesuch das goldene Tor zum guten Leben auftut? Wirken Kindergärten als »Sesam, öffne dich«?

Die Finanzierung:
Wie viel sind uns gute Kindergärten wert?

Bereits in finanzieller Hinsicht werden deutsche Kindertageseinrichtungen massiv benachteiligt. Nur 0,5 Prozent des Bruttoinlandprodukts fließen in die Kitas und in die Kindertagespflege.[5] Dies ist die Hälfte dessen, was die OECD als Sollwert bei öffentlichen Ausgaben für Kinderbetreuung empfiehlt. Vielen Staaten ist das zu wenig. In Dänemark stellt man 2,1 Prozent, in Schweden 1,7 Prozent, in Norwegen, in Finnland 1,3 Prozent und in Frankreich 1,2 Prozent[6] des Bruttoinlandprodukts bereit.[7]

Zudem sagt der finanzielle Aufwand für Kindertageseinrichtungen in Deutschland wenig über die Verhältnisse vor Ort aus. Der Bund beteiligt sich nicht an den Kosten für Kindergärten. Das Kooperationsverbot zwischen Bund und Ländern fordert auch hier seinen Tribut. Von den Bundesländern kommen Zuschüsse in ganz unterschiedlicher Höhe. Vornehmlich die Gemeinden tragen die finanzielle Verantwortung.[8] Entsprechend unterscheiden sich die landesrechtlichen Regelungen, die Finanzierungsmöglichkeiten und die Prioritätensetzung der Gemeinden bundesweit deutlich.

Eltern zahlen im Durchschnitt 15 Prozent der anfallenden Kosten für einen Kindergartenplatz. Verlässliche amtliche Statistiken über die Elternbeiträge gibt es allerdings nicht. Der Kindergartenmonitor 2010 führt, gestaffelt nach dem Einkommen der Eltern, jährliche Gebühren zwischen null und 3696 Euro auf. Die durchschnittliche Gebühr liegt bei 814 Euro.[9] Sie ist in den letzten Jahren etwas gesunken,[10] vor allem weil in sieben Bundesländern für das letzte Kindergartenjahr keine Beiträge mehr erhoben werden. Ordnungspolitisch ist dies sehr zu begrüßen. Da in den meisten Bundesländern das Studium gebührenfrei ist, fragt man sich allemal, warum die Eltern ausgerechnet für die Bildung, Erziehung und Betreuung der Kleinen bezahlen sollen. Allerdings setzt man mit der Beitragsfreiheit im letzten Kindergartenjahr Anreize für etwas, das längst verwirklicht ist: Fast alle Kinder in diesem Alter besuchen bereits den Kindergarten. Anreize bräuchte es eigentlich viel früher – für Eltern, die arbeitslos und finanziell schlecht gestellt sind. Und Anreize bräuchte es für Familien, die aus dem Ausland nach Deutschland gekommen sind, meist nur ihre Muttersprache beherrschen und dennoch ihre Kinder an die deutsche Sprache heranführen sollen.

Schaut man sich die Finanzströme genauer an, erkennt man schnell, warum Kindergärten für viele Gemeinden der pure Luxus sind. Von ihrem Haushalt aus betrachtet nutzt den Gemeinden ihr finanzieller Einsatz mittel- und langfristig wenig. Man spricht von einer föderalen Verflechtungsfalle bei der Finanzierung: Die Gemeinden investieren in die Zukunft der Kinder, die sich daraus mittelfristig ergebenden Steuer- und Beitragseinnahmen fließen dann aber Bund, Ländern und Sozialversicherungsträgern zu. Stefan Sell verdeutlicht dies anhand der Finanzströme des Jahres 2006.[11] Die Kosten der Kindertagesbetreuung tragen die Gemeinden zu 47 Prozent, die Bundesländer zu 32 Prozent, die Elternbeiträge liegen bei 14 Prozent und der Eigenanteil der freien Träger bei 5 Prozent. Die späteren Einnahmen sind in der Prognose jedoch ganz anders verteilt:[12] Gemeinden erhalten 10 Prozent, die Bundesländer 22 Prozent, der Bund 26 Prozent und die Sozialversicherung 42 Prozent. Zwar sind diese Werte nur geschätzt. Zudem ist der Bund inzwischen stärker am Kinderförderungsgesetz für die unter Dreijährigen beteiligt. Dennoch schnappt die Verflechtungsfalle weiterhin zu.

Experten unterbreiten hier seit Langem Vorschläge, die auch im Siebten Familienbericht zustimmend aufgenommen wurden. So empfiehlt insbesondere Katharina Spieß, eine Familienkasse einzuführen. Diese solle Mittel der Sozialversicherungssysteme ebenso umfassen wie die von Bund, Ländern und Gemeinden.[13] Alle familienbezogenen Leistungen könnten hier gebündelt und die Mittelflüsse entsprechend umverteilt werden. Bis vor Kurzem wurde eine solche Reform noch diskutiert und genauer ausgearbeitet, nun liegt sie unbeachtet in den Schubladen des Familienministeriums.

Wir halten fest: Kindertageseinrichtungen werden vergleichsweise schwach finanziert. Die Anteile von Bundesländern, Gemeinden und Eltern unterscheiden sich stark regional. Kosten und Nutzen stehen in keiner vernünftigen Beziehung zueinander. Von einheitlichen Finanzierungsstandards zwischen den und innerhalb der Bundesländer sind wir weit entfernt. Die Eltern werden einer undurchsichtigen Lage ausgesetzt, die sie belastet. Dem Wohl der Kinder dient dies alles nicht.

Die Qualität: Wie sind die Kindergärten ausgestattet?

Bildungsstandards fehlen ebenfalls. Über die Qualität der Einrichtungen weiß man wenig. Wir alle haben jedoch durchaus klare Vorstellungen, was eine gute Kita können und leisten muss. Der Betreuungsschlüssel soll niedrig und altersgerecht sein. Wir erwarten gut ausgebildete Fachkräfte, die ihr Können tagtäglich freundlich, fröhlich und fördernd zeigen. Die Örtlichkeiten müssen stimmen: Ein sicheres Außengelände mit viel Platz, vollständiges und intaktes Spielzeug, altersgerechte Bücher und Bilder, Materialien für musikalische Erfahrungen.[14]

Die pädagogische Forschung misst die Qualität der Kindergärten anhand ihrer »Anregungsqualität«.[15] Sie wird zerlegt in die Prozess-, Förder- und Strukturqualität. Die Prozessqualität zeigt sich in den beobachtbaren pädagogischen Interaktionen und Förderprozessen.[16] Die Förderqualität erkennt man daran, wie die Kinder ihre Sprache und ihr Verständnis von Mathematik entwickeln. Gute Rahmenbedingungen wiederum, etwa stabile Gruppengrößen, ergeben die Strukturqualität.[17]

Bundesweite Statistiken über diese Kennziffern gibt es nicht. Versuchen Eltern, sich vor Ort einen Überblick zu verschaffen, stehen sie vor einem undurchsichtigen Geflecht von Informationen. Dies muss sich ändern.

Die Arbeitsbedingungen:
Ist die Arbeit in einem Kindergarten attraktiv?

Führt man sich die Anforderungen vor Augen, die wir an Kindergärten stellen, so wird schnell deutlich, was Erzieherinnen und Erzieher alles wissen und können müssen. Sie tragen große Verantwortung für die Kinder in einer der sensibelsten Phasen der menschlichen Entwicklung. Doch ihre Bezahlung und ihre Arbeitsbedingungen entsprechen dieser Verantwortung keineswegs. Was wir ihnen bieten, ist oft der blanke Hohn.

Erzieherinnen und Erzieher werden nach dem Tarifvertrag für den öffentlichen Dienst (TVöD) bezahlt. Seit dem 1. November 2009 gilt im TVöD eine eigene Entgelttabelle für Sozial- und Erziehungsdienste, die allerdings von vielen großen Arbeitgebern im Bereich der Kindertagesbetreuung nicht übernommen wurde und nur für einen Teil der Beschäftigten gilt.[18] Die Einstiegsgehälter liegen zwischen 1900 Euro (E 5) und 2150 Euro (E 8) im Monat. Vergleicht man die Nettoeinkommen aller Berufe, so verdient eine Erzieherin durchschnittlich 224 Euro weniger als andere Erwerbstätige, bei einer Kinderpflegerin beträgt der Abstand sogar 392 Euro. Auch für Männer erscheint der Erzieherberuf aus finanzieller Sicht wenig attraktiv. In anderen Berufen können Männer im Schnitt ein Nettoeinkommen von 1876 Euro erzielen. Als Erzieher erhalten sie um die 1595 Euro netto, als Kinderpfleger nur 1193 Euro. Mit solchen Gehältern begeistert man keine Männer für Erzieherberufe. So sind bisher auch nur 3 Prozent des Kita-Personals männlich.[19]

In Deutschland ist Erzieherin ein Teilzeitjob. Damit halbiert sich das allemal niedrige monatliche Einkommen. Nur knapp die Hälfte aller Erzieherinnen und nur 29 Prozent aller Kinderpflegerinnen arbeiten nach Angaben des Mikrozensus 2008 in Vollzeit.[20] Wechsel zwischen Teilzeit und Vollzeit erfolgen selten. Das ist in vielen Ländern anders. In Norwegen, Finnland und Dänemark findet man nur wenige Erzieherinnen in Teilzeit.[21] Die Finanzknappheit der deutschen Gemeinden verschärft die Situation noch, denn der Beruf der Erzieherin wird zunehmend zu einem *befristeten* Teilzeitjob. In den alten Bundesländern liegt der Befristungsanteil bei mittlerweile 17 Prozent.[22] Finanziell und von den Arbeitsbedingungen her ist es in Deutschland nicht attraktiv, den Beruf der Erzieherin oder des Erziehers zu wählen.

Und wie steht es um die Ausbildung? In Deutschland verfügen drei Prozent aller Gruppenleiterinnen und 22 Prozent aller vom Gruppendienst freigestellten Einrichtungsleiterinnen über einen akademischen Abschluss. In Dänemark sind es 60 Prozent, in Schweden 50 Prozent. In Finnland ist gesetzlich vorgeschrieben, dass jede dritte Beschäftigte in einer Tageseinrichtung entweder einen Bachelor- oder einen Master-Abschluss hat.[23] Doch es sind nicht nur skandinavische Länder, die hier vorausgehen. In den meisten EU-Ländern – nämlich in 22 von 27 Staaten – kann nur Gruppenleiterin werden, wer eine mindestens dreijährige frühpädagogische Ausbildung mit Bachelor-Abschluss vorweist.

Deutschland muss hier mitziehen. Die Grundlagen sind vorhanden. Schon jetzt haben knapp 30 Prozent der Erzieherinnen und Kinderpflegerinnen die Fachhochschul- oder Hochschulreife. Bei den Erzieherinnen unter 35 Jahren sind es sogar 37 Prozent.[24] Eigentlich könnten sie studieren. Gerade die frühpädagogischen Aufgaben verlangen nach einer qualitativ hochwertigen, akademischen Ausbildung. Der Bachelor-Abschluss würde den Beruf zudem aufwerten und zu einer höheren Entlohnung führen, als sie nach einer Fachschulausbildung gezahlt werden kann.

Mit der Akademisierung werden nicht nur Fachwissen, Anerkennung und Einkommen steigen. Der Beruf wird langsam auch seine hohe Teilzeitquote und seine Zuschreibung als Frauenberuf verlieren. Wenn die Attraktivität steigt, kommen die Männer.

Die Versorgungsquote: Wie werden die Kindergärten genutzt?

Die Versorgungsquote[25] der Drei- bis Sechsjährigen mit Kindergärten ist sehr hoch. Weit über 90 Prozent von ihnen besuchen den Kindergarten im Jahr vor ihrer Einschulung, und zwar unabhängig von sozialer Herkunft oder Migrationshintergrund. Allerdings kommen Kinder mit Migrationshintergrund erst später in eine Kita als Kinder ohne einen solchen Hintergrund.[26] Von allen deutschen Kindern besuchen 83 Prozent eine Kita länger als zwei Jahre, bei Kindern mit Migrationshintergrund sind es lediglich 60 Prozent.[27] In vielen Fällen unterscheiden sich auch die Einrichtungen. Neben den Öffnungszeiten und der räumlichen Nähe zur Wohnung spielen dabei der Bildungsstand der Eltern, ihre sozialen Netzwerke und ihr Zugang zu Informationen eine wichtige Rolle.[28] So folgen beispielsweise türkische Eltern eher dem Angebot ihres Wohnumfeldes, als das deutsche Eltern tun. Da Migrantenfamilien häufig in Gegenden mit hohem Migrantenanteil leben, spiegelt sich dies in den Kindergärten wider. Die Kinder bleiben oft unter sich. Dadurch fällt es ihnen schwer, die deutsche Sprache zu lernen. Die türkischen

Eltern werden erst dann anders entscheiden, wenn sie sich selbst in Deutschland integriert fühlen, Deutsche zu ihrem Wohnumfeld und zu ihren Freunden zählen.[29]

Bleibt noch die Frage, wie lange die Kinder täglich in den Kindergarten gehen. Dabei lässt ein Blick auf die Betreuungszeiten noch heute die Ursprünge der Kinderbetreuung in Deutschland deutlich erkennen. Zwar gilt für alle Kinder zwischen drei und sechs Jahren ein Rechtsanspruch auf außerhäusliche Betreuung. Doch wie viel Stunden diese täglich umfasst, ist in den Bundesländern rechtlich sehr unterschiedlich geregelt: In Niedersachsen und Bremen sind es vier Stunden, in Thüringen zehn Stunden.[30] Die tatsächlich genutzten Betreuungszeiten unterscheiden sich ebenfalls nach Ländern. In Bayern steht nicht einmal für jedes zehnte Kind ganztags ein Kindergartenplatz bereit, in Thüringen ist das Angebot flächendeckend. Dazwischen gibt es viele Abstufungen, so auch die Ganztagsbetreuung mit Mittagslücken. Durchschnittlich werden in den alten Bundesländern 27 Prozent der Kinder ganztags betreut, in den neuen Bundesländern 70 Prozent.[31] Die geringen Angebote für eine Ganztagsbetreuung und die niedrige Betreuungsdauer zeigen: Bis heute übernimmt der Kindergarten in Deutschland nur eine die Erziehung in der Familie ergänzende Funktion.[32] Eine Vollzeiterwerbstätigkeit der Frau wird dadurch nicht ermöglicht.

Deutschland, als konservativer Wohlfahrtsstaat,[33] ist in seinem Sozial- und Steuersystem historisch auf Ein-Verdiener-Haushalte ausgerichtet. Daran hat sich bis heute nicht viel geändert. Entsprechend versorgt die Mutter die Kinder und wird von den Kindergärten stundenweise entlastet. Sozialdemokratische Wohlfahrtsstaaten dagegen setzen auf die Erwerbstätigkeit beider Elternteile und sehen die außerhäusliche Kinderbetreuung als staatliche Aufgabe. In liberalen Wohlfahrtsstaaten wird die Kinderbetreuung privat finanziert. In diesem Zusammenhang stellt sich die Frage, warum in Deutschland der private Sektor nicht stärker als Ersatz für die geringen staatlichen Leistungen dient. Dies hat mehrere Gründe: Die kulturellen Muster halten sich hartnäckig. »Ich bekomme doch keine Kinder, um sie dann von anderen betreuen zu lassen«, entrüsten sich Mütter. Gleichzeitig hört man Kommentare wie: »Die kümmert sich doch gar nicht um ihre Kinder und gibt sie einfach an Fremde ab.« Sie transportieren das Klischee der Rabenmütter, die nur an ihre Karriere denken. Zugleich führt unser Steuersystem zu Aussagen wie: »Die Kita kostet ja viel mehr, als du dazu verdienst. Da kannst du ja gleich zu Hause bleiben.« Und noch etwas gehört dazu: Der deutsche Staat reguliert auch den Markt für soziale Dienstleistungen so stark, dass private Anbieter nur schwer Fuß fassen können.[34]

»Sesam, öffne dich«

Warum erhitzt die vorschulische Kinderbetreuung unsere Gemüter so sehr? Warum streiten wir erbittert und zunehmend verbittert gegen staatlich gesetzte Anreize, Kinder über Jahre hinweg daheim zu betreuen? Es gibt viele Gründe. In einem Buch über Bildung interessiert aber insbesondere eine Frage: Hilft die vorschulische Kinderbetreuung unseren Kindern?

Diese Frage klingt einfach und ist schnell gestellt. Viele werden sie flott beantworten. Doch Vorsicht: In der Forschung geht es drunter und drüber. Da werden unterschiedliche Dimensionen zusammengeworfen, als würden sie alle das Gleiche messen. Mal geht es um den Zeitpunkt der Einschulung, mal um die Gymnasialempfehlung, mal um den Wortschatz, mal um die kognitiven Kompetenzen in Deutsch und Mathematik. Mal wird die Wirkung nach kurzer Zeit, mal erst nach vielen Jahren erhoben. Manche Untersuchungen bilden die Qualität der Kindertagesstätte und die Dauer des Kindergartenbesuchs ab. In anderen Analysen fehlen diese Informationen, und man wirft alle Einrichtungen in einen Topf. Neben den Folgen der frühkindlichen Bildung für alle Kinder geht es auch um die Frage, ob sich die vorschulische Bildung für alle gleichermaßen lohnt oder ob einige Kinder besonders von ihr profitieren.

Dahinter steht eine der gesellschaftspolitisch drängendsten Herausforderungen: Können wir mit mehr Bildung tatsächlich eine höhere Chancengleichheit herstellen und herkunftsbedingte Unterschiede zurückdrängen? Oder heben wir »nur« das Niveau für alle? Mit anderen Worten: Hilft der Kindergarten Erkan, Alex und Jenny? Und gelingt es Erkan und Jenny, zu Alex aufzuschließen? Gleichen sich herkunftsbedingte Unterschiede aus? Damit verbunden stellen sich Fragen der Bildungsökonomie: Wie erreicht man die höchsten Bildungsrenditen? In welche Phase des Lebensverlaufs müssen wir Geld investieren, um unsere Bildungsausgaben insgesamt effektiv und effizient einzusetzen?

Bei all dem ist eines zu beachten: Dieses bunte Bündel wichtiger Fragen lässt sich nur auf der Grundlage ganz unterschiedlicher nationaler und internationaler Daten bearbeiten. Die Antwort auf flotte Fragen braucht also analytische Klarheit und etwas Geduld.

Traditionell untersucht die empirische Bildungsforschung die Dauer des Schulbesuchs, die Schulform und den erreichten Bildungsabschluss. In jüngerer Zeit erlauben aufwändige Studien auch Einblicke in die kognitive Entwicklung und die kognitiven Kompetenzen unserer Kinder und Jugendlichen, wie sie etwa in den Untersuchungen des *Programme for International Student Assessment* (PISA) in den Kategorien Lesen, Mathematik und naturwissenschaftliches Verständnis erhoben werden. Beide Dimensionen, Abschlüsse und kognitive Kompetenzen, hängen zusammen, deckungsgleich sind sie aber nicht. Es kommt vor, dass Menschen mit niedrigen Kompetenzen das Abitur ablegen. Und Menschen mit hohen Kompetenzen bleiben durchaus schon mal in der Hauptschule stecken.

Wenn wir den Einfluss von frühkindlicher Bildung auf den späteren Bildungsweg messen, müssen wir also sorgsam unterscheiden. Eine frühe Einschulung oder ein Übergang in das Gymnasium müssen nicht für hohe kognitive Kompetenzen stehen. Denn genauso kann ein Kindergartenbesuch auch die sozialen Kompetenzen schulen. Die Kinder treten dann sicherer auf und verhalten sich reifer, was wiederum zu einer frühen Einschulung oder zur Gymnasialempfehlung führen kann. Jedoch wissen wir bisher nur wenig darüber, wie sich eine frühkindliche, außerhäusliche Betreuung auf die sozialen Kompetenzen auswirkt. Diese persönlichen Fähigkeiten lassen sich schwer messen und erheben. Mit diesem Hinweis auf eine noch nicht ausreichende Datenlage betrachten wir nun den vorliegenden Erkenntnisstand.

Was bringt unseren Kindern eine frühkindliche Bildung?

Schulische Übergänge sind in Deutschland gut erforscht. Sie beziehen sich meist auf Daten des Sozio-ökonomischen Panels (SOEP). Das SOEP ist eine repräsentative Untersuchung über Bildungs-, Erwerbs- und Lebensverläufe in Deutschland. Die sehr robusten Ergebnisse zeigen über viele Geburtsjahrgänge hinweg, dass sich ein Kita-Besuch positiv auf den Bildungsweg von Kindern und Jugendlichen auswirkt.[35] Kinder, die lange in eine Kita gingen, werden seltener bei der Einschulung zurückgestellt. Sie werden auch mit höherer Wahrscheinlichkeit auf weiterführende Schulen empfohlen als Kinder, die nicht oder nur sehr kurz im Kindergarten waren. Allerdings bleibt offen, wie diese vorteilhaften Übergänge zustande kommen. Wissen die Kinder mehr? Lernen sie eigenständiger? Sind sie motivierter? Sind sie angepasster und erscheinen daher reifer? Sehen die Lehrerinnen und Lehrer den Kindergartenbesuch gar als Zeichen dafür, dass die Kinder schon gut erzogen, gut sozialisiert, wie die Forscher sagen, in ihre Schulen kommen?[36] Um diese Fragen zu beantworten, benötigen wir Informationen, die das SOEP nicht bietet.

Andere Untersuchungen helfen uns hier ein kleines Stück weiter. Sie messen die tatsächlichen Fähigkeiten und nicht die Übergänge. So stellen die von der OECD durchgeführten PISA-Erhebungen fest, dass die kognitiven Kompetenzen der fünfzehnjährigen Schülerinnen und Schüler höher sind, wenn sie vormals in einer vorschulischen Einrichtung der Kinderbetreuung waren. Wiederum spielen die Dauer des Besuchs und die Qualität eine entscheidende Rolle.[37] Ebenso lassen sich die Schuleingangstests der Stadt Osnabrück über die Jahre 2000 bis 2005 heranziehen.[38] Hier zeigt sich, dass die Schuleingangstests wesentlich besser ausfallen, wenn die Kinder in einer Kita waren. Birgit Becker dagegen untersuchte die sprachlichen Kompetenzen von 600 türkischen und 600 deutschen Kindern, die einen Kindergarten besuchen. Innerhalb von nur einem Jahr bauten die Kinder ihre Sprachkompetenz erheblich aus.[39]

Diese Studien stehen stellvertretend für die eindeutigen und einheitlichen Ergebnisse, die sich mit den heute in Deutschland vorliegenden Daten ermitteln lassen. Amerikanische Untersuchungen weisen darauf hin, dass sich hinter diesen Zusammenhängen durchaus Dynamiken verbergen könnten, die wir auch in Deutschland prüfen sollten.[40] Insbesondere berührt dies die Frage, inwieweit sich die auf vorschulische Bildung zurückgehenden Unterschiede über die Zeit halten, abschwächen oder gar ganz auflösen.

Betrachten wir drei amerikanische Studien näher.[41] Die *Cost, Quality and Child Outcomes in Child Care Centers Study*[42] untersucht, wie eine hohe Prozessqualität die Entwicklung von Kindern beeinflusst. Danach besitzen Kinder, die mit vier Jahren hochwertige Kindergärten besuchten, später deutlich bessere sprachliche und mathematische Kompetenzen als vergleichbare Kinder, die nicht in derartigen Kindergärten waren. Mit der Zeit nehmen die Unterschiede in den sprachlichen Fähigkeiten allerdings ab (*fading*), und im Alter von acht Jahren lassen sich keine Unterschiede mehr feststellen. Bei den mathematischen Fähigkeiten verringert sich der Abstand zwar ebenfalls, er ist aber bei den Achtjährigen noch sichtbar.

Zu ähnlichen Ergebnissen kommt die *Effective Provision of Pre-School Education Study*.[43] Kinder, die einen Kindergarten besuchten, verfügen über einen größeren Wortschatz, lesen und rechnen besser als Gleichaltrige, die nicht im Kindergarten waren. Dies lässt sich bis zur ersten Klasse beobachten, wobei sich die Kompetenzen zwischen den Gruppen langsam annähern.

In einer weiteren amerikanischen Studie konnten diese Ergebnisse bestätigt werden. Zwischen 1991 und 2006 begleitete sie Kinder von der Geburt bis zum Alter von fünfzehn Jahren in ihrer Entwicklung. Die *Study of Early Child Care* des National Institute of Child Health and Human Development belegt, dass sich eine lange und gute außerhäusliche Betreuung überaus positiv auf die Kompetenzen im Lesen, in der Mathematik und in den Naturwissenschaften auswirkt. Der Abstand zu den nicht betreuten Kindern sinkt zwar im Zeitverlauf, er bleibt jedoch auch hier erhalten.

Wie es um diesen *fading*-Effekt in Deutschland bestellt ist, wissen wir nicht. Die deutlichen Ergebnisse der PISA-Studie lassen vermuten, dass Unterschiede zwischen den beiden Gruppen zumindest bis zum Alter von fünfzehn Jahren fortbestehen. Um diese Entwicklungen genauer nachvollziehen zu können, werden entsprechende Daten in Deutschland dringend benötigt. Nur so können wir über Chancengleichheit und die Reichweite einer investiven Sozialpolitik ernsthaft diskutieren.

Führt frühkindliche Bildung zu einer höheren Chancengleichheit?

Wie schaffen wir es, die Bildungschancen von Kindern aus sozial schwachen Familien zu erhöhen? Ist die vorschulische Bildung dafür ein probates Mittel? Nur wenige Menschen würden diese Frage grundsätzlich verneinen. Wir alle müssen also dafür sorgen, dass Kinder aus sozial benachteiligten Familien und Kinder von Migranten ebenso häufig und ebenso lange wie andere Kinder qualitativ gute vorschulische Angebote nutzen. Ohne Teilnahme ist nichts zu machen. Das gelingt nur durch ein aktives Werben, durch ein langsames Heranführen an die Angebote und durch ein zielgerichtetes Miteinander aller einschlägigen Akteure. Aus einer Teilnahme an diesen Prozessen wird dann Teilhabe an einem Gut der Daseinsvorsorge. Die Schere zwischen Kindern mit unterschiedlich guten Startbedingungen wird sich zumindest in diesen jungen Jahren dann nicht weiter öffnen.

Die entscheidende Frage geht weit darüber hinaus: Können vorschulische Einrichtungen die unterschiedliche Herkunft der Kinder ausgleichen? Schaffen es Erkan und Jenny, mit Alexander gleichzuziehen? Studien belegen, dass Migrantenkinder und Kinder aus sozial schwächeren Elternhäusern von einem Kita-Besuch mehr Vorteile haben als andere Kinder. Für sozial benachteiligte Kinder erhöht sich die Wahrscheinlichkeit, später auf ein Gymnasium zu gehen, von 15 auf 41 Prozent, also um 26 Prozentpunkte. Für sozial privilegierte Kinder steigt sie von 47 auf 59 Prozent, also um 12 Prozentpunkte.[44] Der Abstand zwischen den Kindern verringert sich von 32 Prozentpunkten auf 18 Prozentpunkte. Das ist beträchtlich. Ganz schließt sich die Lücke jedoch nicht.

Untersuchungen, in denen statt der Übergänge die Leistung der Schülerinnen und Schüler gemessen wird, zeichnen das gleiche Bild. Die Studie von Birgit Becker zeigt, dass die deutschen Vorschulkinder im ersten Test vierzehn von zwanzig Aufgaben zum deutschen Wortschatz lösen konnten, ein Jahr später waren es achtzehn von zwanzig. Türkische Kinder konnten zunächst vier von zwanzig Fragen beantworten, nach einem Jahr waren es elf von zwanzig.[45] Alle Kinder erzielten Fortschritte, die türkischen Kinder weit größere als die deutschen. Und dennoch: Deutsche Kinder bleiben weiterhin im Vorteil. Auch die PISA-Studien bestätigen: Der Kindergartenbesuch verringert zwar die Unterschiede in den erreichten kognitiven Kompetenzen, ein deutlicher Abstand bleibt aber bestehen.

Ist das alles? Glücklicherweise nicht. Denn es gibt Hinweise, wie wir die Situation verbessern können: durch die Zusammensetzung der Gruppe, durch gezielte Intervention und gut ausgebildete Fachkräfte. Gehen Kinder mit Migrationshintergrund länger als zwei Jahre zusammen mit deutschsprachigen Kindern aus sozial starken Elternhäusern in einen Kindergarten, so unterscheiden sich ihre Leistungen beim Schuleingangstest von jenen der deutschen Kinder nicht.[46] Bleiben Kinder mit Migrationshintergrund und aus schwierigen sozialen Lagen in den Kindergruppen unter sich, so hilft das nicht viel oder gar nicht. Bei der Gruppenzusammensetzung kann man gestaltend ansetzen, systematisch tut man dies allerdings nicht. Dabei hätte Integration eine gewaltige Wirkung. Warum wollen wir sie nicht?

Auch Programme, die nur auf benachteiligte Gruppen zielen, können viel bewirken. Betrachten wir die zwei bekannten Modelle, die in den USA entwickelt wurden: das *Scope Perry Preschool Project*[47] und das *Abecedarian Early Intervention Project*.[48] Beide Programme zielen auf die sozial schwächsten Kinder. Werden diese Kinder von Anfang an sehr gut gefördert, so entwickeln sie sich rasant. Kinder, denen man diese Hilfe nicht gibt, bleiben in jeder Hinsicht weit zurück.[49] Ausgleichswirkungen können wir in diesem Zusammenhang nicht ermitteln – diese Programme umfassen nur sozial benachteiligte Kinder. Doch Bildungsarmut durch eine gezielt vorbeugende Politik abzubauen, ist mehr als nichts.

Setzen wir die finanziellen Mittel für die Bildung unserer Kinder effektiv ein?

Die Bildungsökonomie beschäftigt sich mit der Frage, welche Kosten und welchen Nutzen die Investition in Bildung hat. Ihr Ausgangspunkt lässt sich in drei Thesen fassen, die sich aus der empirischen Forschung ableiten.[50] Erstens, je früher wir im Lebensverlauf in Bildung investieren, umso höher sind die Erträge. Investitionen in der Kindheit zeitigen damit eine besonders nachhaltige Wirkung im Bildungsverlauf. Sie können sich über einen langen Zeitraum entfalten und erleichtern zudem den Erwerb weiterer Bildung. Die Erträge von früher Bildung sind, zweitens, vor allem für benachteiligte Gruppen hoch. Und drittens, Menschen mit einer hohen Ausgangsbildung profitieren im Erwachsenenalter mehr von ihrer Bildung.

Betrachten wir nun, welche Mittel in welchem Lebensalter für Bildung eingesetzt werden, können wir eine deutliche Fehlfinanzierung feststellen: Die niedrigen Ausgaben im vorschulischen Bereich stehen in keinem Verhältnis zu den erwarteten hohen Erträgen einer qualitativ guten Kinderbetreuung. Die Gewinne und Verluste lassen sich in etwa ermitteln.[51] Betrachtet man den durchschnittlichen Einkommensunterschied von Personen mit und ohne Abitur über den gesamten Erwerbsverlauf hinweg, so beträgt er rund 230 000 Euro brutto.[52] Sollten diese Einkommensvorteile kausal mit der Bildung zusammenhängen, so können diese auf den Krippenbesuch und dessen Auswirkungen auf den Bildungserfolg zurückgeführt und damit verrechnet werden.[53] Im Ergebnis zeigt sich, dass die Kosten der Kinderkrippe über den Erwerbsverlauf hinweg gesehen fast dreifach refinanziert werden.[54] Zu diesen individuellen kommen gesamtgesellschaftliche Kosten und Erträge.

Wir haben einen klaren Handlungsauftrag. Niedrige Bildung führt zu Entwicklungs- und Verhaltensproblemen, letztlich zu finanzieller Abhängigkeit und sozialer Ausgrenzung. Wir müssen daher die Bildung unserer Kinder sehr früh fördern. Nur so setzen wir unsere finanziellen Mittel effizient und sozial gerecht ein. Investieren wir später, geschieht dies immer stärker auf Kosten der Chancengleichheit und Teilhabemöglichkeiten.

Ich möchte einen weiteren Punkt besonders betonen: Nur wenn wir von Anfang an viel für unsere Kinder tun, sorgen wir für einen festen Boden unter ihren Füßen und geben ihnen Halt für ihr Leben. Chancengleichheit ist ein wichtiges Ziel, gerade in diesen Tagen. Doch der bedingungslose Schutz vor Bildungsarmut steht auf Platz eins unserer Hausaufgabenliste.

KAPITEL 3
Zurück auf die Plätze
Grundschule und Entscheidungszwang

Im August 2000 wurden Alexander, Erkan und Jenny eingeschult. Alle drei trugen stolz eine große Schultüte im Arm. Die andere Hand lag fest in der ihrer Mutter. Doch die drei Freunde erfuhren erst am frühen Abend, wie der erste Schultag der anderen verlaufen war. Sie gingen nun auf verschiedene Schulen. Die Schule von Alex lag am Rande des Stadtkerns, die Schule von Erkan mitten in der Stadt und die von Jenny weit draußen.

Die Eltern hatten sich dafür eingesetzt, dass die drei zusammenbleiben konnten. Sie scheiterten. Michael legte Widerspruch ein. Die Schulbehörde wies den Widerspruch zurück. Susanne rief bei mir an: »Kann man da nichts machen? Warum können die drei in denselben Kindergarten gehen, wenn sie dann doch auseinandergerissen werden? Die tun sich gut.« Die Möglichkeit einer freien Schulwahl bestand nicht. Schulbindung heißt das. Die Kinder wurden der Grundschule ihres Wohnbezirks zugeordnet. Und umziehen konnte und wollte keine der drei Familien.

So ging Alex mit den Kindern gutbürgerlicher Eltern aus seinem Stadtteil in eine Klasse. Der Ausländeranteil war sehr gering. Lediglich die Tochter eines britischen Botschafters und der Sohn eines französischen Anwalts, der im internationalen Privatrecht tätig war, wurden mit Alex eingeschult. Erkan dagegen wohnte in einer Gegend mit hohem Ausländeranteil, in seiner Klasse hatten die meisten Kinder türkische oder griechische Wurzeln. Jenny lebte in einer Neubausiedlung am

Rande der Stadt. Die hohen Fertigbauten waren noch im sozialen Wohnungsbau entstanden. Vor allem Arbeitslose und Arme mussten hier wohnen.

Bereits der erste Schultag der drei Freunde unterschied sich sehr. Ich durfte Alex begleiten und erlebte ein freundliches Willkommen: Eine kleine Theateraufführung, ein kurzes Stück vom Schulorchester. Ein Drittklässler kam auf Alex zu und schüttelte ihm die Hand: »Ich bin Jonas und dein Schulpate. Komm zu mir, wenn du Probleme oder Fragen hast.« Am frühen Abend trafen wir Erkan und Jenny bei »Eskimo«, unserer Eisdiele. Erkan und Jenny hatten keine Schulpaten. Doch, Ansprachen hätte es auch gegeben, entlockte ich ihnen. Wie wichtig das Lernen sei, hätten sie gehört. Bei Alex waren solche Appelle nicht vorgekommen. An seiner Schule setzte man eher auf die Neugier der Kinder. Denn die Lehrer sahen ohnehin, welch hohen Druck die Eltern auf ihre Kinder ausübten: Dass Lernen etwas ganz Wichtiges ist, wissen diese Kinder längst und eher zu gut.

Die Kinder gewöhnten sich gut ein, tasteten sich langsam voran. Erkan ging richtig gern in die Schule, Alex trottete pflichtbewusst zum Unterricht, Jenny freute sich zunächst auf die Mitschülerinnen und Mitschüler. Für die Eltern waren die Einschnitte fast härter: Ihre Kinder kamen deutlich früher nach Hause, hatten Hunger und bald viele Hausaufgaben. Sie brauchten Zeit und Aufmerksamkeit. Bei Erkan ließ sich die neue Situation noch am leichtesten meistern. Seine Mutter kochte sowieso für die Familie zu Mittag, und am Nachmittag bat sie die älteren Kinder, auf Erkans Hausaufgaben zu achten.

Für Jennys Mutter war die Umstellung schwieriger. Zuvor war Jenny den ganzen Tag im Kindergarten betreut worden, jetzt kam sie mittags nach Hause. Die Schule bot keinen Ganztagsbetrieb an, einen Hort gab es nicht. Und dann die langen Ferienzeiten. Jennys Mutter fühlte sich gegängelt. Jetzt, da sie zu Hause alle Hände voll zu tun hatte, erhöhte das

Arbeitsamt den Druck. Sie solle sich bewerben und wieder arbeiten gehen. Mit Jenny und ihrem Bruder wurde das Leben zum Spagat: Natürlich würde sie gerne wieder arbeiten gehen. Doch im Moment packte sie das alles nicht, fühlte sich unfähig und war frustriert.

Richtig genervt waren Alexanders Eltern. Die beiden kleinen Kinder waren weniger das Problem. Der ehemalige Kindergarten von Alex hatte sie ohne Schwierigkeiten aufgenommen, Geschwisterkinder hatten Vorrang. Zwar passten die Betreuungszeiten nach wie vor schlecht, aber sie waren immerhin verlässlich. Der Schultag von Alex dagegen endete mal um 11 Uhr, mal um 12 Uhr und manchmal erst um 13 Uhr. Dazu kamen unangekündigte freie Stunden. Lehrer erkrankten, gingen auf Klassenfahrt, in Mutterschutz oder Elternzeit und manchmal auf Fortbildung. Ungebrochen wurden die Unterrichtsausfälle von der Schule an die Eltern weitergegeben. So hatten sich Susanne und Michael das nicht vorgestellt. Zumal die Schulbehörde mit dem Konzept der verlässlichen Halbtagsgrundschule warb. Alle Grundschüler würden garantiert bis 13 Uhr betreut. Versprochen. Wie wenig dieses Versprechen galt, bekamen die Eltern aller drei Kinder zu spüren. Erkans Mutter konnte das auffangen, sie war nicht erwerbstätig und blieb gern zu Hause bei den Kindern. Das Geschäft ihres Mannes ernährte die Familie gut. Jennys Mutter litt am meisten und konnte sich am wenigsten dagegen wehren. Susanne und Michael stöhnten, doch sie konnten sich weitere Hilfe im Haushalt leisten. Sie verlängerten die Arbeitszeit ihrer Kinderfrau Maria.

Anfangs waren Susanne und Michael überzeugt, dass sich die vier Jahre auf der Grundschule überbrücken lassen und sich die drei Freunde auf dem Gymnasium wiedersehen würden. Sie fuhren die Kinder hin und her, um den Kontakt zwischen ihnen aufrechtzuhalten. Die Freunde feierten ihre Geburtstage zusammen und verbrachten manches Wochenende bei Alex im Garten oder unterm Dach. Susanne und Michael suchten nach Sportvereinen für alle drei, organisierten gemeinsamen Musikunterricht. Doch die guten Pläne ließen sich nur schwer umsetzen oder durchhalten. Die Schulen waren unterschiedlich getaktet, die Schulbücher in den Fächern verschieden, und entsprechend fielen auch die Hausaufgaben anders aus. Es wurde immer komplizierter, die Nachmittagsstunden aufeinander abzustimmen.

Wenn ich in der Stadt war, klappte es noch immer mit einem Treffen zu viert. Die drei Kinder fanden mich spleenig, sie liebten die Zeit mit mir, die Ideen, die gute Laune. Ein Höhepunkt unseres gemeinsamen Lebens war die Fußball-Weltmeisterschaft 2002. Wir fieberten mit Deutschland und der Türkei. Es half. Beide Mannschaften erreichten das Halbfinale. Dann verlor die Türkei gegen Brasilien null zu eins. Erkan war geknickt und wir mit ihm. Im Finale verlor Deutschland gegen Brasilien null zu zwei. Wir trösteten uns gegenseitig. Als die Kinder etwas älter waren, lud ich sie zu längeren Ausflügen ein. Wir trafen uns am Bahnhof, stemmten unsere Räder mit den vollgepackten Satteltaschen in einen Regionalzug und fuhren aufs Land. Wir radelten auf den Deichen, an den Flüssen und Nebenflüssen entlang. Wir warteten an den Zugbrücken, bis die Schiffe passierten, teilten unser Picknick mit Schafen und Ziegen. Und wir spielten Karten. Rommée, Mau-Mau, Schafskopf. Die drei machten mich fertig. Ohne Ausnahme.

In ihren Grundschulen entwickelten sich die Kinder ganz unterschiedlich. Alex war alles andere als ein Selbstläufer. Er konnte sich nur schwer konzentrieren, lernte nicht aus freien Stücken, brauchte viel Aufmerksamkeit und Hilfe, was auch die Kopfnoten zeigten. Susanne und Michael stießen an ihre Grenzen. Sie hatten ihren Beruf und zwei weitere Kinder. Susanne war zunehmend besorgt. »Ach, so war ich auch«, winkte Michael ab. »Erst mit fünfzehn habe ich begonnen zu arbeiten.« Er erzählte die längst bekannten Geschichten von dem katholischen Internat, in das ihn seine Eltern gesteckt hatten und dem er entkommen war. Für hilfreich hielt Susanne diese Interventionen nicht. Doch die Lehrer schienen eher die Auffassung des Vaters zu teilen: Als Susanne zu Beginn der vierten Klasse auf einem Elternabend nach den Perspektiven für ihren Ältesten fragte, erhielt sie gleich eine klare Antwort: Natürlich kommt Alexander auf das Gymnasium, »bei diesen Eltern steht das doch ganz außer Frage«.

Erkan wurde ein guter Schüler. Er gehörte zu den Besten in seiner Klasse. Auch seine Kopfnoten waren in Ordnung, sie lagen weit über denen von Alexander. Problemlos vergingen die Grundschuljahre. Anfang der vierten Klasse erzählte er mir eines Tages stolz, dass ihn seine Lehrerin auf eine Realschule schicken wolle, als einen von wenigen in der ganzen Klasse. Erkans Augen strahlten. Ich freute mich riesig für ihn. Und schaltete nicht. Ich ging nicht zu seinen Lehrerinnen und Lehrern. Es kam mir nicht in den Sinn, nach einer Gymnasialempfehlung zu fragen. Darüber ärgere ich mich immer noch, und ich schäme mich bis heute.

Meine kluge Jenny dagegen bewältigte den Schulalltag nur schlecht. Sie hatte Heimweh nach ihrem Kindergarten. Sie fehlte häufig. Das machten alle in ihrer Klasse so – das gehörte für sie irgendwie dazu. Ihre Mutter merkte das nicht. Erst als die Klassenlehrerin anrief und sich nach Jenny erkundigte, kümmerte und interessierte sie sich. Da war Jenny schon acht. Die Lehrer erkannten das Potenzial des Mädchens, schrieben ihr ein Lob oder einen Ansporn ins Heft. Doch ändern konnten sie Jennys Verhalten nicht. Es gab ja Schlimmeres an der Schule: Kiffen, Gewalt, Übergriffe. Jenny schwänzte nur. Ich erfuhr von dieser Seite meiner kleinen Freundin damals nichts. Die Einladung zu unseren Treffen schickte ich auf bunten Kärtchen per Post. Jenny erschien am Treffpunkt, unverändert, wie eh und je. Wenn wir über die Schule sprachen, war sie zurückhaltend, doch das gab mir nicht zu denken. »In welche Schule kommst du denn jetzt?«, fragte ich im Sommer 2004. »Egal. Wahrscheinlich in eine Realschule. Aber ich hab' keinen Bock.«

Und Laura? Für sie und ihre Eltern begann die Schule ein Jahr später. Die Eltern hatten lange gesucht, sie waren zu Informationsabenden an verschiedenen Schulen gegangen, hatten im Unterricht hospitiert. Sie überlegten: Was ist besser? Eine Montessori-Schule mit einem recht hohen Integrationsanteil? Das Konzept gefiel ihnen gut, aber die Schule war stark überlaufen, die Klassen waren groß. Oder eine neu eingerichtete Integrationsschule? Die Klassen waren kleiner und die Schule wurde bisher nur von wenigen Integrationskindern besucht, doch der Anteil sollte ausgebaut werden.

Pädagogen, Therapeuten und Ärzte ließen die Zukunft von Laura weiter offen. »Bei den Tests konnte Laura alles«, sagte ihre Mutter zu mir, als ich einmal mit ihr telefonierte. »Sie hat es nur etwas anders ausgedrückt. Und manchmal zu lange dafür gebraucht.« Ihre Tochter mit Kindern aufwachsen zu lassen, die mehrheitlich beeinträchtigt und nur unter sich waren, kam für sie nicht infrage. »Laura soll normal aufwachsen. Bisher hat sie noch alles geschafft.«

Lauras Mutter sprach mit der Direktorin einer Integrationsschule. Sie nahm sich viel Zeit, hörte interessiert zu und beantwortete alle Fragen genau: Lauras Mutter erfuhr, dass die Grundschule plante, pro Klasse zwanzig Kinder zu beschulen, davon fünf Integrationskinder. Das hörte sich gut an, waren doch die Gruppen im Kindergarten ganz ähnlich zusammengesetzt gewesen. Die Direktorin empfahl ihr: »Stellen Sie für Laura einen Antrag auf sonderpädagogischen Förderbedarf und einen auf Hortintegration. Sie können auch noch einen Schulbegleiter beantragen.« Die Eltern entschieden sich für die Integrationsschule.

Am Tag der Einschulung führten die älteren Kinder ein Theaterstück für die Erstklässler auf, in dem es um Andersartigkeit ging. Laura fand es toll und fühlte sich zwischen den vielen Kindern wohl. Die Klassenlehrerin begrüßte alle Neuankömmlinge und zeigte ihnen den Klassenraum. Nach etwa einer halben Stunde holten die Eltern ihre Kinder dort ab. Als Lauras Eltern den Raum betraten, saß ihre Tochter an einem Tisch, neben sich ein dunkelhaariges Mädchen mit lila Haarreifen, das ihr stolz die neue Federmappe zeigt. Laura lächelte vorsichtig.

    Laura gefiel es in der Schule. Zwar war sie das einzige Kind in der Klasse, um das sich eine Sonderpädagogin und ein Schulbegleiter kümmerten. Doch beide waren sehr nett, und die Lehrerin half ihr geduldig, wenn sie eine Aufgabe nicht verstand. Ihre Mutter dagegen fühlte sich zunehmend gestresst. Seit der Geburt ihrer Tochter war sie von Menschen umgeben gewesen, die ihr Schicksal teilten oder ein noch schwereres zu tragen hatten. Nun war das ganz anders. Mit der Zeit bemerkten die anderen Eltern Lauras Beeinträchtigungen. Aber sie fragten danach nicht. Wie gerne hätte sie über ihre Tochter gesprochen oder irgendeinen Kontakt zu den anderen Eltern aufgebaut. Aber das schlug fehl. Die anderen Eltern blieben auf Distanz. Sie sprachen über Dinge, die Lauras Mutter ohnehin nicht umtrieben: Über die weiterführenden Schulen, die besten Gymnasien, die richtigen Fremdsprachen. Zunehmend fühlte sie sich ausgeschlossen. Und sie sah, wie auch Laura allmählich in eine Sonderstellung rutschte. Eigentlich sollten ja noch weitere Integrationskinder in Lauras Klasse gehen, doch deren Eltern hatten den Antrag kurzfristig zurückgezogen. Wie sollte das nur weitergehen? Sie machte sich große Sorgen. Noch merkte Laura davon nichts.

Eine Schultüte voller Probleme

Für alle Kinder und Eltern war die Umstellung vom Kindergarten auf die Schule hart. Zu wenig waren die Einrichtungen aufeinander abgestimmt, zu gering waren die Hilfen für die Familien. Vergegenwärtigen wir uns allein die Öffnungszeiten der Schulen.

Bei allen Defiziten im vorschulischen Bereich gibt es weit mehr Ganztagskindergärten als Ganztagsschulen. Zudem sind selbst Ganztagsschulen meist auf Teilzeit programmiert. Ein Ganztagskindergarten hat fünf Tage die Woche für mindestens sieben Stunden geöffnet. Eine Schule jedoch gilt bereits als Ganztagseinrichtung, wenn sie an drei Tagen in der Woche erst um 16 Uhr die Türen schließt und an diesen Tagen ein Mittagessen anbietet. Selbst wenn ein Kind also im Kindergarten und in der Schule »ganztägig« betreut wird, findet unter der Hand ein Übergang von Ganztag auf Halbtag statt.

Dabei sprechen wir noch gar nicht von den Ferien, die in der Schule wesentlich länger als im Kindergarten sind und erst recht mehr Tage umfassen als der elterliche Urlaub. Können Mütter in der Kindergartenzeit noch recht gut die eigene Erwerbsarbeit in die Zeit zwischen 7 und 17 Uhr legen, so müssen sie nun eine Stelle in Teilzeit am Vormittag finden und irgendwie die langen Ferien der Kinder überbrücken.

Je älter die Kinder werden, desto schwerer wird die Vereinbarkeit von Beruf und Familie. So gern viele Mütter erwerbstätig wären, so deutlich setzt die Schule ein STOP. Dies ändert sich erst, wenn die Kinder das Teenie-Alter erreichen und ihre freie Zeit selbst einteilen. Meist ist es für die Frauen dann aber zu spät, ihren beruflichen Karriereweg wieder aufzunehmen. Die Erwerbstätigkeit von Müttern und die Betreuung von Kindern sind bis heute Welten, die sich nur schwer verbinden lassen.

Mit dem Übergang in die Schule ändert sich auch die Qualität der Betreuung. In den meisten Ganztagskindergärten wird der gesamte Tag von den Erzieherinnen und Erziehern pädagogisch-konzeptionell genutzt. Es gibt feste Zeiten mit klaren Abläufen. Bei den Ganztagsschulen ist das anders. Nur die allerwenigsten sind »gebunden«, also verpflichtend für alle. Nur diese bieten einen Lehrkanon an, der auch den Nachmittag umfasst. Und selbst dort sind die Vormittage und die Nachmittage didaktisch nicht miteinander verbunden, es fehlt ein einheitliches Tageskonzept. Hinzu kommt die Zusammensetzung. In Kindergärten überschneiden sich die sozialen Kreise eher. Kinder und Eltern aus unterschiedlichen sozialen Milieus treffen sich. Nicht oft, nicht systematisch, aber doch häufiger als in den Schulen. Die Schulen sind sozialstrukturell homogener, und das bekommt den Kindern nicht. Jenny merkte das am meisten.

Dabei hat sich in den letzten Jahren viel getan. Bund und Länder beteiligten sich an dem »Investitionsprogramm Zukunft Bildung und Betreuung« (IZBB), um den Ausbau von Ganztagsschulen voranzutreiben. Während die meisten Vorhaben von Bund und Ländern, die unter dem Dach der »Rahmenvereinbarung Modellversuche« (RV-Mo)[1] stattfanden, darauf ausgerichtet waren, »Entscheidungshilfen für die Entwicklung des Bildungswesens zu geben« (§ 2 RV-Mo), war das Ganztagsschulprogramm IZBB ein vollwertiges Schulentwicklungsprogramm. Ein deutlicher Fortschritt.

Das IZBB wurde als Investitionsprogramm nach Artikel 104a Absatz 4, Satz 1 Grundgesetz (GG) gefördert. Dieser Artikel gestattet es Bund, Ländern und Gemeinden, Finanzhilfen für »besonders bedeutsame Investitionen« zu gewähren, »die zur Abwehr einer Störung des gesamtwirtschaftlichen Gleichgewichts oder zum Ausgleich unterschiedlicher Wirtschaftskraft im Bundesgebiet oder zur Förderung des wirtschaftlichen Wachstums erforderlich sind«. Bund und Länder verwiesen auf die nachhaltige gesamtwirtschaftliche Bedeutung von Ganztagsschulen und schlossen 2003 eine Verwaltungsvereinbarung über das IZBB. Das Programm lief von 2003 bis 2007 und wurde kostenneutral bis 2009 verlängert. In diesem Zeitraum wurden über 8200 Ganztagsschulen in den Bundesländern auf- und ausgebaut. Dafür stellte der Bund etwa 4 Milliarden Euro zweckgebunden bereit. Die Länder wiederum waren für die Vergabe und Verwendung der Gelder verantwortlich.

Inhaltlich begleitet wurde das IZBB durch das Zusatzprogramm »Ideen für mehr! Ganztägig lernen«.[2] Es bündelt Fachwissen und unterstützt Schulen, ihre Ganztagskonzepte qualitativ zu entwickeln und zu verbessern. Dieses Programm startete 2004 und wurde bis 2014 verlängert. Damit ist es das einzige Schulentwicklungsprogramm, bei dem Bund und Länder noch zusammenarbeiten. Heute, sechs Jahre nach der Föderalismusreform, könnte ein solches Programm nicht mehr ins Leben gerufen werden: Bund und Länder beendeten mit jener »Reform« 2006 jede gemeinsame Finanzierung im Bildungsbereich.

Was erwartet man von den Ganztagsschulen? Warum gelten sie als besonders förderungswürdige Einrichtungen? Die Beweggründe kommen uns bekannt vor, denn sie ähneln denen, die schon beim Ausbau von Betreuungseinrichtungen für Kinder unter drei Jahren angeführt wurden. Bildungspolitisch wollte man nach den ernüchternden PISA-Ergebnissen aus dem Jahre 2000 mit den Ganztagsschulen gezielt die kognitiven und sozialen Fähigkeiten aller Kinder fördern. Außerdem hoffte man, ausgleichend zu wirken und insbesondere den sozial Schwächsten zu helfen. Arbeitsmarkt- und sozialpolitisch sollten die Vereinbarkeit von Beruf und Familie unterstützt, die Erwerbschancen Alleinerziehender verbessert und das Arbeitsvolumen von Frauen allgemein vergrößert werden. Und nicht zuletzt baute man darauf, dass die verschiedenen

Akteure in lokalen Bündnissen stärker zusammenarbeiten und sich so die Sozialräume enger verflechten.[3]

Seit 2003 zeigt sich eine durchaus beachtliche Entwicklung. 2005 hatten nur 28 Prozent aller Verwaltungseinheiten[4] ganztagsschulische Programme. Im Jahre 2009 waren es schon 47 Prozent. Dabei klaffen zwischen den Bundesländern gewaltige Unterschiede: In Baden-Württemberg beträgt der Anteil von Ganztagsprogrammen in den Verwaltungseinheiten im Schnitt 22 Prozent, in Bremen 25 Prozent, in Bayern 39 Prozent und in Sachsen 96 Prozent.[5] Wechselt man aber von Schulen zu Schülern, sehen die Zahlen anders aus. Von allen Schülern gehen in Baden-Württemberg 26 Prozent in eine Ganztagsschule, in Bremen 23 Prozent, in Bayern 9 Prozent und in Sachsen 73 Prozent. Wichtig ist zudem: Um welche Form der Ganztagsschule handelt es sich? Ist sie »gebunden« und damit verpflichtend für alle? Oder offen, also mit einem rein freiwilligen Angebot am Nachmittag? Von allen Ganztagsschulen sind in Baden-Württemberg 13 Prozent voll »gebunden«, in Bremen 21 Prozent, in Bayern 3 Prozent und in Sachsen 29 Prozent.[6] Häufig sind gerade in der Grundschule die Ganztagsangebote nicht verpflichtend, sie werden es erst in den späteren Schuljahren. Führt man sich vor Augen, dass mehr Kinder mit Migrationshintergrund in der fünften Klasse eine »gebundene« Ganztagsschule besuchen, als das in der dritten Klasse der Fall ist, so stoßen wir auf eine irritierende Fehlsteuerung.[7] In der fünften Klasse sind die Übergangsentscheidungen längst gefallen. Soll die Ganztagsschule als Teil einer bildungspolitischen Offensive ihre Kraft entfalten, so muss sie bereits im Primarbereich und verpflichtend, also »gebunden«, angeboten werden.

In der norddeutschen Stadt meiner vier kleinen Freunde gab es im Jahr 2000 nur wenige Ganztagsschulen und kaum eine davon war »gebunden«. Kein Wunder also, dass nicht eines der Kinder den Weg in diese Schulform fand. Heute wäre die Lage etwas besser, doch alles andere als gut. Dies betrifft auch die Qualität. Insbesondere mangelt es an pädagogischen Kräften und Konzepten. So fehlen häufig in den Nachmittagen curriculare Konzepte. Daher lassen sich die hohen bildungspolitischen Erwartungen an die Ganztagsschulen bislang empirisch nicht belegen. Im vorschulischen Bereich ist gut nachweisbar, dass die Dauer des Besuchs und die Qualität der Einrichtung die Entwicklung der Kinder entscheidend beeinflussen. Doch ob sich auch Ganztagsschulen auf die Kompetenzentwicklung der Kinder auswirken, bleibt bis heute offen.[8] Geht es dagegen um die Lernmotivation, sind die Ganztags- den Halbtagsschulen klar überlegen. Dies erklärt man damit, dass Kinder aus den häufigeren und intensiveren Kontakten mit anderen Kindern ihre Lernbereitschaft erhöhen.[9]

Natürlich erlaubt und unterstützt die Ganztagsschule die Erwerbstätigkeit der Mütter. Vor allem Alleinerziehende profitieren, wenn ihre Kinder auch am Nachmittag die Schule besuchen können. Sie sind eher erwerbstätig, entkommen so staatlicher Alimentierung und finanzieller Not. Sozialversicherungspflichtige Vollzeiterwerbsarbeit ist der beste Schutz vor Armut, das gilt nach wie vor. Dieser Schutz ist gerade für Kinder besonders wichtig. Die Erwerbstätigkeit ihrer Mütter öffnet den Kindern eine Perspektive und bewahrt sie vor gesellschaftlicher Stigmatisierung. Selbst wenn sich die kognitiven Leistungen nicht verbessern ließen, ist vielen Kindern durch die Ganztagsschulen ein Mehr an sozialen Kompetenzen und materiellem Wohlergehen sicher.

Nicht so bei Jenny. Ihre Mutter blieb im Hartz-IV-Bezug stecken. Die Folgen für Jenny waren schwerwiegend. Hätte es doch zumindest eine engere Abstimmung zwischen Jugendamt, Kindergarten und der Bildungsbehörde gegeben, Jenny hätte für ihr Leben gewonnen. Damals, bei der Entscheidung für einen Kindergarten, hatte das Jugendamt ihre Gefährdungslage erkannt und darauf gedrängt, dass Jenny in einen

Integrationskindergarten kommt. Die Erzieherinnen und Sozialarbeiter dort hatten die Möglichkeiten des Mädchens gesehen und konnten Jenny fördern. Jenny und ihre Familie waren mit anderen sozialen Kreisen zusammengetroffen. Nur deshalb lernte ich sie kennen. Jetzt, in der Schule, war mit all dem plötzlich Schluss. Jennys altes Netzwerk wurde brüchig und löchrig. Lange hatte sie keine Freunde.

Als Alex, Erkan und Jenny in die zweite Klasse kamen, wurde Laura eingeschult. Sie gehört damit zu den bundesweit 37 400 Mädchen und Jungen, die erst etwas später in die Schule kommen.[10] Das sind mehr als 5 Prozent aller Kinder. Zudem ist Laura eines der wenigen Kinder mit sonderpädagogischem Förderbedarf, die einen Platz in einer Regelgrundschule gefunden haben. Zwar haben in Deutschland alle Kinder und Jugendlichen mit sonderpädagogischem Förderbedarf ein Recht auf inklusiven Unterricht, denn Deutschland unterzeichnete 2009 die Behindertenrechtskonvention der Vereinten Nationen. Allerdings wird dieses Recht in den Bundesländern nicht gleichermaßen umgesetzt, wenn überhaupt. Die Bundesländer bauen ihre inklusiven Bildungsangebote unterschiedlich stark aus, ein bundesweites Konzept fehlt. Außerdem ist nicht einheitlich definiert, was einen Förderbedarf ausmacht. Entsprechend schwanken nicht nur die Anteile der Kinder mit sonderpädagogischem Förderbedarf von Bundesland zu Bundesland, ebenso gehen unterschiedlich viele dieser Kinder in eine Regelschule. In Bremen besuchten 2009 im Primarbereich weniger als 1 Prozent der Schülerinnen und Schüler eine Förderschule, in Mecklenburg-Vorpommern waren es fast 6 Prozent.[11] Sehenden Auges nimmt man in Kauf, wie sich die Lebenswege dieser Kinder regional anders und vielfach zum Schlechteren entwickeln.

Was Hänschen nicht lernt, lernt Hans nimmermehr

Alex, Erkan und Jenny gingen auf verschiedene Grundschulen in der norddeutschen Stadt. In Deutschland besitzen Schulen nur wenig Autonomie. Daher eröffnet sich ihnen nur ein geringer Spielraum, um sich auf die sozialräumlichen Gegebenheiten und die soziale Herkunft ihrer Schülerinnen und Schüler einzustellen.[12] Differenzielle Entwicklungsmilieus, wie Jürgen Baumert die unterschiedlichen Lernkulturen der weiterführenden Schulformen bezeichnet,[13] zeigen sich schon hier. Die drei Kinder lernen also nicht einfach nur in drei verschiedenen Schulen und nach drei verschiedenen Lehrplänen. Das soziale Kapital der Schulen, also die soziale und ethnische Herkunft ihrer Schülerinnen und Schüler, unterscheidet sich gewaltig. Hierfür genügt ein Blick auf die Zusammensetzung der Klasse: Die Mitschüler von Alex wachsen überwiegend in einer heilen, begüterten Welt auf, sie sind kaum Entwicklungsrisiken ausgesetzt. In die Klassen von Erkan und Jenny gehen dagegen viele Mädchen und Jungen, deren Eltern arbeitslos sind. Ihre Eltern besitzen einen geringeren Bildungsabschluss, ein geringeres Einkommen und einen niedrigeren sozialen Status als der Durchschnitt der Bevölkerung.

Diese Situation hatte für Alex, Erkan und Jenny zunächst ganz unerwartete Folgen. Alex war in seiner ersten Klasse plötzlich der Loser. Die meisten seiner Mitschüler konnten schon schreiben. Den Eltern von Alex war das nicht wichtig gewesen. Erkan und Jenny dagegen wurden sofort zum Star. Big-fish-little-pond-Effekt nennt man in Soziologie und Pädagogik dieses Phänomen – derselbe Fisch fällt in einem kleinen Teich eher auf als in einem größeren See.[14] Die Fähigkeiten der Kinder werden im Licht dessen beurteilt, was die jeweils anderen vor Ort können. Alex hinkte seinen Mitschülern beim Lesen und Schreiben hinterher, Erkan und Jenny waren ihrer Klasse weit voraus.

Die Jahre in der Grundschule vergingen schnell. Alle drei Kinder lernten Lesen, Schreiben und Rechnen. Die Grundfähigkeiten, oder das Fundamentum, waren erworben.[15] Wie aber entwickelte sich ihr Leistungsstand im Vergleich? Der Kindergarten hatte durchaus ausgleichend gewirkt: Erkan und Jenny zogen zwar nicht gleich mit Alex, aber der Unterschied in den herkunftsbedingten Fähigkeiten verringerte sich. Und was war jetzt, nach fast vier Jahren Grundschule? Das Niveau hatte sich bei allen wesentlich erhöht, sie konnten mehr denn je. Allerdings klaffte zwischen ihnen wieder ein deutlicher Abstand. Die Grundschule wirkt nicht ausgleichend. Dies belegen alle Studien. Zwar zeigen sich erhebliche Leistungsgewinne, dennoch bleibt die Lücke zwischen den sozialen Schichten bestehen oder wird sogar (wieder) größer.[16] Bei einheitlichem Zeitbudget und einheitlicher Lehrqualität für alle Schüler entsteht zwangsläufig eine Leistungsspreizung, die umso höher ausfällt, je besser es der Schule gelingt, die Kinder individuell zu fördern.[17]

Die Antwort auf diese Befunde ist eindeutig: Wir müssen mehr für das absolute Leistungsniveau der Schülerinnen und Schüler tun. Wenn es uns gelingt, dieses Fundamentum zu heben, erreichen wir viel für die Schüler selbst, aber auch für die Gesellschaft als Ganze. Wir erhöhen das Wissen von allen und reduzieren den Anteil funktionaler Analphabeten.[18] Wie wäre das zu schaffen? Einige Maßnahmen lassen sich sicher benennen.[19] Hierzu gehören der weitere qualitativ hochwertige Ausbau der vorschulischen Einrichtungen und eine stärkere Inklusion, also eine größere Teilhabe aller Kinder. Klaus Klemm fordert sogar eine Pflicht zum Unterrichtsbesuch – ein nicht abwegiger Vorschlag. Zumindest aber könnte und müsste man einiges tun, um die Besuchsneigung deutlich zu fördern. Ferner benötigen wir zuverlässige Sprachstandfeststellungen vor dem Schuleintritt und eine entsprechend früh einsetzende Sprachförderung. Wir brauchen mehr »gebundene« Ganztagsschulen im Grundschulbereich. Wir müssen den Übergang in die Grundschule und in die weiterführenden Schulen anders gestalten. Und letztlich gilt es, starke institutionelle und personelle Brücken zwischen den Kindergärten und Schulen zu bauen und zu pflegen.

Horch, was kommt von draußen rein ...

In den meisten Bundesländern endet die Grundschulzeit schon nach der vierten Klassenstufe – und damit im internationalen Vergleich sehr früh. In Berlin und Brandenburg findet der Übergang auf die weiterführende Schule erst nach der sechsten Klassenstufe statt.[20] In Mecklenburg-Vorpommern werden die fünfte und sechste Klasse in einer von der Schulart unabhängigen Orientierungsstufe unterrichtet. Sachsen, Thüringen und Sachsen-Anhalt bieten in der fünften und sechsten Klasse noch keine getrennten Haupt- und Realschulzweige an. Entsprechend unterscheiden sich die Anteile von Schülerinnen und Schülern in den einzelnen Schulformen regional deutlich.

Betrachten wir also die siebte Klassenstufe, denn erst von da an sind in allen Bundesländern die Schüler auf die weiterführenden Schulen verteilt worden. In Bayern besuchen dann nur knapp 34 Prozent der Schüler ein Gymnasium, in den Stadtstaaten dagegen jeweils über 45 Prozent.[21] Umgekehrt verhält es sich mit der Hauptschule. Sieben Bundesländer bieten diese überhaupt nicht (mehr) als eigenständige Schulform an. In den anderen Bundesländern schwankt der Anteil der Schülerinnen und Schüler, die in der siebten Klasse auf eine Hauptschule gehen, zwischen 10 Prozent (Hessen, Rheinland-Pfalz) und über 30 Prozent (Bayern).[22]

Dies sind Momentaufnahmen. Wie wir sehen werden, kommen spätere Aufstiege, aber vor allem Abstiege hinzu.

Allerdings, und zahlenmäßig bedeutender, erwerben Jugendliche verstärkt jenseits der allgemeinbildenden Schulen Abschlüsse. Sie besuchen berufsbildende Schulen und schließen diese mit einer fachgebundenen Berechtigung für den Hochschulzugang ab. Sie bestehen eine berufliche Meisterprüfung und können anschließend studieren. Klaus Klemm bezeichnet dies als eine »strukturelle Zerfaserung«.[23] Abschlüsse sind nicht mehr an nur eine Schulform gebunden.

Doch zurück zu den föderalen Besonderheiten. Nicht nur im Zeitpunkt und in den Übergangsquoten unterscheiden sich die Bundesländer. Eine Gymnasialempfehlung oder eine Realschulempfehlung setzt zudem je nach Bundesland einen anderen Notendurchschnitt voraus. Dieser berechnet sich in einem Bundesland anhand von zwei, im anderen von drei Schulfächern. Während also in Sachsen für eine Gymnasialempfehlung ein Schnitt von 2,0 im Deutsch-, Mathematik- und Sachunterricht notwendig ist, genügt in Bremen schon ein Schnitt von 2,4 im Deutsch- und Mathematikunterricht. In einigen Bundesländern spielen neben den Noten weitere Faktoren wie das Lern- und Arbeitsverhalten oder Erfolgsprognosen eine Rolle. Diese Notendurchschnitte gehen dann ein in Übergangsempfehlungen, welche die Lehrer erteilen. In einigen Bundesländern sind die Empfehlungen verbindlich, in anderen nicht. Dort können die Eltern die weiterführende Schulform für ihr Kind selbst auswählen, so etwa in Berlin, Hamburg, Nordrhein-Westfalen und Schleswig-Holstein.[24]

Schließlich finden wir auch föderale Unterschiede, wenn wir auf die Kompetenzen blicken, die die Kinder in der Grundschule erworben haben. Nehmen wir etwa das Lesen, als eine Voraussetzung für die Teilnahme und Teilhabe am gesellschaftlichen Leben. Die *Internationale Grundschul-Lese-Untersuchung* (IGLU) ermittelt das Leseverständnis von Kindern in der vierten Klasse. Im Schnitt aller deutschen Schulen erreichen die Viertklässler 548 Punkte. Die Unterschiede zwischen den Bundesländern sind deutlich, wenngleich weniger heftig als bei den älteren Kindern.[25] Baden-Württemberg (550) liegt nahe dem Bundesdurchschnitt. Thüringen (564) und Bayern (562) verzeichnen höhere Werte, Bremen (522) und Berlin (525) dagegen niedrigere. Wie sind diese Unterschiede zu bewerten? Was verbirgt sich hinter diesen Punktezahlen? Der Leistungszuwachs liegt in jedem Schuljahr bei etwa 40 Punkten.[26] Zugespitzt bedeutet das: Beim Umzug von Berlin nach München verliert man ein Schuljahr, wechselt man von München nach Berlin, so kann man eine Klasse überspringen.[27]

Aus Ungleichheit wird Ungerechtigkeit

Die Kluft zwischen den Bundesländern in der Aussicht auf einen guten Schulabschluss ist das eine. Die Ungleichheit in den Chancen und Ergebnissen von Kindern aus unterschiedlichen sozialen Schichten alarmiert weit mehr. Wir können unsere vier Kinder betrachten, jede einzelne Schule, jede Gemeinde und jedes Bundesland. Wir kommen stets zu dem gleichen Ergebnis: Die soziale Herkunft, egal wie wir sie messen, beeinflusst die Bildungsergebnisse, gleich welche wir betrachten, enorm.[28] Sie tut dies in dreifacher Weise:

1. Die Leistungen sind schichtabhängig: Im Schnitt erreichen Jenny und Erkan weniger Punkte als Alex.
Kinder erreichen je nach ihrer sozialen Herkunft unterschiedliche Leistungen. Kommt ein Migrationshintergrund hinzu, klaffen die Ergebnisse noch einmal deutlich weiter auseinander. Sind beide Eltern in Deutschland geboren, erzielen die Kinder beim IGLU-Lesetest im Durchschnitt 564 Punkte. Stammt nur ein Elternteil aus Deutschland, sind es 545 Punkte. Wurden beide Eltern im Ausland geboren, schaffen die Kinder

nur 516 Punkte.[29] Der Unterschied liegt somit bei 48 Punkten. Das ist eine Menge und entspricht in etwa dem Fortschritt, den man in einem Schuljahr erzielt.

Offenbar können wir an diesen primären Effekten, wie Raymond Boudon die rein durch das Elternhaus bedingten Unterschiede nennt,[30] herumschleifen und sie ein wenig mindern. So gut wie im Kindergarten – oder gar in der Vorschule – lassen die Effekte sich in der Grundschule aber nicht mehr ausgleichen. Eine Schule scheint bereits dann gut zu sein, wenn sie die bestehende Leistungslücke nicht vergrößert. Ja, das ist frustrierend.

2. Die Übergangsempfehlung der Lehrer verstärkt die Leistungsunterschiede: Selbst wenn Alexander und Erkan die gleichen Kompetenzwerte und Noten erreichen, bekommt nur Alexander eine Gymnasialempfehlung.

Empörend ist, dass wir dieses Missverhältnis weiter vergrößern. Denn übersetzt man die Leistungen in Erträge, zeigen sich deutliche Unterschiede zwischen den sozialen Schichten. »Leistung muss sich lohnen«, dieses Credo verfolgen wir doch fast alle. Kinder aus sozial schwächeren Familien, darunter auch viele Kinder mit Migrationshintergrund, werden aber ausgebremst. Sie erhalten für die gleiche Leistung deutlich niedrigere Erträge. Stimmen ihre gemessenen Kompetenzen in Mathematik, in den Naturwissenschaften, im Lesen und in Deutsch mit jenen anderer Kinder überein, bekommen sie noch lange keine Gymnasialempfehlung. Diese Unterschiede, die nicht durch das Elternhaus, sondern durch die Schulsituation zustande kommen, werden auch als »sekundäre Effekte« bezeichnet.[31]

Bin ich polemisch? Geprägt durch den Satz »Bei diesen Eltern wird das schon«, der früh fiel im Leben von Alex? Oder durch die Realschulempfehlung von Erkan, obwohl sein Zeugnis viel besser war als das von Alex?

Ich bin nicht polemisch, leider. Der Forschungsstand ist eindeutig und lange bekannt. Jürgen Baumert und Gundel Schümer[32] ermittelten aus den PISA-Daten 2000, dass die Chance für den Gymnasialbesuch bei Kindern der Oberschicht selbst dann viel höher ist, wenn ihre gemessenen Leistungen und die kognitive Grundfähigkeit mit denen von Kindern anderer sozialer Schichten übereinstimmen. IGLU 2007 zeigt, dass Kinder aus der »oberen Dienstklasse«, wie Ärzte, Gymnasiallehrer und Rechtsanwälte, gegenüber Kindern aus Facharbeiterfamilien bei gleicher Lesekompetenz und gleicher kognitiver Grundfähigkeit die 2,64-fache Wahrscheinlichkeit haben, eine Gymnasialempfehlung zu erhalten.[33] Die Untersuchungen zu den Bildungsstandards 2010 kommen zu einem ähnlichen Ergebnis.[34] Berechnet wird die relative Chance von Kindern aus gut und schlecht gestellten Elternhäusern auf eine Gymnasialempfehlung,[35] wenn die Fachleistung in Deutsch übereinstimmt. Die Chance von Kindern aus gut gestellten Elternhäusern liegt deutschlandweit um das 4,5-Fache über der Chance, die Kinder aus schlecht gestellten Elternhäusern haben.

Untersucht man die Gymnasialempfehlung mit Blick auf den Migrationshintergrund, zeigen sich auch hier große Unterschiede. Sind beide Eltern in Deutschland geboren, bekommen 46 Prozent der Kinder die gymnasiale Empfehlung, gefolgt von den Kindern, bei denen entweder die Mutter oder der Vater aus Deutschland stammt (32 Prozent). Deutlich niedriger ist die Chance auf eine Gymnasialempfehlung bei Kindern, deren Eltern beide im Ausland geboren wurden (29 Prozent), und den Kindern, die selbst eingewandert und damit oft Quereinsteiger im deutschen Bildungssystem sind (20 Prozent).[36] Diese Unterschiede, so ergeben alle neuen empirischen Untersuchungen, gehen allerdings hauptsächlich darauf zurück, dass Familien mit Migrationshintergrund zugleich auch sozial schlechter gestellte Familien sind.

Für die schulische Bildung halten wir fest: Kinder mit Migrationshintergrund kommen häufig aus sozial schwachen Elternhäusern. Dies erweist sich als großer Nachteil für den Bildungserfolg, da das deutsche Schulsystem diesen Nachteil nicht auszugleichen vermag. Kinder mit Migrationshintergrund werden also nicht direkt diskriminiert. Vielmehr erfahren alle Kinder aus sozial schwachen Elternhäusern nicht die notwendige Förderung, und Kinder mit Migrationshintergrund sind dafür das deutlichste Beispiel.

3. Die Eltern vergrößern den Unterschied: Die Eltern von Alex widersprechen, die Mutter von Jenny folgt dem Lehrer.
Diese irritierende Lage spitzt sich noch weiter zu, denn die Eltern gehen mit den Empfehlungen der Lehrer unterschiedlich um. Erhalten Kinder eine Haupt- oder Realschulempfehlung, so setzen sich Eltern aus sozial besser gestellten Schichten meist über sie hinweg. Gerade 22 Prozent folgen dem Rat des Lehrers. Sind die Eltern dagegen an- und ungelernte Arbeiter, so richten sich 52 Prozent nach der Empfehlung des Lehrers.[37]

All das ist nicht neu. Bereits 1970 beschrieb Otmar Preuß[38] die dreifache Selektion zugunsten von Kindern aus sozial besser gestellten Familien. Erstens unterscheidet sich das Leistungsniveau nach den sozialen Schichten: Aus der obersten Sozialschicht erwiesen sich 40 Prozent der Viertklässler als geeignet für das Gymnasium, aus der untersten Sozialschicht waren es 15 Prozent. Zweitens vergrößert die Lehrerempfehlung diese Unterschiede. Von der obersten Sozialschicht erhielten 59 Prozent der Schüler eine Gymnasialempfehlung, von der untersten Sozialschicht waren es 8 Prozent. Drittens verschärfen die Elternentscheidungen den Zusammenhang weiter. 71 Prozent der Kinder aus der obersten Sozialschicht wurden von ihren Eltern am Gymnasium angemeldet und nur 5 Prozent der Kinder aus der niedrigsten Sozialschicht.

Die Daten und statistischen Analysemethoden sind inzwischen verfeinert worden. Umso deutlicher springt uns die unveränderte soziale Wirklichkeit ins Auge. Eine aktuelle Studie zu Schulempfehlungen findet ebenfalls unterschiedliche Leistungen nach sozialer Schicht. Diese Leistungsunterschiede machen 51 Prozent der Differenz in den Übergängen auf das Gymnasium aus. Die Autoren erklären dies mit einer geringeren Förderung in den Elternhäusern. Weiterhin spielt die Einschätzung durch die Lehrkräfte eine wesentliche Rolle. Bei gleicher Leistung in den standardisierten Tests und bei gleichen Noten erhalten Kinder aus niedrigeren Sozialschichten mit deutlich geringerer Wahrscheinlichkeit als Kinder aus besser gestellten Elternhäusern eine Gymnasialempfehlung. Die Lehrereinschätzung erklärt 23 Prozent der Übergangswahrscheinlichkeit. Schließlich ist festzuhalten, dass Kinder bei gleicher Leistung während der Grundschulzeit je nach ihrer sozialen Schicht ungleiche Noten bekommen. Auf diesen Umstand lassen sich etwa 26 Prozent der Übergangswahrscheinlichkeit zurückführen. Diese Ergebnisse verdeutlichen uns, dass der Einfluss der sozialen Herkunft auf die erzielten Leistungen nur zur Hälfte auf tatsächliche Leistungsunterschiede zurückgeht. Die andere Hälfte des Zusammenhangs ist sozial konstruiert. Anders formuliert: Wären die Benotung der Kinder in der Grundschule und die Empfehlung der Schule sozial neutral, ließe sich der Einfluss der sozialen Herkunft um die Hälfte verringern.[39]

Das führt uns zu einer entscheidenden Frage: Kann man angesichts dieser vielfältigen Verzerrungen noch guten Gewissens für ein dreigliedriges Schulsystem sein? Machen wir nicht viel zu viele Fehler bei der sehr frühen Zuweisung von Schülerinnen und Schülern in die verschiedenen Schulformen, um diese Struktur heute noch als legitim aufrechterhalten zu können? Sind späte Korrekturen nicht ein zu teurer, zu langer und vor allem die Kinder lebenslänglich schädigender Weg?

Befragungen zeigen, dass sich über die Hälfte der Eltern, der Lehrer und der Gesamtbevölkerung für ein mehrteiliges Schulsystem aussprechen.[40] Diese Zustimmung erfolgt, obgleich fast 90 Prozent der Eltern meinen, der Schulerfolg der Kinder hänge stark oder sehr stark von ihrer sozialen Herkunft ab. Auch zweifeln die Eltern sehr an der Durchlässigkeit des deutschen Schulsystems. Mehr als 70 Prozent der Eltern von Kindern zwischen zehn und dreizehn Jahren sehen eine Durchlässigkeit nicht als gegeben an. Leider thematisiert die Befragung die große Diskrepanz zwischen einer breiten Zustimmung zum dreigliedrigen Schulsystem und den höchst sozialkritischen Einwänden von Eltern und Lehrern nicht. Ein großes Fragezeichen bleibt also zurück.

Betrachtet man nur Eltern aus sozial schwächeren Schichten, antworten auch diese kritisch, wenngleich sehr verhalten. Ein Drittel von ihnen meint, dass ihre Kinder benachteiligt sind. Gleichermaßen können diese Eltern wenig für ihre Kinder tun. Fast 70 Prozent der Lehrer berichten, dass sozial schwächere Eltern die Angebote der Schule nicht wahrnehmen, auf Elternabende zu gehen oder Elternsprechstunden zu besuchen.[41] Hier müsste vorrangig eine Arbeit mit der und für die Familie einsetzen. Letztlich können wir den Kindern nur helfen, wenn es uns gelingt, die Eltern aus Armut und sozialer Ausgrenzung herauszuholen, sie in Kontakt mit den Schulen und dem Schulumfeld ihrer Kinder zu bringen. Erst dann werden sie selbstbewusst ihre Stimme für ihre Kinder erheben.

Die Lehrer gehen offenbar selbst gar nicht davon aus, dass die soziale Herkunft ihrer Schüler ihre Notengebung beeinflusst. Warum sollten sie auch? Im Studium vermittelt man ihnen keine diagnostischen Fähigkeiten, um ihre Übergangsempfehlungen reflektiert zu entscheiden. Von vielen ihrer Schülerinnen und Schüler kennen sie die Ergebnisse der Leistungstests nicht. Oft ist ihnen nicht bekannt, was ihre Schüler in der neuen Schule erwartet. Denn in den meisten deutschen

Gemeinden fehlt ein schulübergreifendes Management. Lehrer-Bashing ist daher völlig unangebracht. Vielmehr müssen wir die Lehrer unterstützen und ihnen helfen. Insbesondere vor dem Hintergrund, dass vor allem Grundschullehrer feststellen, dass die Leistungsunterschiede zwischen den Schichten zugenommen haben. Fast 70 Prozent sprechen von einer wachsenden sozialen Kluft.[42] Sind unsere Lehrer darauf eingestellt? Wissen sie, mit einer solchen Situation umzugehen? Wenn man ihre Studieninhalte betrachtet, ist davon nicht auszugehen.

Die nächsten Aufgaben liegen damit klar auf der Hand: Wir müssen das allgemeine Wissensniveau der Schülerinnen und Schüler anheben. Auf diesen Weg müssen wir die Eltern und die Lehrer in einer neuen Art und Weise mitnehmen. Und schließlich brauchen wir stabile und lebendige Brücken zwischen den vorschulischen und schulischen Einrichtungen.

Das ist keine neue Idee. Bereits 1970 forderte der Deutsche Bildungsrat,[43] es solle grundsätzlich möglich sein, »versäumte Chancen« nachzuholen. Der Lernende müsse anfangs gefällte Entscheidungen für ein bestimmtes Bildungsziel korrigieren können.[44]

Warum machen wir uns die Mühe zu selektieren, um dann wieder zu revidieren und letztlich doch die Entwicklung unserer Kinder nicht optimal zu fördern? Vielfalt, davon wird noch die Rede sein, fördert die Entwicklung unserer Kinder nachhaltig. Wenn wir mit erdrückender Deutlichkeit wissen, wie fehlerhaft unsere Zuweisungen von Kindern auf unterschiedliche Schulformen sind, so sollten wir gleich hier ansetzen.

KAPITEL 4
Die Abschottung sozialer Kreise
Schulen unserer Kinder

Die vier Kinder waren nun zehn Jahre alt. Alexander besuchte ein traditionsreiches Gymnasium, Erkan und Jenny gingen auf die Realschule. Laura lernte in der vierten Klasse einer Förderschule. Die vier Schulen lagen weiter denn je auseinander. Die Kinder waren zwar selbstständiger, hätten einander mit dem Rad besuchen oder die Straßenbahn nehmen können, doch das geschah selten. Kam ich in die Stadt und lud meine vier Freunde zu »Eskimo« ein, spürten wir ein Fremdeln, welches oft erst nach Stunden verflog. Dann kehrte die Unbefangenheit zurück und damit das helle Lachen.

Über die Monate ließ das Lachen länger auf sich warten. Doch der Fußball behielt seine Kraft. Wir zitterten und freuten uns gemeinsam bei der Weltmeisterschaft 2006. Vielleicht noch mehr als vier Jahre zuvor. Die Türkei hatte sich nicht qualifiziert. Erkan war von Beginn an im selben Lager. Sein Vater hatte das Geschäft mit deutschen Wimpeln geschmückt. Bis zuletzt feuerten wir unsere Mannschaft an, immerhin belegte sie den dritten Platz. Wir spielten selbst Fußball auf der Wiese oder gingen ins Kino. Hauptsache, wir unternahmen etwas. Die Kinder genossen die gemeinsame Zeit, brauchten sie dringend. Ich brachte sie mit, war aber nur ab und zu da. Ihre Eltern konnten die Zeit meist nicht aufbringen. Sie fanden schwerer Zugang zu den anderen Kindern, konnten die Nähe und Vertrautheit nur mühevoll bewahren. »Es muss von den Kindern ausgehen«, verteidigte sich Susanne, »und das tut es nicht.«

Für Alexanders Eltern wurde es schwerer, ihr Leben zu koordinieren. Mittlerweile besuchten zwei ihrer drei Kinder die Schule. Die Leerstunden häuften sich. Sie sprachen mit der Schulleitung und wurden verstanden. Doch es änderte sich nichts. Lehrermangel, Finanzierungsprobleme, das Verbot, auf ehrenamtliche Leistungen zurückzugreifen. Auch der Kinderfrau Maria wuchs die Arbeit über den Kopf. Alle Kinder hatten nun unterschiedliche Betreuungszeiten, hinzu kamen Hausaufgaben, Kindergeburtstage, Aktivitäten in Sportvereinen, Musikstunden und insbesondere die langen Ferienzeiten. Irgendwann warfen Susanne und Michael ein heiliges Prinzip über Bord: Maria musste kein warmes Mittagessen mehr vorbereiten. Sie füllten den nun viel größeren Gefrierschrank bis oben hin mit Gemüse, Fisch und Fleisch. Doch die Kinder gingen lieber zur Bäckerei und holten sich Süßigkeiten. Insbesondere Alex wurde immer schwerer, bald viel zu schwer für sein Alter. Bis zur zehnten Klasse blieb es dabei.

Bei den Eltern von Erkan stand die Tür für Gäste stets offen, ihre freundlichen Augen hießen alle willkommen. Doch ohne mich gingen Alex, Jenny und Laura nicht zu ihnen. Die Hemmschwelle war zu groß und wuchs weiter. Andere Sprache, anderes Essen, andere Gewohnheiten. Der Zugang zur Fremde braucht aktive Unterstützung. Und eine tagtägliche Nähe. Allein konnten die Kinder das nicht leisten.

Jennys Mutter hatte eigentlich Zeit. Allerdings war sie weiterhin arbeitslos und zog sich mehr denn je entmutigt zurück. Das hört sich vielleicht zu einfach an, ich weiß. Doch die Forschung ist eindeutig und beschreibt genau diese Folgen von langer Hartz-IV-Abhängigkeit, von vielen erfolglosen Maßnahmen der Arbeitsagentur und von endlosen Absagen auf Bewerbungen. Jennys Mutter ließ sich kaum sehen. Einladungen schlug sie aus. Ich war ihr nicht böse, fühlte mich aber hilflos.

Die Eltern von Laura waren in diesen Jahren völlig überfordert. Die ständigen Therapien unter der Woche, die Ungewissheit, was denn nun wird. Die Konsultationen bei verschiedenen Ärzten halfen nicht weiter, die Tests führten zu keinem schlüssigen Ergebnis. Die Situation zehrte ihre letzten Kräfte auf. Zudem wurden die Stimmen der anderen direkter und lauter. »Die ist doch behindert«, hörten die Eltern jetzt oft.

Die vier Freunde verloren einander. Doch es war mehr als das. In diesen Jahren verlor jeder ein Stück von der Welt und ein Stückchen sich selbst.

Alex hangelte sich von Klasse zu Klasse. Zielstrebig und ehrgeizig war er nicht. Wie die anderen Jungs schimpfte er über die Lehrerinnen und Lehrer, etwa dass sie immer die Mädchen bevorzugten. »Steffi hat beim Referat nur gestottert und trotzdem 'ne Zwei bekommen.« Solche Zuschreibungen ärgerten mich. Patentante und Patensohn stritten. Doch Susanne bat mich, mit Alex zu reden und mit ihm durch seine Fächer zu gehen. Ganz so einfach war das nicht. Zettel über Zettel, oft fehlte die Zuordnung. »Alex, kann ich bitte mal dein Buch haben?« Ein lapidares Schulterzucken. »Gibt's nicht.« Ich war baff. Als Kind hatte ich mich vor jedem Schuljahr auf meine neuen Schulbücher gefreut, hatte sie zusammen mit meiner Mutter sorgfältig in Schutzumschläge eingepackt. Dieses Ritual hatte mich geprägt. Ich erinnere mich gut an die Spannung, wenn ich die neuen Bücher das erste Mal durchblättern durfte.

Die Zettel- und Fotokopierwirtschaft von Alex verstand ich nicht. Wie sollte man in dem Chaos lernen? »Wir haben jetzt G8«, erklärte mein Patenkind. Als ob ich das nicht wüsste. Doch dass entsprechende Bücher zum neuen Stoff fehlen könnten, hatte ich nicht bedacht. Die Lehrer kopierten sich das Curriculum zusammen. Ohne Bücher konnte ich wenig helfen. Nie wusste ich, wo Alex in den Fächern gerade war, wie der Stoff weiter behandelt wurde. Seinen Eltern ging es ebenso. Mir wurde das zu viel.

Irgendwann flatterten Susanne und Michael die Nerven. Alex erhielt Nachhilfe. Eine Abiturientin aus seiner Schule kam zwei Mal in der Woche, sammelte die losen Blätter ein, heftete sie geordnet ab, erklärte den Stoff und hörte Alex ab. Sie gab jede Menge Tipps. »Ach, diese Lehrerin war auch bei mir das Letzte, mach dir nichts draus.« »Bei diesem Lehrer musst du nur das und das sagen, dann klappt das schon.« Alex wurde zwar deutlich besser. Dennoch blieb die Schule zäh, und die ständigen Ermahnungen nervten. Kurz vor Beginn der Oberstufe dachten wir nur: »Endlich kommt jetzt das Jahr im Ausland. Hoffentlich ändert das was.«

Erkan machte sich sehr gut auf seiner Realschule. Zu Hause erwarteten ihn seine Mutter und die Familie. Hausaufgaben erledigte er zusammen mit seiner gleichaltrigen Cousine. Ohne Hilfe und problemlos. Erkans Eltern achteten sehr auf die Schule, sie lobten seinen Fleiß und bestärkten ihn darin. Die Nachmittage verbrachte er hauptsächlich mit seinen türkischen Freunden. Ich sah ihn nur noch selten. Die Fäden zwischen den vier Kindergartenfreunden hatten sich unaufhaltsam gelockert. So fiel es auch mir schwerer, den Kontakt zu halten. Mit sechzehn Jahren erhielt Erkan ein gutes Zeugnis der mittleren Reife.

Niemand hatte ihn gefragt, ob er nicht auf ein Gymnasium wechseln und das Abitur ablegen wolle. Seinen Eltern kam das nicht in den Sinn, sie kannten das deutsche Schulsystem zu wenig. Erkan bewarb sich um Lehrstellen, er wollte Kfz-Mechatroniker werden. Schnell merkte er, dass seine Mitschüler mit typisch deutschen Namen eher einen Ausbildungsbetrieb fanden. An den Zeugnissen lag es nicht. Zudem sprach Erkan mittlerweile so gut Deutsch, dass er mit seinem akzentfreien Norddeutsch viele überraschte. Allerdings hatte er kaum Gelegenheit, seine Fähigkeiten zu zeigen, da er nur selten zu

Vorstellungsgesprächen eingeladen wurde. Die schlechter qualifizierten Deutschen zogen an den Jugendlichen mit ausländischen Wurzeln vorbei.

Jenny dagegen hatte die Schule früh hinter sich gelassen. Nach der vierten Klasse war sie zunächst auf eine Realschule gewechselt. Die Lehrer setzten auf ihr Potenzial. Jenny war hellwach, aber die Schule fesselte sie nicht. Sie bedeutete ihr nichts, trotz aller Appelle. Sie suchte Anerkennung und Halt. Auf der Straße fand sie beides. Sie schwänzte die Schule, wich Gesprächen aus, blieb sitzen. Nach zwei Jahren musste sie die Realschule verlassen und kam auf eine Hauptschule. Doch auch die packte sie nicht. In ihrer Gegend ist sie damit durchaus nicht die Ausnahme. Dabei hat sie stärkere kognitive Fähigkeiten als viele, die nun den Hochschulzugang anstreben. Da bin ich mir sicher.

Als Jenny siebzehn war, besuchte ich sie noch einmal. Eine nach wie vor schmale junge Frau mit dunklem, fast schwarzem Haar gab mir die Hand. Sie akzeptierte mich, darauf bin ich ein bisschen stolz. Konzentriert war sie nicht, fast fahrig und trotzig kam sie daher. Jenny hatte eine Praxisklasse hinter sich und den Hauptschulabschluss erreicht. Sie wollte einen Ausbildungsplatz finden, bisher ohne Erfolg. Ich saß ihr gegenüber und sackte innerlich zusammen. Jenny braucht Zuversicht und Menschen, die an sie glauben.

Laura hatte sich körperlich gut entwickelt. Ihre Muskeln waren stärker als je zuvor. Sie lief und hüpfte herum. Lesen, schreiben und rechnen konnte sie nun. Alles viel langsamer und weniger flüssig als die Gleichaltrigen, aber schneller als die Jugendlichen, mit denen sie in ihrer Förderschule zusammen lernte. Nach Phasen völliger Erschöpfung hatten ihre Eltern aufgegeben, sie hatten regelrecht kapituliert. Sie nahmen Laura aus der Schule mit den Integrationsplätzen und schickten sie ab der zweiten Klasse in eine Förderschule. Da fühlte sich die Mutter normaler, akzeptierter, verstanden.

Dabei war das Integrationskonzept der ersten Schule gut gewesen. Die Lehrer hatten sich bemüht und die Schulbegleiter Laura bestens zur Seite gestanden. Die Hilfen am Nachmittag hatten geholfen. Doch letztlich ging die Mutter vor den Mitschülern und deren Eltern in die Knie. Sie hatten das Kind gehänselt und die Mutter geschnitten. Kaum jemand interessierte sich für die beiden oder fragte einmal nach. Viele Eltern dachten nur an den Fortschritt ihrer eigenen Kinder. Sie befürchteten, dass sich die Lehrer zu viel um Laura kümmern könnten und so die anderen Kinder vernachlässigen würden.

Lauras Mutter war so verletzt und irritiert, dass dies sogar ihre Ehe gefährdete. Der Vater von Laura, ein Künstler und unabhängiger Kopf, konnte die Sorgen nur begrenzt nachvollziehen. Diese Aufregung um seine Tochter, die er liebte und die nur etwas langsamer war. Die Stimmen der anderen prallten an ihm ab. Die allabendlichen Krisengespräche mit seiner Frau fand er kleinmütig. Im letzten Moment stoppte die Familie die zunehmend gefährliche Entwicklung. Seit Laura die neue Schule besucht, geht es der Mutter besser, ihrer Ehe auch. Noch vermisst Laura ihre alten Lehrerinnen und Lehrer.

Die Jugend unserer Jugend

Bildungsarmut und Bildungsreichtum, Reformwut und Reformstau, Schulkrieg und Schulfrieden, frustrierte und engagierte Lehrer, übereifrige und untätige Eltern, fehlende Bildungschancen und mangelhafte Bildungsergebnisse – von all dem kann man täglich hören und lesen.

Strukturen, Lehrer, Eltern. Wo aber bleiben die Kinder? Was geht in ihnen vor? Meistens tauchen sie erst als junge Erwachsene in der allgemeinen Wahrnehmung auf: als Nerds, Nichtsnutze und Emporkömmlinge, als Arbeitslose, Lehrlinge und Studierende. Aber in der Schule, in ihren Schulwelten?

Wie bewältigen sie dort all die Anforderungen? Wie reagieren sie auf Erfolge und Misserfolge?

Unsere eigene Jugend ist uns noch recht gegenwärtig. Wir erinnern uns, wie abgehoben, ausgewählt und ausgezeichnet wir uns gefühlt haben, als wir erfuhren, dass es jetzt aufs Gymnasium geht. Wir erinnern uns, wie schlechte Noten, blaue Briefe oder gar die Wiederholung einer Klasse auf uns gewirkt haben. Der schale Geschmack, die Rechtfertigungen vor den Eltern, die Schadenfreude mancher unserer Mitschüler. Wir erinnern uns, wie wir uns davor geschützt haben: »Schule? Ist mir doch egal.« Manche von uns erinnern sich auch, wie es sich anfühlte, als Zehnjährige nicht gut genug gewesen zu sein für die höhere Schule. Und gleichzeitig an den Blicken der anderen zu erkennen, wie erwartet dieses Zurückbleiben für sie war, nicht weiter der Rede wert.

Was empfinden die Mädchen und Jungen heute, wenn sie auf weiterführende Schulen wechseln? Ist ihnen von Anfang an bewusst, dass sie sehr früh auf unterschiedlich anspruchsvolle Schulen und »Laufbahnen« verteilt werden? Ahnen sie, wie dieser Schritt ihre späteren Lebenschancen beeinflusst? Wie erleben die Kinder diese hochsensible und entscheidende Phase in ihrem Lebensverlauf? Gestalten sie ihre Schullaufbahn eigenständig mit?

Rolf-Torsten Kramer und sein Team sprachen mit vielen Schülerinnen und Schülern und legten eine reichhaltige Analyse von Schülerbiografien vor.[1] So untersuchten sie den kindlichen Orientierungsrahmen, das persönliche Empfinden und die persönliche Bedeutung dieses Lebensabschnitts. Wie sich Kinder die weiterführende Schulform aussuchen, wird oft mit zwei Ansätzen erklärt, die sich hart aneinander zu reiben scheinen.[2]

Die eine Richtung geht von einer bewussten Entscheidung aus.[3] Die Schülerinnen und Schüler wählen bewusst eine Schulform, da sie ihre eigene Leistungsfähigkeit kennen: Welche Schule kann ich erfolgreich abschließen? Dabei beachten sie auch die Kosten: Wie viel Zeit und wie viel Geld brauche ich für die eine oder die andere Schule? Und sie berücksichtigen den zu erwartenden Ertrag: Was bringen mir die Abschlüsse der verschiedenen Schulformen für mein späteres Leben? Geht man von solch rationalem Wahlverhalten aus, wird unmittelbar klar, dass sich Kinder je nach sozialer Lage und Bildungsschicht unterschiedlich entscheiden werden. Kindern von Akademikern wird vermittelt, dass sie die Schulen ihrer Eltern meistern. Sie verfügen über das nötige Geld, um die zwei zusätzlichen Schuljahre zu finanzieren. Ihre Familien sind nicht darauf angewiesen, dass ihre Kinder finanziell schnell auf eigenen Füßen stehen. Und die Kinder sehen den Nutzen: Gehe ich länger zur Schule, erreiche ich später ein Einkommen, das ich ohne die beiden zusätzlichen Jahre nicht erhalten würde.

Diesem rationalen Wahlverhalten gegenüber stehen Ansätze, die sich mit dem »Habitus« der Kinder beschäftigen: Ein Habitus ist die nicht frei gewählte Grundlage aller Entscheidungen. Dabei geht es um das »Verstehen der Logik all jener Handlungen, die vernünftig sind, ohne deswegen das Produkt eines durchdachten Plans oder gar einer rationalen Berechnung zu sein«.[4] Nach Pierre Bourdieu, dem bekannten französischen Soziologen, ist der Habitus nach Schicht und Milieu unterschiedlich ausgeprägt. Der Habitus beeinflusst damit die Bildungsteilhabe und den Bildungserfolg ungleich: Bei Menschen aus sozial benachteiligten Schichten sehen wir häufig ein »unbewusstes und nicht gewolltes Meidungsverhalten«. Es führt dazu, dass die Menschen erstreben und »dazu einen Hang haben«, »wozu sie ohnehin verdammt sind«.[5]

Was haben denn nun die vielen Gespräche mit Schülerinnen und Schülern ergeben? Rolf-Torsten Kramer und seine Mitarbeiter zeigen, dass Kinder schon früh einen bestimmten Habitus entwickeln.[6] Diese frühe Prägung lenkt den Blick der

Kinder auf Schulformen, die für sie infrage kommen könnten. Sie bestimmt aber auch, ob sich die Kinder überhaupt für die Wahl ihrer Schule zuständig fühlen oder dies anderen, höheren Mächten überlassen, wie den Lehrern oder den Eltern. Mit den Worten der Autoren: »Durch diese Frühformen von Typen des Bildungshabitus wird für die Kinder nicht nur präformiert, welche Schulformen für den Übergang in den Blick geraten, sondern auch, ob sie sich selbst für die Entscheidung überhaupt zuständig fühlen oder [sie] fatalistisch an institutionelle Verfahren oder familiale Projektionen abgeben.«[7]

Die Schüler wissen also um die frühe Auslese, sie haben sie stark verinnerlicht und richten ihr Verhalten danach aus. Kinder aus privilegierten Elternhäusern verstehen es, sich durch Kleinigkeiten von den anderen abzusetzen, ihre Ansprüche deutlich zu machen und die Übergänge in höhere Schulen als selbstverständlich und nicht der Rede wert zu flaggen. Kinder aus benachteiligten Elternhäusern drehen Zuweisungen in Hauptschulen dann oft so, dass sie diesen zustimmen, ja diese sogar selbst angestrebt hätten. Rolf-Torsten Kramer und sein Team beschreiben dieses Phänomen wie folgt: »Dies erfolgt zwischen den Polen feinster distinktiver Differenzierungen im exklusiven Bildungsbereich und der zustimmenden Einmündung in entwertete Bildungsgänge.« Werden die Kinder also früh nach Schulformen getrennt, ordnen sie sich selbst in diese Schulform ein. Sie leiten daraus ab, wie viel oder wie wenig sie sich zutrauen. Dazu berichten die Autoren weiter: »Es kommt zum frühest möglichen Zeitpunkt zu Trennungen und Unterscheidungen, die die kindliche soziale Welt auch entlang von Schulformen spalten, hierarchisch ordnen, aufteilen und den Sinn für die eigene Bildungsplatzierung früh schärfen und festigen können (...). Der strukturelle Einbau der Möglichkeiten frühesten Scheiterns in der Schulkarriere muss als eine erhebliche Belastung für Kinder bereits in der Grundschule verstanden werden.«[8]

Wie stark sich die Schul- und Lernumwelten auf das Verhalten und die Entwicklung der Kinder auswirken, ist durch viele verschiedene Untersuchungen belegt. Die Forschung ist sich einig: Je nachdem, mit wem die Kinder lernen, erhalten sie andere Anregungen, machen andere Erfahrungen und werden weit über das eigentliche schulische Wissen hinaus beeinflusst. Da sich auch Lehrer und Lehrstoff unterscheiden, entstehen auf diese Weise jeweils andere Entwicklungsmilieus.[9] Diese Umwelten prägen nun die Fähigkeits- und Selbstkonzepte der Heranwachsenden.[10] Sie führen auch zu unterschiedlichen Kompetenzen und Leistungen. Von diesen wird noch ausführlicher die Rede sein.

Betrachtet man die Kinder in ihren Bildungsverläufen als eigenständige Akteure, so kann es nicht um die Frage gehen: rationale Wahl oder habituelle Vorprägung? Vielmehr beruhen die angeblich rationalen Wahlen darauf, welchen Habitus die Kinder schon entwickelt haben und wie dieser ihr praktisches Handeln vorherbestimmt. Die bewusst getroffenen Entscheidungen wiederum haben weitreichende Folgen, wie Arbeiten zu den unterschiedlichen Entwicklungsmilieus zeigen.

Für die zukünftigen Bildungs- und Lebensverläufe der Kinder sind diese Prozesse entscheidend. Ich halte sie für nahezu unumkehrbar. Trotz aller Rhetorik über die Durchlässigkeit unseres Schulsystems.

Die Lehrer unserer Kinder

Ich bin keine Pädagogin. Ich kenne nur die Geschichten der vier Kinder über ihre Lehrerinnen und Lehrer. Die Kinder empfinden das so, es ist ihre Welt, die von ihnen zurechtgerückte Wirklichkeit. Natürlich lerne ich über die Lehrer selbst dadurch kaum etwas. Die wenigen Lehrer, die ich kenne, sprechen immer warnende Worte. »Hospitiere erst mal eine Woche in meiner Klasse, bevor du über uns schreibst. Ihr Wissenschaftler macht euch ja keine Vorstellung, wie es bei uns wirklich zugeht.« Also halte ich mich zurück und schildere nur das, was die Lehrer über sich selbst berichten.

Lehrerbefragungen gibt es viele. Die jüngste wurde von der Vodafone Stiftung vorgestellt. Die Daten wurden vom Institut für Demoskopie Allensbach erhoben.[11] Entstanden ist ein großer, repräsentativer Datensatz, von dem mich hier hauptsächlich interessiert, wie die Lehrerinnen und Lehrer das dreigliedrige Schulsystem sehen, ob sie sich dafür gut gerüstet fühlen und welche Veränderungen sie sich wünschen.

Jeder zweite Lehrer fühlt sich auf seinen Beruf schlecht vorbereitet, dies gilt insbesondere für Gymnasiallehrer. Unter den Lehrern, die weniger als fünf Jahre unterrichten, empfanden über 60 Prozent ihre Ausbildung als unzureichend.[12] Dabei geht es ihnen nicht so sehr um die Didaktik. Sie bemängeln vielmehr, dass sie nicht lernen, wie sie mit Kindern und Eltern persönlich umgehen sollen. Das belegen auch andere Studien. Viele Lehrer bedauern, dass sie nicht ausreichend über den Übergang von der Grundschule auf die weiterführenden Schulen informiert werden.[13] Sie werden für eine Schulform ausgebildet. Das Wissen um die Bildungsverläufe der Schulkinder fehlt ihnen.

Die Lehrerinnen und Lehrer vermissen die Nähe und den Kontakt zu ihren Schülerinnen und Schülern. Die Klassen sind ihnen zu groß. Drei Viertel der befragten Lehrer wünschen sich kleinere Klassen und sehen hier einen hohen Reformbedarf. Dieses Ergebnis kommentiert Ulrich Trautwein mit Unverständnis. Er spricht von einem typischen Wahrnehmungsfehler: »… dass eine Reduktion der Klassengrößen ein besonders probates Mittel gegen die Defizite im Bildungssystem sei, kann nur derjenige glauben, der die inzwischen gute Forschungslage nicht kennt oder bewusst ignoriert«.[14] Ulrich

Trautwein bezieht sich hier auf den Zusammenhang zwischen kognitiven Leistungstests und Klassengröße. Im nationalen und internationalen Vergleich zeigt sich eindeutig: Die hohen Punktzahlen von Sachsen und Bayern, Korea und Finnland ergeben sich nicht daraus, dass dort die Schulklassen kleiner sind. Das sind sie nämlich nicht.

Dennoch würde ich den Wunsch der Lehrer nicht einfach beiseiteschieben. Dafür gibt es drei Gründe: Zunächst die Klassengröße selbst. Wahrscheinlich hätten wir andere Leistungsergebnisse, wenn sehr wenige Schülerinnen und Schüler zusammen in einer Klasse lernen. Das Unterrichten in kleinen Klassen muss aber gelernt sein, damit sich keine zu starke Fixierung auf die Lehrer einstellt. Auch die Unterrichtsform ist der Klassengröße anzupassen.[15] So können bei weniger Kindern auch Gruppenarbeiten von Lehrern und Lehrerinnen besser begleitet werden. Damit fühlen sich auch Lehrerinnen und Lehrer wohler und sind mit ihren eigenen Leistungen zufriedener.[16]

Ferner geht es darum, wie Erfolg gemessen wird. Der Bildungsauftrag der Lehrer umfasst weit mehr, als den Schülerinnen und Schülern bestimmte kognitive Kompetenzen zu vermitteln. Vielleicht müssen die Kinder heute stärker an die Hand genommen, motiviert und angeleitet werden. Hierzu passt ein anderes Ergebnis der Allensbach-Befragung: Die meisten Lehrer äußern sich positiv über das Verhalten der Schüler und Eltern. Mit der Zeit sei der Umgang aber schwieriger geworden. Fast 40 Prozent der Lehrer beklagen, dass sich das Verhalten der Schüler, und ebenso viele, dass sich das Verhalten der Eltern gegenüber den Lehrkräften verschlechtert habe.[17] Meistens sind es Lehrer an Haupt- und Realschulen, die Motivation und Disziplin ihrer Schüler bemängeln. Die Schuld an diesen Problemen weisen die Eltern den Lehrern zu, die »zu lasch« mit den Kindern umgingen. Kleinere Klassen wären ein Weg, um die Schülerinnen und Schüler individueller und persönlicher zu betreuen. Die Hilfe zum Lernen ist eines der größten pädagogischen Ziele.

Schließlich kann man den Wunsch der Lehrer nach kleineren Klassen auch anders deuten: »Gebt den Kindern mehr helfende Hände«, würde er dann lauten. Das wären nicht nur Pädagogen, das wären Sozialarbeiter, Psychologen, Erzieher – Mentoren für die Belange der Schülerinnen und Schüler. Wie das gestaltet werden kann, sehen wir an finnischen Schulen, aber auch an der internationalen Schule, in der Alex sein Auslandsjahr verbringen wird.

Wenn wir uns vergegenwärtigen, welch hohe Verantwortung die Lehrerinnen und Lehrer tragen, brauchen sie die Unterstützung vieler. Sie müssen in der Lage sein, passgenau bei jeder Schülerin und jedem Schüler anzusetzen. Sie müssen die habituellen Voreinstellungen ihrer Schüler aufgreifen, um ihnen überhaupt Möglichkeiten eröffnen zu können. Wir brauchen eine Pädagogik, die mit Vielfalt zurechtkommt, mehr Förderangebote bereithält und auf den Einzelnen zugeschnittene Zielvorgaben erlaubt.

Die heute wiederholt geforderten schulformübergreifenden Brücken und Didaktiken sind lediglich weitere Reparaturmaßnahmen: Sie sind nur nötig, weil die Struktur des deutschen Bildungssystems, das früh trennt und verteilt, diese Probleme maßgeblich mit erzeugt.[18]

Des Kaisers neue Kleider

Die Schuljahre vergehen. Nach wie vor besuchen viele Kinder Schulformen, die ihren Kompetenzen nicht entsprechen. In der TIMS-Mittelstufenstudie von 1997 wurden die Leistungen in Mathematik und den Naturwissenschaften von Achtklässlern national und international verglichen. Es zeigte sich, dass 40 Prozent der Realschüler in Deutschland den Kernbereich gymnasialer Mathematikleistungen erreichen, 25 Prozent liegen sogar in der oberen Leistungshälfte der Gymnasien.[19] Die PISA-Erhebungen und die Vergleichsstudien der Bundesländer unterstreichen diesen Befund.

Unsere vier Kinder haben bislang ganz unterschiedliche Erfahrungen gemacht. Alex besuchte das allgemeinbildende Gymnasium. Da er in die elfte Klasse versetzt wurde, hat er automatisch einen Realschulabschluss. Er wird weiter auf ein allgemeinbildendes Gymnasium gehen. Erkan war auf einer Realschule und erhielt dort nach der zehnten Klasse sein Realschulzeugnis. Er sucht nun eine Lehrstelle. Jenny musste nach zwei Jahren die Realschule verlassen und wurde auf die Hauptschule zurückgestuft. Auch dort erreichte sie das Klassenziel nicht. Laura, die im Kindergarten ein Jahr zurückgestellt worden war, wechselte ebenfalls die Schule. Sie ging ab der zweiten Klasse in eine Förderschule und lernt nun für ihr Abgangszeugnis nach der zehnten Klasse.

Den Deutschen Bildungsrat habe ich bereits zitiert: Jede Zuordnung zu einer Schulform muss korrigierbar sein, forderte das Gremium 1970. Heute, nach über 40 Jahren, sehen wir an den Biografien unserer vier Kinder, welche Korrekturspielräume das deutsche Bildungssystem wirklich bietet. Diese Korrekturen gleichen einer Achterbahnfahrt.

Betrachten wir das erste abschüssige Teilstück: Im Schuljahr 2009/2010 wechselten rund 72 000 Schülerinnen und Schüler der Klassen sieben bis neun die Schulform. Von diesen Jugendlichen rutschten über die Hälfte, nämlich 51 Prozent, in eine niedrigere Schulform, die meisten vom Gymnasium in die Realschule.[20] Den Sprung nach oben schafften lediglich 12 Prozent.[21] Die übrigen 37 Prozent wechselten innerhalb der eigenen Schulform. Im Durchschnitt aller Bundesländer kommen auf jeden Aufstieg vier Abstiege, das Verhältnis liegt bei eins zu vier. Erneut sind die Unterschiede zwischen den Bundesländern beträchtlich. In Bayern liegt der

Wert bei eins zu zwei, in Sachsen bei eins zu eins, in Berlin bei eins zu vierzehn.[22] Ein Muster ist nicht erkennbar. Die Bundesländer mit hohen Übergangsraten auf das Gymnasium sind nicht notwendig jene, die auch die höchsten Abgänge von der Schule aufweisen. Eines aber scheint offensichtlich: Es wird eher geprüft, ob die Leistungen nicht passen und entsprechend nach unten korrigiert. Zeigen sich jedoch sehr gute Leistungen, wird weit seltener gefragt, ob ein Wechsel in die höhere Schule nicht angemessen wäre.[23] Aus der Sicht der Lehrer ist dies durchaus nachvollziehbar: Wer behält schon gerne seine schlechten Schülerinnen und Schüler? Wer gibt schon gerne seine besten an andere Schulformen ab?

Zu dem abschüssigen Abschnitt der Achterbahn gehört ein zweites Teilstück: die nicht unbeträchtliche Zahl der Klassenwiederholer. Im Bundesdurchschnitt sind es 2,1 Prozent aller Schülerinnen und Schüler an allgemeinbildenden Schulen (Schuljahr 2009/2010).[24] Selten bleiben sie in den ersten vier Klassen sitzen, das betrifft nur 0,5 Prozent der Kinder. In der Sekundarstufe I wiederholen aber schon 2,9 Prozent der Kinder eine Klasse, in der Sekundarstufe II sind es 2,8 Prozent.[25] Auch diese Jahresanteile erscheinen niedrig. Doch sie sind viel zu hoch, wenn man bedenkt, dass Sitzenbleiben den Kindern nichts nutzt. Mittel- und langfristig lässt sich bei ihnen keine zusätzliche Leistungsentwicklung feststellen.[26] Zudem ist Sitzenbleiben verdammt teuer. Klaus Klemm schätzt die Kosten auf über 1 Milliarde Euro pro Jahr.[27] Von den Fünfzehnjährigen, die in der PISA-Studie 2003 befragt wurden, wiederholten je nach Bundesland zwischen 15 Prozent (Brandenburg) und 43 Prozent (Schleswig-Holstein) die Klasse mindestens ein Mal.[28] Die meisten Kindern werden dadurch persönlich geschädigt. Sie werden herabgesetzt, werden älter, ohne voranzukommen, und kosten das Bildungssystem jede Menge Geld.

Wir betrachten das dritte abschüssige Teilstück unserer Achterbahn: Die Schulzeit an Gymnasien wird von neun auf acht Jahre verkürzt, das sogenannte G8. Nach und nach gleicht sich die Anzahl der Schuljahre über die Schulformen hinweg an. Die Hauptschulen erhöhen auf zehn Schuljahre, die Gymnasien verringern von dreizehn auf zwölf.[29] Was auf den ersten Blick so aussieht, als würde das dreigliedrige Schulsystem langsam aufgeweicht, erweist sich bei näherem Hinschauen als ein immer besser funktionierender Riegel. Die Übergänge von den Sekundarschulen auf das Gymnasium werden erschwert. Dies geschieht in zweierlei Hinsicht: In manchen Bundesländern umfasst die Oberstufe nur noch zwei statt drei Jahre, der Lehrstoff in den Klassen fünf bis neun wird verdichtet. Möchte man von der Realschule in ein Gymnasium wechseln, wird damit die Hürde angehoben. In anderen Bundesländern verkürzt man die Sekundarstufe I um ein Jahr. Umfasste die Sekundarstufe I zuvor die Klassenstufen fünf bis zehn, gehörten nach der G8-Reform nur noch die Klassen fünf bis neun zur Sekundarstufe I. Die Oberstufe oder Sekundarstufe II schließt dann mit den Klassen zehn bis zwölf an. Hier verlieren Schülerinnen und Schüler mit Realschulabschluss, die auf ein Gymnasium wechseln wollen, notwendig ein Schuljahr. Sie beenden die zehnte Klasse an der Realschule und besuchen erst ab der elften Klasse das Gymnasium. Ihre neuen Mitschüler aber haben bereits in der zehnten Klasse gemeinsam gelernt. Den Neuankömmlingen wird der Einstieg erschwert. Das Gymnasium schottet sich ab.

Diese Entwicklung erscheint widersinnig, zumal das Abitur verstärkt auch an berufsbildenden Schulen erworben werden kann. Das schlägt sich auch in den Statistiken nieder: Im Schuljahr 2009/2010 traten rund 350 000 Schülerinnen und Schüler in die Sekundarstufe II ein, also in die Klassen zehn bis zwölf. Darunter waren zu 8 Prozent Schüler, die aus der Real- oder Hauptschule kommen. Schaut man sich an, auf welche Gymnasien diese Schüler gehen, so sind es meist jene, die noch nicht auf G8 umgestellt haben. »Das neunjährige

Gymnasium erweist sich als durchlässiger als das achtjährige (10,1 zu 2,8 Prozent Wechsleranteil).«[30]

Fährt die Achterbahn nun nach drei steilen Abfahrten auf einmal mit Schwung wieder nach oben? Man könnte es meinen. Viele Schülerinnen und Schüler erhalten ihre Abschlüsse nicht mehr an den allgemeinbildenden Schulen, sondern im beruflichen Schulsystem: 2008 wurden 14 Prozent aller Hauptschulabschlüsse, 20 Prozent aller mittleren Abschlüsse, 14 Prozent aller allgemeinbildenden Hochschulberechtigungen und 89 Prozent aller Zugangsberechtigungen zu Fachhochschulen dort erworben.[31] Klaus Klemm spricht von einer Entgrenzung oder auch von einer Entmonopolisierung des Bildungssystems. Die einzelnen Schulformen haben ihr Vorrecht verloren, bestimmte Zeugnisse zu vergeben.

Diese Entwicklung zeigt sich auch innerhalb des allgemeinbildenden Schulsystems. Schulformen und Schulabschlüsse lassen sich nicht mehr so klar einander zuordnen. Nur 57 Prozent der Absolventen mit mittlerem Abschluss erreichen diesen auf der Realschule. Alle anderen erwerben den Abschluss auf Hauptschulen, Gesamtschulen, Schulen mit mehreren Bildungsgängen oder Gymnasien. Die allgemeine Hochschulreife ist zwar noch eng an die Gymnasien gebunden, aber schon 11 Prozent der Schülerinnen und Schüler legen ihr Abitur an anderen allgemeinbildenden Schulen ab.[32]

Wir haben es also, zusammengefasst, mit insgesamt vier »Korrektur«-Möglichkeiten zu tun: Sind die Schülerinnen und Schüler erst einmal nach der vierten Klasse auf unterschiedliche Schulformen verteilt, wird diese Entscheidung häufig durch einen Schulwechsel korrigiert, allerdings meistens nach unten. Viele Schüler wiederholen eine oder mehrere Klassenstufen. Als Korrektur, oder vielmehr als Wechselsperre, wirkt ebenfalls die durch G8 verkürzte Schulzeit bis zum Abitur. Zunehmend erreichen die Schüler auch hohe Abschlüsse außerhalb der allgemeinbildenden Schulen im beruflichen Schulsystem: Das ist wohl bisher das wichtigste Mittel, um die Fehlzuweisungen im gesamten Schulsystem auszugleichen.

Wie ist das zu beurteilen? Das gegliederte deutsche Bildungssystem hat doch längst seine mächtige Wirkung entfaltet. Die ganz unterschiedlichen Entwicklungsmilieus, die den Kindern seit der fünften Klasse je nach Schulform bestimmte Entwicklungsmöglichkeiten vorgegeben haben, lassen sich von Quereinsteigern oder Spätankömmlingen nicht einfach wegwischen. Längst sind die Erwartungen und Ziele der jungen Menschen durch ihre Schulumwelt geformt und geprägt worden. Dieser Einfluss zeigt sich auch in ihrem Leistungsstand, der deutlich über dem der Quer- und Späteinsteiger liegt.

Wie stark die einzelnen Schulformen mit den Erwartungen und Wünschen der Schülerinnen und Schüler zusammengewachsen sind, beschreibt wiederum Klaus Klemm. Er verglich die Ausbildungswünsche fünfzehnjähriger Schülerinnen und Schüler. Dabei berücksichtigte er nur diejenigen, bei denen die Leistungswerte in Mathematik übereinstimmten. Eine Lehre streben an: 34 Prozent der Hauptschüler, 38 Prozent der Realschüler und 8 Prozent der Gymnasiasten. Einen universitären Abschluss planen: 5 Prozent der Hauptschüler, 8 Prozent der Realschüler und 38 Prozent der Gymnasiasten.[33]

Empirisch überzeugend lässt sich auch belegen, dass sich die kognitiven Kompetenzen je nach Schulform unterschiedlich entwickeln.[34] Betrachten wir Schülerinnen und Schüler gleicher sozialer Herkunft und mit gleichen kognitiven Grundkompetenzen. Werden diese Schüler nun verschiedenen Schulformen zugewiesen, so lernen Schüler auf den weiterführenden Schulen wesentlich mehr als Schüler auf den Haupt- und Realschulen. Dies belegt die Studie *Bildungsverläufe und psychosoziale Entwicklung im Jugend- und jungen Erwachsenenalter*. Sie untersucht die Zeitspanne zwischen der siebten und der zehnten Klasse genauer. Stimmen Mathematikleistung, kognitive Grundfähigkeiten und soziale Schichtzugehörigkeit überein, so entwickeln sich die Schülerinnen und Schüler je nach der von ihnen besuchten Schulform sehr unterschiedlich. Gehen sie nach der Grundschule in eine Hauptschule, ist ihr Lernzuwachs wesentlich geringer, als wenn sie in einem Gymnasium oder einer Realschule unterrichtet werden. Die auseinanderdriftenden Leistungen der Schülerinnen und Schüler kommen also ursächlich durch die unterschiedlichen Schulformen zustande. Jürgen Baumert vom Berliner Max-Planck-Institut für Bildungsforschung und seine Kollegen folgern: »Diese Befunde weisen darauf hin, dass die in PISA nachgewiesene und im internationalen Vergleich ungewöhnlich große Leistungsstreuung am Ende der Vollzeitschulpflicht zu einem nicht unerheblichen Teil in der Sekundarstufe I institutionell erzeugt oder zumindest verstärkt wird.«[35]

Kehren wir zurück zur Entgrenzung und Entmonopolisierung von Schulformen, wonach immer mehr Schülerinnen und Schüler ihre Abschlüsse auch außerhalb des allgemeinbildenden Schulsystems erhalten. Wir sprechen von Zeugnissen, von Urkunden, letztlich also von einem Blatt Papier. Zugegeben, diese Zeugnisse sind in Deutschland sehr wichtig. Die höhere Bildung beruht sogar auf einem formalen Berechtigungswesen: Erst das Abitur erlaubt die Aufnahme eines Studiums. Insofern ist es entscheidend, ob man diese Hochschulzugangsberechtigung erwerben kann oder eben nicht.

Wie steht es aber mit den Kompetenzen, die hinter den Abschlüssen liegen? Die Forschung zu den differenziellen Entwicklungsmilieus legt nahe, dass sich diese stark danach unterscheiden, ob die Abschlüsse auf allgemeinbildenden Schulen oder auf berufsbildenden Schulen erworben wurden. Auch das lässt sich empirisch zeigen.

Beim Test für medizinische Studiengänge (Medizinertest) schneiden Bewerber von allgemeinbildenden Gymnasien viel besser ab als Bewerber von Abendgymnasien. Selbst wenn sie zuvor die gleichen Noten erreicht haben.[36] Olaf Köller kommt ebenfalls zu dem Ergebnis: Hinter den Abschlüssen von berufsbildenden Schulen stehen deutlich niedrigere kognitive Kompetenzen als bei denselben Abschlüssen von allgemeinbildenden Schulen.[37]

Was wir sehen, ist ein typischer Januskopf. Die Abschlüsse sind die einfach sichtbare Vorderseite: Mit ihnen wurden die Schulformen entmonopolisiert und enthierarchisiert. Die kognitiven Kompetenzen sind die Rückseite: Sie erhalten das Monopol der Schulformen und ihrer Hierarchie.

Nun bewerben wir uns in Deutschland aber mit Zeugnissen und Noten. Testleistungen, die über kognitive Kompetenzen Auskunft geben, werden nicht ausgewiesen. Meistens kennen die Lehrer die Ergebnisse der Schulleistungstest ihrer Schüler nicht einmal, den Schülern selbst sind sie ohnehin unbekannt. Was sortiert, wird nicht ausgewiesen.

Die Arbeitgeber reagieren: Nur wenige verlassen sich auf den Namen der Schule, sortieren Abiturienten von beruflichen Gymnasien aus oder berücksichtigen sie nur nachrangig. Die meisten Arbeitgeber entwickelten eigene Methoden, um eine Auswahl zu treffen. Sie lassen Tests schreiben oder beauftragen Assessment-Center, geeignete Bewerber zu finden. Der Markt für diese Beratungsfirmen blüht und gedeiht. Die Hochschulen gehen denselben Weg. Sie nutzen Hochschuleingangstests, um die Spreu vom Weizen zu trennen. Gefährdet ist damit das Berechtigungswesen. Das Abitur scheint zunehmend eine nur notwendige, aber keine hinreichende Bedingung mehr zu sein, um tatsächlich einen Studienplatz zu erhalten.

Auch hier sind des Kaisers neue Kleider nichts anderes als Luft.

Ein breiter Zugang zu Abschlüssen und eine nachgeschobene feine Auslese durch die Hochschulen und Arbeitgeber – die Kinder von gebildeten und gut situierten Eltern trifft diese Entwicklung nicht. Sie sind mehr denn je auf Achse, in der deutschen öffentlichen oder privaten Schule, auf internationalen Schulen oder im Ausland. Sie lernen in und von der Welt, werden bestens ausgebildet. Häufig hört man von den Eltern: »Ach, das hätte ich auch gerne gemacht.« Die Tochter geht für ein Jahr nach Neuseeland. Die Ferne so nah: Über Facebook postet man die neuesten Fotos und Videos, über Skype hält man den Kontakt. Die Biologiearbeit über und inmitten von Korallenriffen, einen Tauchkurs nebenbei. Der Sohn lernt im Sommer die für das Geschichtsstudium noch benötigte Sprache im Ausland, drei Monate »crash for cash«. Die gute Schule schafft es, gebildet kommt er zurück. Glauben wir wirklich, unser gegliedertes Schulsystem sortiert so, dass es den Kindern gerecht wird? Was würde sich ändern, wenn wir diese Gliederung sein ließen, wie die meisten anderen Länder auch? Größer kann der Graben doch eigentlich nicht mehr werden? Doch lernen könnten wir eine Menge. Und helfen könnten wir vielen.

Ich wende mich hier nicht gegen die Chancen der Reichen. Sie werden diese immer suchen und finden. Ich glaube nicht, dass allen Kindern die Abschlüsse nur so zufliegen. Mitnichten. Ich bin davon überzeugt, dass viele Kinder schuften und ackern. Durch eine harte Schule gehen. Was mich ärgert, ist: Warum zieht man aus den guten Schulen keine Lehren? Warum gibt man gerade Kindern in benachteiligten Gegenden nicht die so wichtigen Mentoren an die Hand? Warum schafft man nicht überall Bildungslandschaften,[38] die auch die Eltern mit einbeziehen? Warum werden nicht alle Kinder herausgefordert, gepikst und unterstützt? Warum bleibt man nicht bei denen am Ball, die es am nötigsten haben? Gibt sie zu schnell verloren? Gerade in diesem Kontrast sehen wir die vielen unterlassenen Hilfeleistungen in unserem Schulsystem.

Alex wird bald auf eine internationale Schule in England gehen. Anders war sein Auslandsaufenthalt in der neuen Welt des G8 nicht mehr zu verwirklichen. Diese Schule vermittelte Alex bereits beim ersten Bewerbungsgespräch: »Du gehörst zu den wenigen, die auf diese Schule gehen dürfen.« Wohlgemerkt, er *durfte* plötzlich zur Schule, von müssen war keine Rede mehr. Alex nahm das sofort an. Die Schule veränderte seine Einstellung zum Lernen fast über Nacht. Seine Leistungen erschienen ihm und seinen Eltern plötzlich in einem anderen Licht. *Basking in reflected glory* nennt man diesen Effekt. Die Schule gab etwas von ihrem Glanz an Alex ab. Und der Glanz spornte wiederum die Schüler an. Irgendwann wurde dann selbst Alex zu einem glänzenden Schüler.

Der entgegengesetzte Effekt blieb namenlos. *Basking in reflected pity* müsste man ihn wohl nennen. Damit hätte man Jennys Lage gut beschrieben. Ihre Schule hatte keinen Namen, aber einen schlechten Ruf. Jenny fiel niemandem auf und fiel eben deswegen durch alle Maschen. Und wenn sie nicht Schreiben und Rechnen gelernt hätte? Wenn sie womöglich straffällig geworden wäre? Vielleicht hätte sich dann jemand um sie gekümmert. So aber erlaubte man ihr abzutauchen. So verlor sie ihre Zuversicht. Sie war plötzlich auf Dinge stolz, die früher nie wichtig gewesen wären. Sie fand sich schon großartig, wenn sie pünktlich zu unserem Treffen erschien. Schulisch setzte sie komplett auf Abwehr und lebte in den Tag hinein.

Im Jahr 2009 blieben in Deutschland 7 Prozent eines Jahrgangs ohne Abschluss. Bei den Kindern mit Migrationshintergrund verlassen 14 Prozent der alterstypischen Bevölkerung die Schule ohne Abschluss, bei den deutschen Jugendlichen sind es 6 Prozent.[39] Die Bundesregierung und die Regierungschefs aller Bundesländer planen seit Langem, die Zahl der Schulabgänger ohne Abschluss auf 4 Prozent zu senken.[40]

Gemahnt wird täglich und überall: Aufgrund des Bevölkerungsrückgangs müssen wir alle Kinder schulen, jeder Einzelne wird später als Arbeitskraft gebraucht. Bildungsarmut ist teuer. Im Laufe des Lebens fallen Sozialleistungen an, entgehen Steuern und Versicherungsbeiträge. Die errechneten Kosten sind hoch. »Ja«, sagen dann alle, »wir müssen etwas tun.«

Gewinner und Verlierer

KAPITEL 5
Alex im Glück
Was Schule auch sein kann

Alexander ging auf ein traditionsreiches Gymnasium unweit seines Elternhauses. Generationen vor ihm hatten diese Schule besucht. Betrat man in diesem Stadtteil eine Buchhandlung oder das Geschäft des alteingesessenen Metzgers und kam die Sprache auf die Schule der Kinder, so hieß es häufig: »Ach, da war ich auch.« Das klang eher heroisch als freudig, so als ob man selbst bereits die schwerste Lebensprüfung bestanden hätte. Nun schaute man bedauernd und anerkennend zugleich auf die Jugend, die diese Strecke noch vor sich hatte. Traf man Menschen außerhalb der Stadt, erging es einem ähnlich. Alle hatten von der Schule gehört, als ob es nur diese eine gäbe. Die neuen, modernen Schulen zählten nicht. Sie galten als einfach. Dabei kannte man sie gar nicht. Man hatte seine Urteile, pflegte seine Vorurteile.

Mich machte das kirre. Ich kam nicht aus der Stadt, war viel gereist, oft umgezogen. Wie konnte es sein, dass eine Welt so in sich geschlossen war oder zumindest so wirkte? Wie passte diese Tradition mit all den Zetteln zusammen, die sich in der Schultasche von Alex knüllten? Fasste man Traditionen nicht in Bücher? Ich muss gestehen: Diese Schule wurde mein Revier, mein kleines Labor, das mir zeigte, wie eine Schule tickt. Susanne und Michael bezogen mich als Patentante von Alex nach wie vor eng ein. Manchmal begleitete ich sie sogar zu einem Elternabend.

Ich lernte viel. Vor der Einschulung hatte ich naheliegende Fragen gestellt: Wie viele der in der fünften Klasse eingeschulten Schüler machen bei Ihnen Abitur? Wie hoch ist die Quote der Zurückstellungen? Wie ernst ist es Ihnen mit den sogenannten weichen Fächern? Welche Unterrichtsformen setzen Sie ein? Ist Ihnen Projektarbeit wichtig? Welchen Raum geben Sie bürgerschaftlichem Engagement der Schülerinnen und Schüler? Gibt es Vertrauenslehrer? Werden die Eltern eingebunden? Wie viele Stunden fallen im Schuljahr aus?

Die Reaktion auf meine Fragen war glasklar. Frau Besserwisserin. Frau Kontrollneurotikerin. Frau Ehrgeizling. Man versuchte, mich in die Defensive zu drängen. Warum ich denn nicht Vertrauen in das Kind hätte? Das war gar nicht mein Thema. Warum ich mich nicht auf die jahrzehntealte Expertise der Schule verlassen wolle? Das wollte ich ja. Mich interessierte nur, woraus sich diese Expertise zusammensetzt.

Man blieb vage. Manches wussten die Lehrerinnen und Lehrer nicht. Die Zahlen und Fakten, die die Forschung wie ein Eichhörnchen über Schulen und Schüler emsig sammelt, standen vor Ort nicht zur Verfügung und wurden auch nicht erfragt.

Warum kam Alex auf dieses Gymnasium? Für Susanne und Michael zählte zunächst die Nähe. Die vertraute Umgebung, mit der Grundschule um die Ecke. Die Freunde von Alex, die mehrheitlich auf diese Schule gingen. Das Traditionelle, Robuste und Bekannte. Bei Alex kam noch etwas hinzu: die Aussicht auf ein freies Jahr. Denn die elfte Klasse wurde nicht beschult. Alle Schülerinnen und Schüler verbrachten stattdessen ein Jahr im Ausland. Um die Komplexität der unterschiedlichen internationalen Schulsysteme zu umgehen, wurde in der zwölften Klasse auf Grundlage des Stoffes aus dem zehnten Schuljahr unterrichtet. »Da schreibe ich dann ein Jahr lang nur Sechsen.« Alex grinste töricht und stolz. »Das zählt ja nicht, und ihr könnt auch nicht meckern.«

Wie sehr sollte er sich mit seiner Prognose irren.

Alex absolvierte Schuljahr für Schuljahr. Er wollte nicht sonderlich viel lernen, konzentrierte sich nur schlecht. Immer hatte er Hummeln im Hintern. Dass er klug war, stellte niemand infrage. Doch für Klugheit allein bekommt man keine guten Noten. Ab der neunten Klasse erhielt er Nachhilfe. Ich verbrachte weiterhin viel Zeit mit ihm und der großen Familie. Noch wollte, durfte und konnte Alex mit mir in den Urlaub fahren. Wir machten die unmöglichsten Sachen. Er sprühte vor Ideen. Nur formen konnte er damit nichts.

Dann kam die große Welle G8. Bereits 2007 hatten fast alle Bundesländer beschlossen, die gymnasiale Ausbildung von neun auf acht Schuljahre zu verkürzen. Nur in Rheinland-Pfalz soll es ein Modellversuch bleiben, welcher zudem auf Ganztagsschulen beschränkt ist. Das liegt insofern nahe, da unverändert 265 Wochenstunden benotigt werden, um die Hochschulreife zu erlangen. Die Schülerinnen und Schüler haben also für den gleichen Stoff ein Jahr weniger Zeit. Deshalb wurden die Unterrichtsstunden pro Woche von durchschnittlich 30 auf 33 erhöht. Eingebettet in ein Ganztagsschulprogramm kann das funktionieren. Doch bei einem gestückelten Unterricht, der sich bis in den späten Nachmittag zieht? Thüringen und Sachsen hatten nach der Wiedervereinigung die gymnasiale Ausbildung erst gar nicht auf neun Jahre verlängert. Sie führten den Schulbetrieb daher weiter wie gehabt. Die anderen Bundesländer stellten unterschiedlich schnell um. In Hessen, Nordrhein-Westfalen und Schleswig-Holstein wird der Prozess erst 2016 abgeschlossen sein.

Alex besuchte die Schule in einem Bundesland, das zunächst sogenannte Schnellläuferklassen einführte und so Parallelstrukturen aufbaute. Nach einer Übergangszeit von nur zwei Jahren konnte man sich bis zum Abiturjahrgang 2011 entscheiden: »Schnellläufer« in acht oder »Fußgänger« in neun Jahren. Wobei nur die »Fußgänger« ins Ausland gingen, nur sie hatten den zeitlichen und schulischen Spielraum dafür. Alex konnte nicht mehr wählen. Die Planungen stürzten ein. Ursprünglich sollte Alex 2011 ein Jahr im Ausland verbringen, anschließend die zwölfte und dreizehnte Klasse an seinem Gymnasium absolvieren. Sein Abitur stand für 2013 an. Jetzt sollte er es bereits 2012 ablegen, im Mai. Im Mai 2012 war Alex siebzehn Jahre alt. Volljährig wurde er erst drei Monate später.

Susanne und Michael beobachteten die Schulreform zunächst aus der Ferne. Wann, wie und ob Alex betroffen war, wussten sie lange nicht. Als es feststand, schlugen sie ihm ein Auslandsjahr in der zehnten statt in der elften Klasse vor. Doch so recht trauten sie es ihrem Ältesten noch nicht zu. Alex wollte auch nicht. Auf keinen Fall. Erst im nächsten Jahr. Als seine Vertraute in Sachen Bildung bat er mich um Rat. Drei Optionen kristallisierten sich heraus: Das Abitur 2012 machen, zusammen mit den anderen Schülern der Klasse, und erst danach ins Ausland gehen; das Abitur 2013 ablegen, sofort ins Ausland gehen und die zwölfte Klasse wiederholen; das Abitur 2012 machen, jetzt ins Ausland, dann zurück in die zwölfte Klasse und ohne Verschnaufpause das Abitur ablegen. Das bedeutete viel Arbeit.

Die Erwachsenen zerbrachen sich den Kopf. Doch Alex wusste, was er wollte: sein freies Jahr. In die Schule gehen, ohne dass die Noten zählen. Wenn seine Mitschüler ihn dann einen Sitzenbleiber nannten, war ihm das egal. Die Abstimmungen dauerten so lange, dass alle Anmeldetermine für Austauschprogramme längst verstrichen waren, als die Entscheidung endlich getroffen war. Susanne und Michael mussten nun selbst eine Schule im Ausland suchen. Ein befreundeter Arzt schwärmte von einer internationalen Schule im englischen Cambridge. Das sei nicht zu weit, Alex würde zumindest Englisch lernen. In dem einen Jahr würde er in vielen unterschiedlichen Fächern unterrichtet werden. Soziales Engagement sei ein Pflichtbestandteil des Schuljahres, damit knüpft die Schule an reformpädagogische Erziehungsvorstellungen an. Das überzeugte die Eltern von Alex.

Michael rief dort an. »Ja, der Bewerbungsschluss ist noch nicht abgelaufen. Das stimmt schon«, erfuhr er. »Aber in diesem Jahr wird es besonders schwer. Zu viele Deutsche haben sich beworben, wir müssen quotieren. Die Schule lebt von ihrer Internationalität. Es muss Ihnen auch klar sein, es kommt nicht nur auf die Noten an.«

Alex sollte eine Bewerbung, ein Motivationsschreiben und das letzte Zeugnis schicken. Ob er diese erste Hürde wohl schaffte? Allzu schlecht war sein Zeugnis nicht, Durchschnitt 2,6, richtig gut ist allerdings etwas anderes. Doch es klappte. Alex wurde zu einem Gespräch nach Cambridge eingeladen. Susanne rief bei mir an, um mir diese Neuigkeit zu erzählen. Am Schluss fragte sie vorsichtig: »Michael bekommt nicht frei. Die anderen Kinder müssen in die Schule. Willst du mit?«

Also begleitete ich Susanne und Alexander nach England. Im Februar 2010 saßen wir im Bus von Heathrow nach Cambridge. Es regnete. Wir gingen einige Vorbereitungsfragen durch. Alex' Englisch lief erstaunlich gut. Susanne und ich schauten uns verwundert an: Hatten wir ihn zuvor schon so gut sprechen hören?

Am nächsten Morgen stellte sich Alex vor. Die Schule lag etwas außerhalb, ein Fußweg von 20 Minuten. Anders als sonst kam kein Stöhnen über die Lippen von Alex. Wir erreichten die Schule etwas vor der Zeit, wurden in einen Warteraum gebeten und auf dunkelroten Plüschsofas platziert. Einfach, aber ehrwürdig und ziemlich Respekt einflößend. Pünktlich öffnete sich die Tür. Die Direktorin der Schule, Gwendolyn Thomsen, trat ein, zwei jüngere Männer an ihrer Seite: Jack Green und Steve Dayton. Wir waren von dem Auftritt beeindruckt. Gwendolyn konversierte höflich, fragte, warum ich dabei sei, und dankte für das Interesse an ihrer Schule. Sie reichte uns Unterlagen, die ausführlicher als die Dokumente im Internet waren. Die könne man jetzt lesen, während Alex zu einem Gespräch erst mit Jack, dann mit Steve gebeten wurde. Das würde eine Stunde dauern. Anschließend würde sie sich beraten und uns ihre Entscheidung mitteilen. Fiele sie positiv aus, würde man uns die Schule zeigen und Susanne hätte drei Wochen Zeit, um sich ihrerseits zu entscheiden. So distinguiert man sich auf Anhieb, dachte ich leicht entsetzt.

Klare Ansage, klare Abläufe. Alle drei saßen wir etwas eingeschüchtert da. Auch das war sicherlich so bezweckt. Freundlich, doch zurückhaltend bat Jack mein Patenkind, ihm zu folgen. Gwendolyn und Steve verließen ebenfalls den Raum.

Susanne war sich sicher: »Das schafft er nicht.« Mehrmals wiederholte sie den Satz. Ich wusste nicht, ob das Alex zu wünschen war. Die Zeit zog sich. Wir vertieften uns in die Schulprospekte und erhielten eine Fülle an Informationen. Über die Werte der Schule, ihren Bildungsbegriff. Zu den curricularen Angeboten und dem Stellenwert von CAS. Die Abkürzung steht für »Creativity, Action, and Service«. Die Nähe zu den deutschen Reformpädagogen war offensichtlich. Kurt Hahn hatte schon 1959 ein Konzept für die Oberstufe entwickelt, nach welchem Schüler reale Situationen und Anforderungen aktiv gestalten und einen Beitrag zum Gemeinwesen leisten sollten.[1]

In den Prospekten fanden wir harte Statistiken. Die erreichte Notenverteilung am Ende der einzelnen Schulstufen, unterteilt nach Fächern. Die Erfolgsquote beim Übergang auf die nächste Stufe und beim Abitur. Die erzielten Werte im *Scholastic Aptitude Test* und bei anderen Kompetenztests, die für die Zulassung an Universitäten wichtig waren. Die Position der Schule im Vergleich aller Schulen im County und im ganzen Königreich. Das Abschneiden der Schule bei Fußball, Tennis, Rudern und Schach. Berichte über Exkursionen in den

Fächern Biologie und Geologie. Städtereisen während der kurzen *half-term breaks*, also der kleinen Ferien im Schuljahr.

Dann erschien Alex. »Das habe ich nicht geschafft.« Langsam kam er auf uns zu. Susanne nickte nur. Ich hakte nach: »Warum nicht?« »Ich konnte Jack und Steve gut verstehen, aber zum Sprechen ist mein Englisch zu schlecht. Ich konnte nicht sagen, was ich meinte.« Das hörte sich doch ganz gut an. »Was haben die denn gefragt? Musstest du Tests machen?« Mein Patensohn schüttelte den Kopf. »Die wollten nur wissen, auf was ich stolz in meinem Leben bin. Und auf was ich stolz sein möchte, wenn ich zehn Jahre älter bin.« Susanne schaute verwundert. »Und, hast du etwas gesagt?« Ich konnte es mir denken. Alex hatte letztes Jahr gute zwanzig Kilo abgenommen. Von heute auf morgen hatte er beschlossen, sich ein anderes Aussehen zuzulegen. Weg mit dem kurzen Meckischnitt, weg mit dem Bauch, weg mit den ewigen Hänseleien. Es kostete ihn jahrelangen Anlauf und viel Überwindung. Doch plötzlich schaffte er es. Er nickte mir zu. Klar, das hatte er gesagt. »Und die Zukunft?«, fragte ich neugierig. »Nun, das muss ich selbst herausfinden. Wenn ich Glück habe, helfen mir die Lehrer an dieser Schule.« He hit the mark. Mit dieser Antwort hatte er ins Schwarze getroffen.

Nach einer Weile öffnete sich wieder die Tür. Gwendolyn Thomsen kam herein, zusammen mit Jack und Steve, langsamer als beim ersten Mal. Sie ging auf Alexander zu, hielt kurz inne und reichte ihm die Hand. »Congratulations, good job.« Auch Jack und Steve gratulierten, begleitet von einem respektvollen Blick.

Was für mich das überzogene Getue einer Standesschule war, hinterließ bei Alex einen tiefen Eindruck. Vielleicht fühlte er sich in diesem Moment erwachsen. Vielleicht fühlte er sich sehr persönlich angesprochen und sehr ernst genommen. Ihm wurde gesagt und gezeigt, dass er gerade viel geleistet hatte. Er selbst und nur er. Ganz alleine in den Räumen einer fremden britischen Oberschule. Er durfte die Lehrer mit Jack und Steve ansprechen, die Direktorin mit Gwendolyn, und tat dies vom ersten Moment an mit großem Respekt.

Jack zeigte uns dann die Schule. Sie besteht aus vielen Häusern, alle gebaut im typisch englischen Stil. Um die Gebäude herum liegen die kleinen Häuser der Schülerinnen und Schüler. Jedes Haus fasst fünf bis sechs Zimmer, die jeweils von zwei Schülern bewohnt werden. Unten befinden sich der Aufenthaltsraum, eine kleine Küche und der Haushaltsraum mit Waschmaschine. Im Erdgeschoss lebt der »Warden«, der Hauslehrer. Er ist verantwortlich für das Leben im Haus. An ihn können sich die Jugendlichen wenden. Doch er wacht auch über die Hausregeln und über den *curfew*, das Einhalten der Sperrstunde um 23 Uhr. Am Ende eines Terms hält der Warden seine Eindrücke über die soziale Entwicklung des jeweiligen Jugendlichen schriftlich fest. Seine Einschätzung ist Bestandteil der Zeugnisse. »Oh, ist das interessant hier«, flüsterte Susanne mir zu. »Wäsche waschen kann Alex gar nicht. Und die Zimmer sind ja richtig klein. Hier ist das Leben für ihn viel anstrengender als daheim.«

Bei unserem Rundgang warfen wir einen Blick in die Klassenräume. In der Mitte stand ein großer Tisch. Acht bis fünfzehn Schüler saßen dort, dazwischen die Lehrerin oder der Lehrer. Die Schüler kamen aus vielen unterschiedlichen Ländern, das sah man auf einen Blick. Eine Schuluniform gab es hier nicht, wohl aber einen Dresscode. Die Kleidung war leger und sportlich. Draußen, auf den Fluren der Schule, sah man Bilder über Bilder: Sportveranstaltungen, Exkursionen, Entdeckungen – und jede Menge Porträts von Schülerinnen und Schülern. Sie standen bildlich im Vordergrund, nicht die Schulleiter. Wann hatte ich ein solche »Ausstellung« letztmals gesehen? Ich grübelte. Nach einer Weile kam mir der Integrationskindergarten in den Sinn. Auch damals ging es um das »Hier-sind-wir«.

Hier wie dort möchte man zeigen, was im Innern passiert. Dabei werden Passepartouts oder Rahmen unwichtig und auch, ob ein Nagel die Wand verunstalten könnte. Vor fünfzehn Jahren bestaunten wir Bilder der Kleinkinder an den Wänden des Kindergartens. Nun standen wir vor den Fotos der Schülerinnen und Schüler, die in diesem College unterrichtet wurden. In der Zwischenzeit war uns nichts Ähnliches begegnet. Die Schulflure, die wir kannten, waren weiß getüncht und leer gewesen. Allenfalls Pokale standen in Vitrinen.

Wir verabschiedeten uns, dankten und gingen zurück in die kleine Stadt. In Cambridge gibt es viele Schulen und Colleges, man sieht es sofort. Die Geschäfte zielen auf Menschen zwischen sechzehn und sechsundzwanzig, ebenso das Kinoprogramm, die Pubs und Cafés. Große Buchläden finden sich an jeder Ecke. Die *textbooks* sind nach Fächern sortiert, außerdem wird zwischen *used books* und *new books* unterschieden. Susanne, die Innenarchitektin, meinte unvermittelt: »Hier möchte ich auch noch einmal her, lesen und lernen. Das hatte ich nie.«

Die Heimfahrt war ruhig. Susanne sprach über das Geld. Die Schule war alles andere als billig. Zum Schulgeld kamen noch Unterkunft und Verpflegung hinzu. Ihr Vater, auch ein Architekt, übernahm diese Kosten für ein Jahr. Ein Geschenk an seinen ältesten Enkel. Das Geld für ein Schuljahr war nicht das Problem. Das unterschied die Familie von der großen Mehrzahl der Deutschen. Für alle drei Kinder hätte man das Geld ohne Weiteres nicht aufbringen können. So wohlhabend war die Familie nun auch nicht. Daher gab die Verteilung unter ihren Kindern den Eltern schon zu denken. Aber Alex wurde angemeldet.

Die Monate bis September 2010 vergingen schnell. Susanne eröffnete ihr eigenes Geschäft für Innendesign und war in der Anfangsphase zeitlich weniger flexibel als sonst. Daher konnte nur Michael seinen Ältesten zu seinem ersten Schultag begleiten. Da ich mich zu der Zeit beruflich in England aufhielt, traf ich mich an der Schule mit den beiden.

Ein riesiger Trubel. Die Schüler der Abschlussklassen des Colleges begrüßten die Neuen und wiesen sie ein. Wir absolvierten viele Stationen: füllten bei der Krankenschwester einen Fragebogen aus, ließen den Computer einrichten und freischalten, gingen zur Buchhaltung. Ich hörte viele Sprachen, neben Englisch tatsächlich am häufigsten Deutsch. Offenbar war die Quotierung nötig gewesen. Alles war aufregend, doch am meisten beschäftigte Alex die Zimmerfrage: Mit wem würde er es sich teilen? Alex drückte sich selbst die Daumen: »Bitte, bitte lasse es jemanden aus Japan sein.« Alex hatte gerade Sushi für sich entdeckt. Wir erreichten das Haus. Der Warden empfing uns und stellte sich kurz vor. Schließlich meinte er: »Nick, your roommate, is already here.« Nick? Also kein Japaner. Nick kam aus Singapur, doch er kannte sich mit Sushi bestens aus, wie sich bald zeigte. Sein Bruder besuchte die dritte und letzte Stufe der Schule. Für die meisten Eltern von Schülern dieser privaten Schulen war es ganz normal, dass ihre Kinder über Generationen auf dieselbe Schule gehen. Diese internationalen Schulen finanzieren sich aus hohen Eltern- oder auch Firmenbeiträgen und können daher nur von Kindern reicher Familien besucht werden. Es ist also naheliegend, sie »als die hoch selektiven ›neuen Standesschulen‹ der globalen Managerelite zu bezeichnen.«[2] Wie auch in anderen Privatschulen wird »Internationalität als eine Variante kulturellen Kapitals erworben, welche eine neue Form der sozialen Distinktion ermöglicht.«[3]

Wie die meisten internationalen Schulen zielt auch diese Schule auf das IB. IB steht für International Baccalaureate, ein Abitur, welches überall auf der Welt anerkannt wird und die Aufnahme eines Studiums ermöglicht. Man könnte sagen, dass IB ist ein internationales Zentralabitur.[4] Im sogenannten Pre-IB erhält man zunächst eine breite Einführung in unterschiedliche Fächer. Nur Englisch und Mathematik werden über alle drei Terms unterrichtet, also das ganze Schuljahr hindurch. Der Schwierigkeitsgrad wird an die Schülerinnen und Schüler angepasst. Die anderen vier Fächer, die man im Pre-IB belegt, ändern sich schon in jedem Term, also etwa alle zehn Wochen. Es handelt sich um Ökonomie, Philosophie, Psychologie, Kunst, Musik, Physik, Chemie, Biologie und verschiedene Sprachen. Dabei darf man ein Fach höchstens zwei Mal im Jahr wählen. Man lernt also über die Zeit mindestens zehn unterschiedliche Fächer kennen. Das Pre-IB gleicht damit einem Studium Generale.

Einige Schüler kommen nur für das Pre-IB ans College und kehren nach dem Jahr an ihre Heimatschule zurück. So planten es auch Alex und seine Eltern. Doch die meisten Schülerinnen und Schüler nutzen das Pre-IB, wie es gedacht ist. Sie bereiten sich auf die IB-Zeit vor und denken über ihre spätere Fächerwahl nach. Sollten sie die nötige Motivation zeigen und die Mindestleistungen erbringen, beginnen sie nach dem Pre-IB mit ihrer zweijährigen IB-Ausbildung: ein Jahr IB 1, dann eines IB 2. Zuvor legt man die Kombination seiner Fächer fest. Meist wählt man jene, für die man sich im Pre-IB besonders interessiert hatte und die der Tutor, ein persönlich zugewiesener Lehrer, nach vielen Gesprächen empfiehlt. Am Ende von IB 1 werden die ersten Examensarbeiten geschrieben, deren Noten schon für das IB zählen. Mit diesen Noten kann man sich bei den gewünschten Universitäten bewerben und erhält dann bestenfalls ein *conditional acceptance*, ist also unter Vorbehalt zum Studium angenommen. Erreicht man beim IB 2 erneut diese Noten, hat man den Studienplatz fest in der Tasche. Vor der Bewerbung an der Universität werden die Schülerinnen und Schüler gezielt vom *placement office*, einer Vermittlungsstelle der Schule, beraten; die Schülerinnen und Schüler besuchen auch *university days*, an denen sich die Universitäten vor Ort vorstellen und um neue Studierende werben.

All diese Informationen erhielten die Neuankömmlinge am Tag ihrer Einschulung. Gwendolyn Thomsen, die Direktorin, und Eileen O'Brian, zuständig für alle Angelegenheiten der Schüler, begrüßten die Kinder samt ihren Eltern zum neuen Schuljahr. In einem großen Festzelt hinter dem College fanden alle Gäste Platz. Fast alle Eltern der Kinder des Pre-IB und von IB 1 waren gekommen. Viele Eltern waren bereits zum dritten Mal da und begleiteten ihre Kinder zu ihrem letzten Schuljahr, dem IB 2. Den meisten Eltern fiel es schwerer als ihren Kindern, sich untereinander zu verständigen. Das lag natürlich zunächst an den unterschiedlichen Sprachen, doch die Fremdheit der Kulturen trug das ihre dazu bei. Diese Fremdheit hatten die Kinder im zweiten Schuljahr längst überwunden. Sie grüßten und freuten sich über das Wiedersehen nach den Ferien. Die Lehrer gingen herum, plauschten hier und da mit den Schülerinnen und Schülern. Alle wirkten sehr vertraut miteinander.

Wir saßen im Zelt und nahmen viele Informationen entgegen und eine Fülle von Eindrücken in uns auf: die Leichtigkeit des Nachmittags; das Wissen um den Wohlstand; die Ahnung, dass die meisten hier doch viel arbeiten werden; das Versprechen auf eine gesicherte Zukunft; die Transparenz klarer Regeln. Alex wollte seit Langem sein freies Auslandsjahr. Ein Jahr, in dem er zwar in die Schule ging, aber lernte, so viel, oder besser, so wenig er wollte. Das war versprochen. Doch uns wurde an diesem Tag klar, dass es hier nicht nur um akademische Leistungen ging. Viele Menschen würden neun Monate lang an seiner Seite sein Wissen befördern und seine soziale Entwicklung schulen: sein Warden, sein Tutor und jene, bei denen er die Stunden in CAS belegte. Die Ergebnisse in all diesen Bereichen würden im Zeugnis stehen – und sie würden mehr Platz einnehmen als die Noten in den sechs Wissensfächern.

Auf meinem Rückweg gingen mir viele Fragen durch den Kopf: Wie wird Alex mit dem Luxus der Bildungsangebote und dem Reichtum seiner Mitschüler umgehen? Wird er diesen Habitus der Gelassenheit der Reichen übernehmen? Wird er in Deutschland später auf andere Menschen herabsehen? Mir kamen beträchtliche Zweifel, ob die Wahl dieser Schule, die so sehr auf Zufällen beruht hatte, eine gute Idee war. Doch dann hatte ich sein neues kleines Zimmer vor Augen, das er mit dem ihm fremden Nick teilt. Ich stellte mir Alex beim Nutzen der Waschräume vor, die für sechs Jugendliche ausgelegt waren, beim Essen in der Schulkantine am Morgen, Mittag und Abend, beim Waschen seiner Wäsche oder in seinen Unterrichtsblöcken – alle in englischer Sprache – und musste schmunzeln. Vielleicht würde er ja bald bei seinen Eltern anrufen und ihnen sagen, wie sehr er sie vermisst, wie sehr er sich auf die Ferien freut und auf das Ende dieser neunmonatigen Expedition?

Doch zunächst meldete sich Alex gar nicht. Wenn die Eltern ihn anriefen, schienen sie nur zu stören. Ansatzweise konnten sie im Internet verfolgen, wie sein Leben in der Ferne verlief. Welche Fächer er gerade hatte, wann er welchen Sport betrieb und welche anderen Aktivitäten er belegte, ob er pünktlich war oder verspätet. Für jeden Schüler war eine Seite eingerichtet worden, die sich nach und nach mit Informationen füllte. Auch mit den (Zwischen-)Zeugnissen am Ende jedes Terms. Die Eltern wussten bald mehr über Alex in der Schule, als sie in Deutschland je gewusst hatten. Ich dachte an meine eigene Schulzeit. Wie fürchterlich wäre ein solch gläsernes Leben für mich gewesen.

Alex litt nicht. Das Auslandsjahr hatte ihn gepackt. Er fasste Fuß. Er lernte. Er lernte in alle Richtungen.

Nach dem ersten Term-Zeugnis bat er, doch auf der Schule bleiben und dort sein Abitur machen zu dürfen. »Ich weiß, das wird hart«, sagte er seinen Eltern. »Die IB 1- und IB 2-Schüler lernen Tag und Nacht. Ich schaffe das auch. Es gefällt mir hier in der Schule besser als in der zu Hause.«

Diese Bitte überraschte seine Eltern und mich nicht allzu sehr. Wir hatten gesehen: Seine Zeugnisse wurden zunehmend besser. Die Lehrer überhäuften ihn mit Komplimenten. Aus der Forschung ist bekannt, wie stark Bildungserfolg und Bildungsbegeisterung zusammenhängen. Offensichtlich fühlte sich Alex durch die unmittelbare Ansprache seiner Lehrer bestärkt, die ausführlichen Rückmeldungen spornten ihn an, in den wesentlich kleineren Klassen konzentrierte er sich besser, die begleitenden Gespräche mit dem Tutor, dem Warden und all den anderen taten ihm gut. Zwar würden all diese Menschen Alex helfen, wenn er das wollte. Seine Abschlussnoten aber würden nicht von den eigenen Lehrern vergeben werden. Alle Arbeiten, die für das Examen zählten, würden irgendwo auf der Welt beurteilt. Sie würden in andere Länder zu fremden Personen geschickt, korrigiert und zurückgesandt werden. Lehrer zu mögen oder nicht, war in diesem System für die Noten der Schüler irrelevant. Stattdessen arbeiteten Lehrer und Schüler gemeinsam daran, andere von sich und vom Wert der Schule zu überzeugen. Dieses Gemeinsame erschien mir der Schlüssel für das neue schulische Interesse von Alex.

Der Rest ist schnell erzählt. Den Wunsch von Alex, in England zu bleiben, konnten Susanne und Michael nicht erfüllen. Sie gehörten nicht zum wohlhabenden Bildungsbürgertum und auch nicht zu den neuen Reichen der Welt. Natürlich gönnten sie Alex die Schule von Herzen, auch seinen Abschluss in Cambridge. Doch sie konnten die Schulgebühren nicht zwei weitere Jahre tragen. Alex war das sofort klar. Er schaffte es dennoch und wird im kommenden Jahr sein IB in England ablegen. Wie das? Alex hatte sich über das gesamte Pre-IB hinweg angestrengt und in fünf von sechs Fächern eine Sieben und damit die höchste Punktzahl erreicht. Nur in Ökonomie war er etwas schlechter. Seine Leistung und seine Motivation brachten ihm ein Stipendium der Schule ein. Damit hatte niemand gerechnet. Seine fachlichen Interessen änderten sich ebenfalls. Orientierte er sich früher an den Berufen der Eltern, so sind es heute Biologie und Psychologie, die ihn besonders reizen.

Ich würde diese Geschichte nicht erzählen, ginge es nur um ein Einser-Patenkind. Warum sollte man auf eine Schulform hinweisen, die nur einem so kleinen Kreis von Jugendlichen offensteht? Ich tue das nur, weil ich aus tiefstem Herzen davon überzeugt bin, dass die Unterrichtsformen und -inhalte dieser Schule auch bei uns eingeführt, gelehrt und gelebt werden können – und sollten. Das gerade mit dem Deutschen Schulpreis ausgezeichnete Gymnasium in Neuruppin und alle vorherigen Preisträger wurden ausgewählt, weil sie die Prinzipien »Umgang mit Vielfalt, Unterrichtsqualität, Verantwortung, Schulklima, Schulleben«[5] erfüllen.

Alex hat mehr als das Lernen gelernt. Er hat denken gelernt, ist verantwortungsvoller geworden, interessierter und interessanter. Dies – und nicht die guten Noten – sind die wichtigen Veränderungen in seinem und unserem Leben.

Vielleicht wäre Alex auch ohne seine englischen Wanderjahre zu dem geworden, der er heute ist. Wir wissen es nicht. Mit Sicherheit können wir jedoch sagen, dass er viel gewonnen hat. Er hat profitiert: vom Vertrauen der Lehrer, ihrer Unterstützung, vom Wissen, warum man was macht. Von der Breite und Vielfalt des Unterrichts, den vielen Nationalitäten der Schüler. Die Wahrscheinlichkeit des Gelingens erhöht sich in solchen Systemen. Leider aber gibt es nur wenige solcher Schulen, seien sie nun in England oder auch hier bei uns. Und leider haben nur sehr wenige Kinder solche Optionen. Wie kann das sein? Liegt es nur am Geld?

Am 7. April 2012 fand in England die traditionelle jährliche Ruderregatta auf der Themse statt: Die Achter der Universitäten von Cambridge und Oxford traten gegeneinander an. Erstmals wurde das Rennen unterbrochen. Ein Schwimmer störte unversehens: Er wollte ein Zeichen gegen die Elite setzen. Der Vorfall irritierte die Ruderer so sehr, dass beide Boote kollidierten, ein Boot fast aufgeben musste und die Siegermannschaft die Ehrung nicht annahm.

Das College in Cambridge ist Teil der Elite. Nur wer Geld hat, findet den Weg dorthin und kann sich die breite und teure Bildung leisten. *Wir alle sollten schwimmen, stören und protestieren.* Eine solche Bildung, solche Lehrer, solche Schulen, solche Fächer verdienen alle Schülerinnen und Schüler. Das sollte unser Ziel sein. Solche Schulen sind machbar. Wir dürfen nicht länger warten.

KAPITEL 6
Erkan geht in die Lehre
Mit dem falschen Namen auf den Markt

Zu Alex konnte ich den Kontakt leicht halten. Mit seinen Eltern bin ich eng befreundet, unsere Wohnungen liegen nahe beieinander. In den Schulferien treffe ich Alex häufig. Ich freue mich immer, Alex wiederzusehen, und finde es jedes Mal spannend, was er aus seinem Schulalltag berichtet.

Die anderen drei Jugendlichen sehe ich wesentlich seltener. Untereinander treffen sie sich fast nie. Sie leben in verschiedenen Stadtteilen, ihre Netzwerke und Interessen unterscheiden sich mittlerweile sehr. Jede Verabredung muss lange und genau geplant werden. Das ist mühsam, und die drei verlieren schnell die Lust. Auch ich nehme mir kaum die notwendige Zeit.

Etwas leichter gelingt es mir, ein Treffen mit nur einem von ihnen zu arrangieren. Wir kommen nach wie vor gut miteinander klar. Alle erzählen mir offen aus ihrem Leben und von ihren schulischen Erfahrungen. Ich bedaure zwar, dass wir uns nicht mehr in der großen Runde sehen. Doch so bleibe ich wenigstens im Kontakt mit meinen jungen Freunden. Das ist mir wichtig.

Auf diese Weise konnte ich die Entwicklung von Erkan gut verfolgen. Erkan gehörte auch in der Realschule zu den Besten seiner Klasse. Die Lehrer überlegten, ob sie ihm nicht doch raten sollten, auf ein Gymnasium zu wechseln und sein Abitur zu machen. Doch sie erlebten häufig, dass Schüler das Gymnasium nicht packten, zurückgestuft wurden und sich nur schwer in eine andere Schule hineinfanden. Die Lehrer sprachen mit Erkans Eltern. Seine Mutter verstand sie kaum, und dem Vater war der Unterschied zwischen den beiden Schulformen und deren Folgen schwer zu vermitteln. Erkan war gut, sollte eine Ausbildung abschließen, arbeiten und eine Familie gründen. In der Tat waren seine schulischen Leistungen nur einmal eingebrochen. 2009 starb sein Onkel in München. Ein Verkehrsunfall, den Onkel traf keine Schuld. Die ganze Familie trauerte. Erkan und seine Familie fuhren oft nach Bayern, um die Tante und ihre kleinen Kinder zu unterstützen. So richtig helfen konnten sie nicht: Die Besuche waren kurz. Erkans Vater konnte sein Geschäft nicht zu lange allein lassen, Erkan und seine Geschwister mussten zur Schule. Irgendwann kam die Familie bei dem ganzen Hin und Her auf den Gedanken, dass Erkan nach München ziehen und dort die Schule beenden könnte. Ich war zu der Zeit beruflich oft in München und freute mich über die Idee.

Mir beschrieb Erkan diesen einschneidenden Schritt als seine Initiative. Die Familien standen sich sehr nahe. Er hatte seine Ferien oft bei Tante, Onkel und Cousins verbracht. Ihm schien es nun selbstverständlich, seiner Tante in dieser schlimmen Zeit zur Seite zu stehen, hier und da auf die Kinder aufzupassen. Wegen der Schule machte Erkan sich keine Sorgen, und ich bestätigte ihn. Er fühlte sich gut gerüstet und würde das schon schaffen. Erkan wollte zum zweiten Halbjahr der neunten Klasse wechseln und die Realschule wie geplant nach der zehnten Klasse mit der mittleren Reife abschließen. Seine Ausbildung würde er anschließend in seiner norddeutschen Heimat absolvieren. Erkan beantragte also einen zweiten Wohnsitz und bewarb sich bei einer bayerischen Realschule. Alles klappte reibungslos.

Doch die Probleme kamen bald und an ungewohnter Stelle. Erkan vertrug sich gut mit seiner Familie. Ihn plagte weder Heimweh noch die Trennung von seinen Freunden. Er wurde auch von seinen neuen Mitschülern akzeptiert. Nein,

Erkans Problem war die Schule. Zum ersten Mal in seinem Leben kam Erkan mit dem Unterricht nicht zurecht. Dabei erschienen ihm seine schulischen Lücken zunächst überwindbar. Englisch und Mathe könnte er ja nachlernen und auch in den anderen Fächern würde er schon irgendwie den Anschluss finden. Doch so einfach war das nicht. Die Lehrpläne für Sekundarschulen lagen in den beiden Bundesländern zu weit auseinander. Die neunte Klasse war in Bayern im Lehrstoff weiter, als Erkan es in Norddeutschland gewesen war. Die Lehrer rieten ihm deshalb, die neunte Klasse zu wiederholen. Den verbleibenden Unterschied würde er schon ausgleichen, wenn er sich nur genügend anstrengte.

Die Familie beriet. Sitzenbleiben hörte sich nicht gut an. Schlechte Noten vertrugen sich nicht mit ihren Vorstellungen. Lag das Problem bei Erkan? Die Lehrinhalte konnten sich doch zwischen zwei Schulen in Deutschland nicht so massiv unterscheiden. Die Tante fühlte sich verantwortlich. Die Situation belastete sie zusätzlich. Daher beschloss die Familie, Erkan solle nach Norddeutschland zurückkehren. Es erschien allen am besten. Nur Erkan wäre trotz der herausfordernden Schule gern längere Zeit in Bayern geblieben.

Diese kleine Episode wirft ein grelles Schlaglicht auf den Bildungsstandort Deutschland. Der missglückte Schulwechsel war durchaus Erkans Problem, aber nicht seine Schuld. Denn wir können nicht von dem *einen* deutschen Bildungssystem sprechen. Systeme und Strukturen der einzelnen Bundesländer weichen stark voneinander ab. Georg Picht und Ralf Dahrendorf bedauerten noch das katholische Arbeitermädchen vom Lande und verwiesen damit auf massive Unterschiede in den Bildungschancen zwischen Stadt und Land. Heute ist das Bundesland eine mindestens ebenso prägende Kraft. Wäre Erkan im Süden und nicht im Norden Deutschlands zur Schule gegangen, hätten andere Kriterien über seine Einschulung und seinen Wechsel auf weiterführende Schulen entschieden. Er hätte anderen Stoff im Unterricht behandelt, mit anderen Schulbüchern gelernt und teilweise auch in anderen Fächern.

In Deutschland liegt Bildung in der Verantwortung der Bundesländer. Das ist historisch gewachsen und war schon immer so. Allerdings hat sich der Bund erst seit ein paar Jahren vollständig aus der Bildungspolitik der Länder herauszuhalten. 2006 wurde das sogenannte Kooperationsverbot zwischen Bund und Ländern im Grundgesetz verankert. Viele Projekte, die erst kurz zuvor auf den Weg gebracht worden waren, gerieten dadurch ins Wanken, liefen aus oder stehen nun vor ihrem Ende. So etwa das Ganztagsschulprogramm oder Verfahren, mit denen die Qualität von Kindertagesstätten gesichert werden soll. Längst entwickelte bundeseinheitliche Standards, was Schülerinnen und Schüler in den jeweiligen Schulformen und Klassenstufen beherrschen sollten, werden in den Ländern nicht einheitlich umgesetzt.

Wir leben die Kleinstaaterei. Die Versorgung mit Kinderkrippen ist ebenso uneinheitlich wie der Ausbau von Ganztagskindergärten oder die qualitativen Vorgaben für beide Bereiche. Die Kinder werden hier mit fünf, dort mit sechs Jahren eingeschult. Sie werden nach unterschiedlichen Kriterien zurückgestellt und in die nächste Klasse versetzt. Ihre Lehrerinnen und Lehrer erhalten je nach Bundesland andere Gehälter. In einigen Bundesländern sind sie Beamte, in anderen nicht. Letztlich führen diese Strukturen zu unterschiedlichen schulischen Ergebnissen. In Bayern und Baden-Württemberg verlassen um die 5 Prozent eines Jahrgangs die Schule ohne Abschluss, in Bremen und Hamburg dagegen etwa 9 Prozent.[1] Häufig beenden Jugendliche ohne Schulabschluss auch ihre berufliche Ausbildung nicht. In Bayern betrifft dies 13 Prozent eines Altersjahrgangs, in Bremen mit 25 Prozent fast doppelt so viele Jugendliche.[2] Deutliche Unterschiede zeigen sich auch, wenn man den Anteil von Jugendlichen mit Hochschulreife vergleicht: In Bayern erwerben 28 Prozent eine Studienberechtigung, in Hamburg sind es 49 Prozent. Bundesländer, die nur wenige Jugendliche ohne Hauptschulabschluss entlassen, ermöglichen auch nur einer geringen Zahl den Übergang in ein Gymnasium und einen Hochschulzugang.

Neben den Abschlüssen unterscheiden sich auch die gemessenen kognitiven Kompetenzen nach Bundesländern. Zieht man etwa die PISA-Werte in den Naturwissenschaften des Jahres 2006 heran, so schneiden die Fünfzehnjährigen in Sachsen und Bayern wesentlich besser ab als Gleichaltrige in Hamburg und Bremen. Auf der untersten Kompetenzstufe liegen in Sachsen und Bayern knapp 12 Prozent der Schülerinnen und Schüler, in Bremen und Hamburg sind es mehr als doppelt so viele. Zudem erreichen in Sachsen und Bayern über 16 Prozent der Jugendlichen die höchste Kompetenzstufe, in Bremen und Hamburg dagegen mit 8 Prozent gerade einmal die Hälfte. Insgesamt weichen Jugendliche in ihrer kognitiven Kompetenzentwicklung über ein Jahr von Gleichaltrigen aus anderen Bundesländern ab.[3]

Um das ganze Ausmaß der Unterschiede zwischen den Bundesländern zu erfassen, muss man sich eine weitere Facette vor Augen führen: Abschlüsse sagen wenig über kognitive Kompetenzen aus. Schülerinnen und Schüler mit vergleichsweise niedrigen kognitiven Kompetenzen können einen guten Abschluss erwerben. Und umgekehrt gibt es Jugendliche mit hohen kognitiven Kompetenzen und schlechten Abschlüssen. Jenny ist hierfür ein gutes Beispiel. Dies zeigt sich ebenfalls im Ländervergleich. In Bundesländern mit wenigen Jugendlichen ohne Schulabschluss können durchaus viele kompetenzarme Jugendliche leben. Entsprechend müssen Bundesländer, in denen zahlreiche Jugendliche hohe kognitive Kompetenzen aufweisen, nicht jene sein, die besonders viele Abiturienten haben. Hinter gleichlautenden Abschlüssen verbergen sich ganz unterschiedliche kognitive Kompetenzen. Dies sollte man bei der Vergabe von Ausbildungsplätzen und bei der Vermittlung von

Beschäftigungsverhältnissen beachten. Die Schule sortiert vor, aber das nicht fehlerfrei.

Die starken Abweichungen zwischen den Bundesländern lassen sich auch nicht auf die Zusammensetzung der Bevölkerung zurückführen. Selbst wenn wir die Zahl von Kindern aus sozial schwachen Elternhäusern oder mit Einwanderungsgeschichte berücksichtigen, bleiben große Unterschiede bestehen. Also nicht die Jugendlichen, sondern die Schulsysteme und die Schulstrukturen sorgen für die Abweichungen von Bundesland zu Bundesland. Die Kinder und Jugendlichen sind hier nicht dümmer oder schlauer als dort, doch die Systeme eröffnen ihnen jeweils andere Möglichkeiten.

Vor einer Schlussfolgerung muss ich nachdrücklich warnen: Wenn wir über Unterschiede zwischen Bundesländern und die damit einhergehende Ungleichheit in den Bildungschancen sprechen, so kann man daraus kein »besser« oder »schlechter« ableiten. Bildung besteht nicht allein aus Abschlüssen und kognitiven Kompetenzen. Bildung meint ebenso, dass unsere Jugend Verantwortung für das Gemeinwohl entwickelt, soziale Kompetenzen für ein respektvolles Miteinander, eine eigene Identität und viel Mut hat. Diese Werte werden mit den geläufigen Erhebungsmitteln und -methoden aber höchstens am Rande erfasst. In unseren schulischen Curricula geht es kaum darum, soziale Kompetenzen zu fördern. Die internationale Schule von Alex kann und soll nicht die Lösung sein. Jedoch ist es ist wichtig zu sehen, dass gerade die Menschenbildung dort fest im Lehrplan verankert ist.

Doch wie ging es mit Erkan weiter? Er kehrte von seinem Ausflug nach Bayern in seine norddeutsche Klasse zurück. Ein Jahr später beendete er die Schule mit einem guten Zeugnis der mittleren Reife. Erkan ist nun sechzehn Jahre alt. Ich komme zum Gratulieren, und auch Alex stößt dazu. Wir treffen uns in einem Bistro. Wie selbstverständlich bestellt Erkan ein Bier. Das ist neu. Alex schaut kurz zu mir hinüber, bleibt aber bei seiner Cola. Wir reden. Alex über seinen Wechsel ins Ausland und ein bisschen über den anstehenden Abschlussball in der Tanzschule. Nun schaut Erkan mich an und rümpft die Nase. Das Ausland dagegen findet er cool und fragt mehr, als Alex antworten kann. Ich erkundige mich nach Jenny und Laura. Achselzucken. Sie haben sich lange nicht mehr gesehen. »Nicht mehr gesehen? In einer so überschaubaren Stadt? Ruft ihr denn nicht an?« »Schau doch in Facebook«, erwidern beide defensiv, abschätzig und lakonisch. Sie wissen ja, dass ich Facebook nicht benutze.

»Erkan, was hast du nun vor?« Ich dachte an seine Ausbildung, doch es kam etwas ganz anderes. »Ich will nicht zum Wehrdienst«, brach es aus ihm hervor. Erkans Eltern haben beide die türkische Staatsbürgerschaft, genau wie er. Denn als Erkan 1994 in Deutschland geboren wurde, galt hier beim Staatsangehörigkeitsrecht noch ausschließlich das Abstammungsprinzip. Das Geburtsortsprinzip wurde erst im Jahr 2000 zusätzlich eingeführt. Wäre Erkan erst dann geboren, hätte er neben der türkischen auch die deutsche Staatsbürgerschaft. »Das wäre noch viel schlimmer«, erklärte er uns. »Dann müsste ich mich mit achtzehn zwischen der türkischen und der deutschen Staatsbürgerschaft entscheiden.«

Als türkischer Staatsbürger unterliegt Erkan der türkischen Wehrpflicht. Im Alter zwischen 20 und 41 Jahren kann Erkan daher für fünfzehn Monate zum Wehrdienst in der Türkei eingezogen werden. Hätte Erkan einen Universitätsabschluss, wären es nur sechs Monate. Den Wehrdienst verweigern oder stattdessen zivilen Ersatzdienst leisten, das ist in der Türkei nicht möglich. Erkans Eltern sind gegen den Wehrdienst, ihnen ist der Kampf gegen die kurdischen Rebellen zu gefährlich. Sie wollen Erkan und seinen beiden Brüdern den Wehrdienst auf alle Fälle ersparen. Ersparen ist das richtige Wort. Denn für ihre Söhne gibt es nur einen Ausweg: Sie können sich freikaufen. Gegen Zahlung einer hohen Summe müssen türkische Staatsangehörige, die im Ausland leben, lediglich einen stark verkürzten Wehrdienst von drei Wochen ableisten. Doch dafür braucht man gute Beziehungen und viel Geld.[4] Erkans Eltern haben beides nicht. Da die beiden Brüder älter als Erkan sind, wird das Thema zu Hause gerade heftig diskutiert, und das belastet Erkan sehr. Er fühle sich anders als die anderen, sagte er. »Kannst du nicht Deutscher werden?«, fragt Alex. »Dann verweigern wir beide und fahren Essen aus.« Nach diesem Satz dauert es nicht mehr lange, und die beiden schmieden Pläne und plappern wie in alten Zeiten.

Über seine Ausbildung sprach ich mit Erkan erst einige Monate später, im Winter 2010. Seine Eltern hatten ihm bei seiner Berufswahl alle Freiheiten gelassen. Das Geschäft des Vaters würde ein älterer Bruder übernehmen. Nur eine gute Ausbildung sollte es sein, das war die einzige Bedingung, die die Eltern an Erkan stellten. Im letzten Schuljahr waren Vertreter der Arbeitsagentur in die Schule gekommen, hatten Informationsbroschüren verteilt und aufgezeigt, wie man bei der Entscheidung und Bewerbung für eine Lehrstelle vorgehen müsse. Mechatroniker, hatten die Fachberater Erkan vorgeschlagen. Das schien zu passen und interessierte ihn. Erkan wollte schon immer Dinge zusammenbauen, entwickeln, schweißen, löten. Bei dem Treffen erzählte er mir, er suche eine Lehrstelle als Kraftfahrzeugmechatroniker. Das wunderte mich nun doch. Autos? Das war das Terrain von Alex gewesen. Alle Marken und Modelle kannte er, hoch und runter. Oft hörte er nur das Motorengeräusch und wusste Bescheid. Mit seinen Autokarten hatte er uns früher närrisch gemacht. Aber Erkan? Mit Autos hatte er doch nie etwas im Sinn gehabt. »Ach, ich konnte mich nicht entscheiden«, rückte er mit der Sprache heraus. »Es gibt so viele Berufsausbildungen als Mechatroniker: Anlagenmechatroniker, Feinwerkmechatroniker, Industriemechatroniker, Automechatroniker. Unter Autos kann ich mir halt am besten was vorstellen. Und meine

Freunde wollten das auch werden.« Solche Begründungen kennt man, so merkwürdig sie auch sind. »Und?«, fragte ich neugierig. »Wo bist du gelandet?«

Erkan antwortete nicht. Er erschien mir verhaltener als sonst. »Oh, der junge Herr wird erwachsen«, kommentierte ich zunächst unpassend. »Na ja«, erwiderte er. »Läuft nicht so gut.« Erkan zögerte, doch schließlich erfuhr ich, dass er keine Lehrstelle gefunden hatte. »Wie das?« Wieder druckste Erkan herum, aber ich bohrte nach. Irgendwann sprudelte es aus ihm heraus. Er sei nicht gut genug, würde erst gar nicht zu Bewerbungsgesprächen eingeladen. »Na ja, die Wirtschaft«, tröstete ich. »Nein, das ist es nicht. Viele meiner Klassenkameraden haben zügig Einladungen zu Vorstellungsgesprächen bekommen, auch wenn sie viel schlechtere Zeugnisse haben als ich. Die wollen einfach keine Ausländer.« »Quatsch. Du bist doch gut, sprichst perfekt die Sprache.« »Das können die doch nicht wissen, die laden mich doch gar nicht ein. Ich glaube, ich habe halt den falschen Namen.«

Damit hatte er einen wunden Punkt getroffen. Deutsche und Migranten werden später im Betrieb anders behandelt als zuvor in der Schule. Untersuchungen zeigen, dass Kinder mit Migrationshintergrund in der Schule nicht direkt benachteiligt werden. Sie kommen häufig aus sozial schwachen Elternhäusern und erfahren wie alle diese Kinder nicht die erforderliche stärkere Förderung im deutschen Schulsystem. An der Schwelle zwischen Schule und Ausbildung ändert sich das »Regime«. Die Chance von Jugendlichen mit Migrationshintergrund, bei gleicher Qualifikation einen Ausbildungsplatz zu erhalten, ist mehr als 20 Prozent niedriger als für vergleichbare Jugendliche ohne Migrationshintergrund.[5] So gelingt jedem zweiten Jugendlichen ohne Migrationshintergrund der Übergang problemlos, während es bei Jugendlichen mit Migrationshintergrund nur jeder vierte schafft.[6] Schulabschlüsse und Noten, Bildungsstand und Erwerbstätigkeit der Eltern können dieses Phänomen nicht erklären. Ebenso wenig lässt sich diesen Jugendlichen unterstellen, sie hätten »keinen Bock« auf eine Ausbildung, da alle Untersuchungen ihr hohes Interesse daran belegen.[7]

Hingegen spielen hier die Arbeitgeber eine große Rolle. Das Bundesinstitut für Berufsbildung hat den Erfolg von Bewerbern mit und ohne Migrationshintergrund verglichen und kommt zu dem Ergebnis: »Jugendliche mit Migrationshintergrund [sind] bei Einstellungsentscheidungen offenbar mit Vorbehalten konfrontiert, die ihre Chance auf einen Ausbildungsplatz erheblich verringern.«[8] Die Studie von Leo Kaas und Christian Manger zeigt ebenfalls diesen diskriminierenden Effekt.[9] Hier wurden 1000 Bewerbungen um einen Praktikumsplatz für Wirtschaftsstudenten an Groß- und Kleinunternehmen verschickt. Genauer gesagt ging es jeweils um zwei Bewerbungsschreiben mit identischen Qualifikationen – lediglich die Namen der fiktiven Bewerber wurden unterschiedlich gewählt. Der eine Bewerber bekam einen deutschen und der andere Bewerber einen türkisch klingenden Namen. Die Rückläufe waren eindeutig. Bewerber mit türkisch klingenden Namen wurden um 14 Prozentpunkte seltener zum Gespräch gebeten als Bewerber mit deutschen Namen. Insbesondere Kleinunternehmen diskriminierten stark: Bewerber mit türkischen Namen erhielten um 24 Prozentpunkte weniger Einladungen. Dies gehe, so die Forscher, darauf zurück, dass die Auswahlverfahren in kleinen Unternehmen weniger standardisiert sind als in großen, sodass hier Urteile wie die Vorurteile der Personalverantwortlichen eher zum Tragen kommen.[10] Auch die kürzlich veröffentlichte Untersuchung der Antidiskriminierungsstelle des Bundes belegt, dass anonyme Bewerbungen vor allem Migranten und Frauen helfen. Geben Personen, die zu diesen Gruppen gehören, bei Bewerbungen nicht ihren Namen, ihr Alter, ihre Herkunft und ihr Geschlecht an, so werden sie eher zu Vorstellungsgesprächen eingeladen.[11]

In anderen Ländern wie den USA, Großbritannien und Kanada wird bei Bewerbungen schon lange auf persönliche Angaben verzichtet. Das Antidiskriminierungsrecht spricht dort eine klarere Sprache. In Deutschland muss man das noch lernen. Bisher wurden anonymisierte Bewerbungsverfahren beinahe instinktiv abgewehrt, indem man sogleich auf den angeblich hohen bürokratischen Aufwand verwies. Doch diese Ablehnung schadet nicht nur den Betroffenen, sondern letztlich auch den Betrieben. Arbeitgeber schließen hochqualifizierte Bewerber zugunsten der scheinbar bekannten, vertrauten und risikoarmen Köpfe aus.[12]

Als ich mit Erkan an diesem Nachmittag sprach, entdeckte ich an ihm eine gewisse Unzufriedenheit. Er war nicht frustriert wie in München. Er haderte. Er verglich sich mit Alex und sah seine geringeren Perspektiven. Das wurmte ihn. So viel schlechter als Alex sei er in der Schule nicht gewesen. Alex stünde die Welt offen, er aber säße hier fest. Vielleicht bekäme er einen Ausbildungsplatz im nächsten Jahr. Als einer der wenigen Migranten in dieser Stadt hatte er gerade eine Einladung zu einem Vorstellungsgespräch erhalten.

Was blieb mir da zu sagen? Dass es Jenny viel schlechter als ihm ergehen würde? Dass er in absehbarer Zeit seinen Meister machen und mit diesem eine Fachhochschule oder Universität besuchen könnte? Dass vielleicht der Meister bis dahin dem Bachelor gleichgestellt worden sei? Er ein Aufstiegsstipendium beantragen könnte? In diesem Moment blieb ich stumm. Auch andere Möglichkeiten ließ ich unerwähnt. Erkan hätte sein Abitur auf der Abendschule nachholen oder bei privaten Fachschulen eine Aufnahmeprüfung bestehen und dort einen Bachelor ablegen können. Die Pfade gibt es alle, nur ausgetreten sind sie nicht. Die Wegweiser dahin fehlen oder sind schwer zu finden.

Hätte ich Erkan all diese Möglichkeiten aufgezählt, wäre ich mir besserwisserisch und schäbig vorgekommen. In zwei

Wochen würde er sich vorstellen und seinen Ausbildungsplatz erhalten, da war ich mir sicher. Doch nun war auch ich bedrückt. Hier sitze ich mit einem jungen Mann, trinke mit ihm einen Kaffee in unserer Eisdiele. Die Straße hat sich in den knapp fünfzehn Jahren wenig verändert. Die Eisdiele wird noch von denselben Leuten betrieben. Diese Kontinuität wird harsch gestört durch die neue Wirklichkeit, in der sich die vier Jugendlichen heute wiederfinden. Damals waren die vier auf Augenhöhe, alle mit Flausen und Träumen im Kopf. Heute gehen sie getrennte, vorgezeichnete Wege.

Mittlerweile hat Erkan seine Ausbildung begonnen. Bei seinem Vorstellungsgespräch hatte er überzeugt. Er hat auch den Probetag in seinem neuen Ausbildungsbetrieb gut gemeistert. Erkan hatte Glück. In der Stadt erhielten nur drei Migranten eine Lehrstelle als Kfz-Mechatroniker. Die allermeisten schafften es wieder nicht, die mit einem Hauptschulabschluss schon gar nicht. In der Mechatronik besitzen 14 Prozent aller Lehrlinge den Hauptschulabschluss, 69 Prozent die mittlere Reife und über 16 Prozent das Abitur. Die Ausbildung ist gut und begehrt. Gerade die Kombination von Betrieb und Schule macht sie interessant und lukrativ, vor allem verglichen mit vollzeitschulischen Ausbildungen. Immerhin erhält Erkan bereits im ersten Lehrjahr ein kleines Gehalt von 430 Euro. Die Ausbildungsinhalte für den Kfz-Mechatroniker sind wie üblich in einer Ausbildungsordnung (betrieblicher Ausbildungsanteil) und in einem Rahmenlehrplan (Berufsschule) festgeschrieben. Vom Mechatroniker im Norden verlangen wir dasselbe wie vom Mechatroniker im Süden. Im Gegensatz zu seiner Schulzeit ist Erkan jetzt in Deutschland mobiler.

Seinen leichten Unmut an dem Tag in der Eisdiele verstand ich trotzdem gut. Er hätte gern ein Bachelor-Studium begonnen. Das erschien ihm breiter ausgerichtet, war kürzer, und am Ende würde er auch mehr verdienen. Er rechnete mir das vor. Klar, er wäre zwei Jahre länger zur Schule gegangen, um sein Abitur abzulegen. Doch er hätte bestimmt gleich mit dem Studium beginnen können und nicht erst ein Jahr warten müssen wie auf seinen Ausbildungsplatz. Insgesamt hätte er den Bachelor schneller in der Tasche als den Abschluss der Lehre. Kurzum: Er könnte sich im gleichen Alter seinen ersten Job suchen, wäre aber breiter ausgebildet und finanziell besser gestellt.

Etwas ungläubig recherchierte ich die einzelnen Punkte nach. Er hatte recht. Die Ausbildung zum Kfz-Mechatroniker dauert dreieinhalb, das Bachelor-Studium nur drei Jahre. In der dualen Berufsausbildung nimmt der praktische Teil einen deutlich größeren Raum ein, praktische Fertigkeiten wie Warten, Prüfen, Instand-Setzen und Montieren von Fahrzeugen stehen im Vordergrund. Das Bachelor-Studium Fahrzeugtechnik dagegen sieht nur ein Fachpraktikum von drei Monaten vor und zielt insgesamt eher darauf, komplexere Aufgaben bei der Kraftfahrzeugentwicklung zu bewältigen. Bei einem Kfz-Mechatroniker mit dem Schwerpunkt Pkw wird die tarifliche Bruttogrundvergütung später etwa zwischen 2300 und 2500 Euro im Monat liegen.[13] Ein Ingenieur für Fahrzeugtechnik kann zwischen vielfältigen Aufgaben und Tätigkeiten wählen und die Gehaltschancen sind deutlich höher. So liegt etwa die tarifliche Bruttogrundvergütung für Konstruktionsingenieure bei mehr als 4500 Euro im Monat.[14] Die Gehaltsunterschiede zwischen Lehr- und Hochschulabschluss sind enorm.[15]

Mit seiner Kritik an den vielen Ausbildungszweigen liegt Erkan ebenfalls richtig. Deutschland verzeichnet trotz der Reform der Ausbildungsverordnung weiterhin über 300 Ausbildungsberufe. Entsprechend wird sehr kleinteilig ausgebildet, der große Überblick fehlt. Andere Länder mit dualer Ausbildung, etwa Dänemark, Österreich und die Schweiz, konzentrieren sich auf eine geringere Zahl von Berufen. Zudem wird in manchen Ländern im ersten Jahr ein breiterer Kanon gelehrt. Die Ausbildung ist dort in vielen Berufen bereits modularisiert. So fällt es leichter, eine Weiterbildung anzuschließen oder eine zweite Ausbildung in der Mitte des Lebens zu beginnen.[16]

Trotz aller Irritationen, die Erkan im Moment umtreiben, kann er von einem ausgehen: Mit dem von ihm gewählten Beruf findet er auch einen Job. Auf der Straße stehen wird er nicht. Er wird eben den längeren Weg beschreiten müssen, seine Meisterprüfung ablegen und mit ein bisschen Glück ein Aufstiegsstipendium erhalten. Bis dahin wird sein Meister vielleicht einem Bachelor-Abschluss gleichgestellt sein, und er könnte direkt an die Hochschule wechseln. Was mich jedoch am meisten freut, ist seine Neugier auf den Job. Von Augmented-Reality-Verfahren berichtet er mir, von selbst lernenden Onlinediagnosen. Von all dem habe ich keine Ahnung. Er erklärt es mir.

KAPITEL 7
Laura sucht ihren Weg
Inklusion als Menschenrecht

Wann immer ich vor vielen Jahren mit den vier Kindern unterwegs war, flog Laura besondere Aufmerksamkeit zu. Sie war ein außergewöhnliches Kind: ruhig, selbstversunken, auffallend schön. Ihre Ruhe war der Kontrapunkt zum Lärm, den Jenny und die beiden Jungs veranstalteten. Alle wollten ihr Freude bereiten, wissen, was ihr gefällt, was sie möchte oder vorhat. Je weniger sie darauf einging, umso mehr wurde nachgefragt.

Als die Kinder vier Jahre alt waren, kam ich in eine mir unangenehme Situation. »Ist mit dem Kind alles in Ordnung?«, fragte die Verkäuferin in der Bäckerei. Ich wusste nicht, was ich antworten sollte. Sollte ich Lauras Einschränkung offenlegen? Wie würde die Verkäuferin reagieren? Zeigt sie Verständnis oder Abwehr, Mitgefühl oder Schrecken, Verlegenheit oder gar Abscheu? Steht mir eine Antwort überhaupt zu? Ich zuckte mit den Schultern. Danach besuchten wir die Bäckerei nur noch selten.

Meine Reaktion zeigt, wie wir meist mit Menschen mit Behinderungen umgehen: unsicher, verkrampft, ausweichend.

Laura braucht Hilfe. Die frühen Diagnosen hatten sich bestätigt, die Prognosen waren gefestigt. Laura leidet von Geburt an unter Störungen ihrer zentralen Bewegungskoordination. Die ersten drei Lebensjahre verbrachte Laura zu Hause. Doch ihre Eltern wünschten sich, dass Laura mit anderen Kindern und möglichst normal aufwächst. Sie suchten lange einen Kindergarten für ihre Tochter, schließlich wurde ihnen ein Integrationskindergarten empfohlen. Diesen Kindergarten gab es schon lange, und er hatte einen hervorragenden Ruf.

Dort wurde Laura aufgenommen. In ihrer Gruppe waren vierzehn Kinder, außer Laura gab es noch vier weitere Kinder mit Einschränkungen. Dass Laura sich etwas anders und langsamer bewegte, fiel zwar auf, störte aber niemanden. Die Erzieherinnen und Sonderpädagogen dort verstanden es, Laura mit anderen Kindern und ihren Eltern zusammenzubringen. In der Gruppe waren auch Kinder, die aus sozialen Gründen in den Kindergarten gekommen waren und die in anderen Stadtteilen lebten, so wie Jenny und Erkan. Der Kindergarten setzte auf eine »Frühpädagogik der Vielfalt«, das überzeugte auch Alex' Eltern, die ihren Sohn gerne gerade in diesen Kindergarten gaben.

Es waren glückliche Jahre für Laura, mit »Matschepampe«, Kindergartenfesten und Einladungen zu Geburtstagen. Ihre Eltern nahmen regelmäßig teil und organisierten selbst viele Treffen. Laura war ein anerkanntes, unverzichtbares Mitglied der Gruppe. Sie lernte von anderen, andere lernten von ihr. Kein Kind wurde durch ihre Anwesenheit in seiner Entwicklung gestört oder gar gehemmt – im Gegenteil, man zog sich gegenseitig voran.[1]

Laura wusste, dass sie nicht ganz gesund ist. Die vielen Therapien und Arztbesuche zeigten ihr das, auch wenn ihre Eltern mit ihr nicht viel darüber sprachen. Laura meisterte die Untersuchungen ruhig und geduldig. Der erste Riss entstand, als sie sechs Jahre alt war. Ein fremder Amtsarzt machte mit ihr die Einschulungstests. Er veranlasste ein Feststellungsverfahren.[2] Die Mutter war perplex: »Meine Tochter hat doch alles gewusst. Es ist doch bekannt, dass sie langsamer als andere ist.« Das Feststellungsverfahren wurde von Sandra Liebig, einer Sonderpädagogin, durchgeführt. Sie prüfte, ob und wo das Kind besondere Förderung braucht. Sie berichtete mir damals, wie sie vorgeht: »Für ein solches Feststellungsverfahren habe ich zwei Termine, insgesamt ungefähr drei Stunden. Das ist wenig Zeit, um mich mit dem Kind zu beschäftigen und herauszufinden, welche Wahrnehmungs- oder Lernbereiche betroffen sind.«

Die Untersuchung ergab, dass Lauras Gedächtnis- und Kommunikationsleistung eingeschränkt ist. Sie lernt langsamer als andere Kinder, kann sich schlecht Worte merken. Es fällt ihr schwer, Beziehungen zu anderen Menschen aufzubauen. »Was heißt das?«, fragte die Mutter. »Wir wissen es nicht genau«, antworteten der Arzt und Sandra Liebig. »Die Diagnostik in diesem Bereich ist noch immer ungenau. Das wird später nicht besser. Eine riesige Grauzone, noch immer. Wir empfehlen, Laura ein Jahr länger im Kindergarten zu lassen. Das kann helfen, und dann sehen wir weiter.«[3]

Als ich davon erfuhr, bat ich Lauras Eltern, noch einmal mit Frau Liebig reden zu dürfen. Ich wollte sie nach Lauras Möglichkeiten fragen. Die Eltern stimmten zu. Sandra Liebig bestätigte mir: »Wir wissen es wirklich nicht. Ich gehe allerdings davon aus, dass Laura ein Grenzfall zwischen Lernschwäche und geistiger Behinderung ist. Natürlich gibt es da Normwerte, aber die sind ja auch nur gesetzt. Die Schulauswahl wird wichtig. Laura könnte in eine Förderschule für Kinder mit Lernschwäche gehen. Wenn aber eine geistige Behinderung diagnostiziert wird, stehen Laura mehr Hilfen zu. Und sie könnte dann eine Schule für geistig Behinderte besuchen.«

Mich interessierte, worin denn genau der Unterschied zwischen diesen Schulen bestehen würde, und fragte nach: »Ich habe in beiden Schulformen gearbeitet«, antwortete Frau Liebig. »Die Schulen für geistig Behinderte haben einen völlig anderen Ansatz. Es geht nicht in erster Linie darum, Lesen, Schreiben und Rechnen zu lernen. Lebenspraktische Kompetenzen stehen im Vordergrund. Und jeder kann so gefördert werden, wie er es braucht. In der Lernbehindertenschule wird das schwieriger. Man wird angehalten, individuell zu fördern, aber gleichzeitig muss man den Kindern den Stoff beibringen, damit sie nach der zehnten Klasse einen Abschluss schaffen. Es gibt Noten, es gibt die klassischen Schulfächer.«[4]

Laura wurde also zurückgestellt. Sie kam im Kindergarten in eine neue Gruppe mit neuen Erzieherinnen. Vertraute Menschen gingen verloren. Alex, Erkan und Jenny, die alten Kumpels, waren jetzt weg, Schulkinder. Wenn ich die vier Kinder einlud, war nichts mehr wie zuvor. Laura sprach noch weniger und war bedrückt. Sie suchte die Schuld bei sich.

Ein Jahr später wurde auch Laura eingeschult. Ihre Eltern hatten sich für eine Modellschule entschieden. Eine Grundschule mit neu eingerichteten Plätzen für Integrationskinder. Damals eine der ersten in diesem Bundesland.[5] Laura gehörte zum ersten Jahrgang. Das pädagogische Konzept stand, die Lehrpläne waren geschrieben, gute Sonderpädagogen wurden eingestellt. Auf die Eltern machte die Schule einen hervorragenden Eindruck. Doch sie wurden enttäuscht. War in der Kita die Lernbehinderung selbstverständlich offenbart und mit den anderen Kindern, Eltern und Erzieherinnen besprochen, geteilt und gelebt worden, so wurde Laura nun an den Rand gedrängt. Ja, die Lehrkräfte waren engagiert und gut ausgebildet, die nötigen Lehrmittel waren verfügbar, die Handreichungen und Beratungsangebote für Lauras Eltern waren vorhanden. Laura bekam einen Schulbegleiter, das haben in ihrer Lage nicht alle. Doch Lauras Eltern sahen sich nun gegenüber den Mitschülern und ihren Eltern einem hohen Rechtfertigungsdruck ausgesetzt. »Bist du das Integrationskind?«, wurde Laura oft gefragt. Alle Kinder wussten, dass sie in eine Integrationsschule gehen. Da man aber die Kinder in der Klasse nicht vorstellte, begann ein wildes Rätselraten. Holte die Mutter Laura von der Schule ab, rannten Kinder oft auf sie zu und riefen: »Ist die Laura behindert?«

Ich sprach in dieser Zeit viel mit Lauras Mutter, sie war eine Nachbarin und ging mit mir ab und zu schwimmen. Lauras Mutter hatte das Gefühl, dass sie und ihre Tochter an dieser Integrationsschule nicht dazugehörten.»Laura ist das einzige Integrationskind. Bei den anderen angemeldeten Integrationskindern haben die Eltern ihre Anträge kurzfristig zurückgezogen, da sie überraschend in die Schule ihrer Wahl gekommen sind. Das hebt Laura irgendwie heraus. Außerdem ist das pädagogische Konzept noch viel zu wenig verwurzelt. Lehrer und Lehrplan allein genügen doch nicht. Die Kinder und ihre Eltern werden nicht an die Hand genommen. Denen wurde nichts erklärt.« Ich wusste, was sie meinte. Noch immer geht man scheu mit Beeinträchtigungen um, legt in guter Absicht verschämt den Mantel über Gleich und Ungleich. Das förderte Lauras Ausgrenzung. Schließlich, so schwer es für sie auch war, gestand Lauras Mutter:»Ich muss dir sagen, ich packe das nicht. Es ist mir einfach zu viel.«

Ich konnte sie gut verstehen. Mir war damals schon die Verkäuferin in der Bäckerei zu viel gewesen. In Deutschland versuchen wir immer, alles säuberlich zu trennen. Seit Jahrhunderten sind wir davon überzeugt, dass Lerngruppen große Fortschritte erzielen, wenn sich die Mitglieder der Gruppe möglichst ähneln. Wolfgang Edelstein schreibt, dass in Deutschland inklusives Lernen und eine Pädagogik der Vielfalt nachgerade »systemfremd« sind.[6] Hans Wocken fand in einem Artikel »Über Widersacher der Inklusion und ihre Gegenreden« dafür ein mehrere Jahrhunderte altes Beispiel, die »Württembergische Schulordnung« aus dem Jahr 1559. Darin heißt es: »So dann der Schulmeister die Schulkinder mit Nutz lehren will, so soll er sie in drei Häuflein einteilen. Das eine, darinnen diejenigen gesetzet, die erst anfangen zu buchstabieren. Das andere die, die anfangen, die Syllaben zusammenzuschlagen. Das Dritte, welche anfangen zu lesen und zu schreiben. Desgleichen solle er in jedem Häuflein besondere Rotten machen, darin diejenigen so einander in jedem Häuflein an gleichen sind zusammensetzen. Dadurch wird dem

Schulmeister die Arbeit geringer.«[7] Der Abschied von den »Rotten« ist nicht einfach. Unser dreigliedriges Schulsystem baut darauf ebenso wie die Trennung in Sonderschulen. Werner Sacher spricht hier von der »deutschen Homogenitätsillusion«.[8]

Laura fühlte sich anfangs wohl in ihrer Klasse und ging gern in diese Schule. Sie wurde gefördert und war nur gelegentlich durch das Verhalten anderer Kinder überfordert, die es aber nicht besser wussten. Ihre Eltern waren nach wie vor überzeugt von dem Schulkonzept, aber der permanente Rechtfertigungsdruck zermürbte sie mit der Zeit. Darunter litt Lauras Mutter. Sie war nicht wehleidig, stand aber nicht über der Sache. So reifte die Entscheidung, Laura ab der zweiten Klasse auf die nahe gelegene Schule für Lernbehinderte zu geben.

Die Förderschule schien unter den gegebenen Bedingungen richtig zu sein. Hier wurden die gleichen Kernfächer unterrichtet, jedoch auf niedrigerem Anspruchsniveau. Der Druck auf die Eltern, Lauras Lernbehinderung zu erklären und sich zu rechtfertigen, verschwand. In der neuen Schule ließen die anderen Kinder Laura in Ruhe. Ob es ihr in der Klasse gefiel, erfuhr ich allerdings nicht, denn Laura sprach eigentlich nie über sich. Doch sie ging nachmittags gern in den Hort. Sie lernte dort Schwimmen und Fahrradfahren ohne Stützräder. Stolz zeigte sie mir ihr neues Können. Ihre Feinmotorik hatte sich deutlich verbessert.

Nach der sechsten Klasse war Laura zu alt für den Hort, dieses Ganztagsangebot steht nur Kindern der ersten bis sechsten Klasse zur Verfügung. Da beide Eltern erwerbstätig sind, verbrachte Laura ihre freien Nachmittage meist allein zu Hause, sie schaute sich Filme im Fernsehen an, manchmal malte sie auch. Sie hatte in der Schule keine Freunde, wurde von Mitschülern meist nicht beachtet, wohl auch weil sie in ihrem Wesen so nach innen gekehrt war.

Lauras Eltern suchten verzweifelt nach Auswegen, wussten aber gar nicht, wo sie mit ihrer Suche beginnen sollten. Welche der vielen Anlaufstellen und Einrichtungen war die richtige? Es fehlten Transparenz, Informationen und Aufklärung. Sie konnten sich auch nicht mit anderen Eltern von Kindern in der Förderschule beraten. Die Netzwerke fehlten. Man kannte sich untereinander nicht, und zu den Elternabenden kamen nur wenige.

Lauras Mutter blieb am Ball, recherchierte im Internet, rief bei verschiedenen Beratungsstellen an, ging zum Jugendamt. Dort erklärte man ihr, dass sie für Laura eine Einzelfallhelferin beantragen kann. Das war ein kleiner Hoffnungsschimmer. Denn an zwei Nachmittagen in der Woche holte nun eine Einzelfallhelferin Laura vom Fernseher weg. Sie gingen zusammen schwimmen, besuchten einen Malkurs mit anderen Kindern. Unterwegs studierten sie den Fahrplan der Straßenbahn, damit Laura ihn lesen lernte. In »Hilfekonferenzen« berieten Schule, Jugendamt und Ärzte nun Lauras Gesamtsituation. »Sie ist ein pflegeleichtes Kind, und man muss aufpassen, dass sie nicht zurückbleibt, sondern mitgenommen wird, da sie ihre Befindlichkeiten meist nicht äußert«, warnte ihre Einzelfallhelferin.

2011 wurde Laura in die zehnte Klasse der Förderschule versetzt. Nun stand die Frage im Raum, wie es mit ihr nach der Schule weitergehen soll. Die Einzelfallhelferin schlug vor, den Test auf geistige Behinderung zu wiederholen. Lauras Eltern waren unsicher. »Im Förderbereich für geistige Behinderungen gibt es bessere Möglichkeiten. Laura würde von den Ämtern beruflich ganz anders unterstützt und aufgefangen, vielleicht würde sie einen Platz in einer Behindertenwerkstatt bekommen«, hoffte die Mutter. »Das würde aber zu weiterer Stigmatisierung und noch mehr Isolation führen. Sie hätte zwar mehr Sicherheit, wurde sich aber auch noch weiter aus der Normalität zurückziehen. Und wahrscheinlich wäre sie tief verletzt«, gab der Vater zu bedenken. Laura selbst blieb still.

Zum wiederholten Male befand sich die Familie in einer Zwickmühle, die als »Etikettierungs-Ressourcen-Dilemma« in die Literatur eingegangen ist.[9] Justin Powell und Lisa Pfahl, zwei Kenner der Sonderpädagogik, umschreiben es so: »Das Klassifizieren von Schülern und Schülerinnen [stellt] den Mechanismus dar, an den die Vergabe von Ressourcen und die Gewährung von Rechten in Bildungseinrichtungen geknüpft ist. […] Mit der Klassifizierung eines sonderpädagogischen Förderbedarfs geht deshalb regelmäßig eine Stigmatisierung und Segregierung der Bedürftigen einher.«[10]

Wegen Lauras unklarer beruflicher Perspektive stimmte der Vater dem Test schließlich zu. Seine Tochter brauchte Sicherheit, die Familie suchte Gewissheit. Wie bereits viele Jahre zuvor, als sie erstmals getestet worden war, blieb Laura knapp über der Grenze zur geistigen Behinderung. Sie ist lernbehindert, aber nicht geistig behindert. Und es gab Hinweise, dass sie durchaus noch Potenziale hatte, besser Rechnen und Schreiben zu lernen. »Ihre Ressourcen im Lernbereich sind bis heute nicht ausgeschöpft«, da war sich ihre Lehrerin sicher.

Laura beendete die Schule nach der zehnten Klasse mit Noten zwischen Drei und Vier, also ohne qualifizierenden Hauptschulabschluss. Das ist typisch für Jugendliche auf Förderschulen. Drei Viertel der jährlichen Sonderschulabgängerinnen und -abgänger erwerben keinen qualifizierenden Schulabschluss.[11] Auf dem freien Arbeitsmarkt hatte Laura damit keine Chance. Sie würde keinen Ausbildungsplatz finden. Auch das ist typisch. Mehr als jeder zweite dieser Jugendlichen wechselt nach der Sonderschule in eine Maßnahme des Übergangssystems.[12] Lauras Eltern waren ratlos, machten sich große Sorgen. Wie sollten sie aus dieser ausweglos erscheinenden Situation herausfinden? An wen konnten sie sich wenden?

Eher zufällig – durch den Tipp einer Sozialarbeiterin vom Jugendamt – erfuhren die Eltern von einer Berufsschule. Dort werden Jugendliche mit betrieblichem Ausbildungsplatz unterrichtet, aber auch Jugendliche, die nach der zehnten Klasse leer ausgegangen sind und nun eine »Schnupperlehre« machen. Die Eltern schauten sich zusammen mit ihrer Tochter die Schule an einem »Tag der offenen Tür« an. Laura gefiel es dort. Die Eltern stellten den Antrag, und Laura wurde angenommen.

Laura besuchte normalen und praktischen Unterricht in verschiedenen Berufsfeldern. Sie wurde zusätzlich von der Arbeitsagentur betreut und regelmäßig zu einer Lagebesprechung eingeladen. Ihre Einzelfallhelferin begleitete sie zu diesen Terminen. Obwohl Laura inzwischen siebzehn Jahre alt war, konnte sie noch nicht für sich sprechen. »Laura hat noch keine richtige Vorstellung, wie ihr Berufsleben aussehen oder ihr Leben überhaupt verlaufen könnte. Insgesamt muss bei ihr das Selbstwertgefühl gestärkt werden«, erklärte die Einzelfallhelferin und ergänzte: »Für eine Behindertenwerkstatt hat Laura zu viele Fähigkeiten. Sie kann das alleine schaffen, braucht dafür aber mehr Zeit.«

Zum Lehrplan der Schule gehören Praktika in verschiedenen Berufsbereichen. Laura arbeitete in einer Zoohandlung, in einem Schreibwarenladen, in einem Seniorenheim und in einer Kita. Dort kümmerte sie sich um die Verpflegung der Kinder, betreute sie in der Mittagsruhe, half ihnen beim Anziehen. Die Kinder mochten Laura. Sie fühlte sich wohl mit ihnen und hätte gern länger dort gearbeitet. Doch die Arbeitsagentur wehrte ab: »Nein, als Erzieherin wäre Laura überfordert. Das schafft sie nicht alleine. Bei der Kinderbetreuung war immer eine Erzieherin dabei. Im Schriftlichen tut sie sich schwer. Praktikumsberichte kann man ihr nur in Form von Stichworten abverlangen. Aber sie konnte in einer überschaubaren Kita gut im hauswirtschaftlichen Bereich arbeiten.«

Laura könnte auf diesem Gebiet einen Beruf lernen, eigenes Geld verdienen, sich unabhängig versorgen. Laura begann, diese Entwicklungsperspektive anzunehmen.

Die Eltern überlegten: Laura müsste nun Bewerbungen um einen Ausbildungsplatz schreiben. Doch schnell wurde allen klar: Das schaffte Laura noch nicht. Ein Bewerbungsgespräch würde sie überfordern, wahrscheinlich würde sie sich kaum äußern. Laura brauchte mehr Zeit. Der Berater von der Arbeitsagentur empfahl, dass Laura nach der Berufsschulzeit ein berufspraktisches Jahr beginnt.

Die Eltern folgten dem Rat. Sie fanden für Laura einen Platz für ein zweites hauswirtschaftliches Praktikum. Dort wird Laura in der Küche einer großen Kita arbeiten, wichtige Erfahrungen sammeln und lernen, den Kontakt zu Kollegen aufzubauen. Vielleicht kann sie sogar eine Ausbildung zur Fachpraktikerin für Hauswirtschaft[13] anschließen, die von privaten Bildungsträgern angeboten wird und drei Jahre dauert. »Laura wird schon ihren Weg machen, da bin ich zuversichtlich. Es braucht eben Zeit, um ihre Entwicklungsverzögerung auszugleichen«, erklärt mir ihre Einzelfallhelferin. Als Fachpraktikerin für Hauswirtschaft wäre die materielle Situation von Laura zwar bescheiden. Doch sie hätte viel geschafft. Und sie hätte eine Alternative zur »Behindertenwerkstatt«, welch bedrückende Bezeichnung. Den Therapeuten ist das wichtig. »Die Entscheidung für die Behindertenwerkstätten ist zwar nicht unabänderlich, aber doch meistens endgültig«, sagen sie. »Und das wäre dann ein ganz anderes Leben.«[14]

Lauras Geschichte steht für viele Jugendliche mit sonderpädagogischem Förderbedarf, doch bei Weitem nicht für alle. Lauras Eltern kümmern sich, informieren sich, können ihre Tochter unterstützen. Doch das Wichtigste ist: Sie haben einen langen Atem und geben Laura viel Zeit. Die Förderschule, die sie für ihre Tochter gewählt hatten, war gut geführt und lag abseits sozialer Brennpunkte, in denen sich ein Schulleben abspielt, das man nicht gerne sieht. Sie erreichten, dass ihre Tochter bekommt, was ihr zusteht: eine Schulbegleiterin. Sie suchten und fanden Wege im Dschungel der außerbetrieblichen beruflichen Bildung. Wenn alles gut läuft, wird Laura einmal ein selbstständiges Leben führen können.

Kein anderes europäisches Land verzeichnet eine so niedrige Integrationsrate wie Deutschland.[15] Im Schuljahr 2009/10 zählte man in der ersten bis zehnten Jahrgangsstufe insgesamt 7,8 Millionen Schülerinnen und Schüler. Darunter fanden sich fast ein halbe Million Kinder und Jugendliche mit sonderpädagogischem Förderbedarf. Das entspricht einer Förderquote von etwa 6 Prozent, Tendenz steigend. Im internationalen Vergleich liegt Deutschland damit in der Spitzengruppe der europäischen Länder. Von allen Schülern mit sonderpädagogischem Förderbedarf werden 80 Prozent separat an Sonderschulen unterrichtet. Bezogen auf alle Schüler der Klassen eins bis zehn sind das 5 Prozent (Exklusionsquote). 20 Prozent der Schüler mit Behinderungen werden inklusiv beschult, also etwas über 1 Prozent aller Schüler. Einen so geringen Anteil sonderpädagogisch geförderter Menschen leistet sich kein anderes europäisches Land.[16]

Dies soll und muss sich jetzt ändern. Während Laura heranwuchs, veränderte sich in der Rechtsprechung viel zugunsten von Menschen mit sonderpädagogischem Förderbedarf. Das Grundgesetz der Bundesrepublik Deutschland wurde 1994 ergänzt, in Artikel 3 heißt es nun: »Niemand darf wegen seiner Behinderung benachteiligt werden.« Im Bundesgleichstellungsgesetz von 2002 wurde festgeschrieben, dass Diskriminierungen von Menschen mit Behinderungen zu beseitigen sind und ihre gleichberechtigte Teilhabe am Leben in der Gesellschaft zu gewährleisten ist.[17]

Seit dem 26. März 2009 gilt zudem die wegweisende UN-Konvention über die Rechte von Menschen mit Behinderungen. »Nach Abschluss der nur vier Jahre dauernden internationalen Vorbereitung nahm die Generalversammlung der Vereinten Nationen die Konvention im Dezember 2006 an. International ist sie bereits seit 2007 als völkerrechtliches Vertragswerk in Kraft.«[18] Die Behindertenrechtskonvention (BRK) »stellt den vorläufigen Abschluss der schrittweisen Anerkennung des Rechts auf inklusive Bildung für Menschen mit Behinderung dar. Sonderschulen werden durch Art. 24 BRK zwar nicht kategorisch verboten, die systematische Aussonderung behinderter Personen aus dem allgemeinen Bildungssystem stellt allerdings eine Vertragsverletzung dar.«[19] Alle Bereiche der Bildungssysteme sollen inklusiv umgestaltet werden. »Inklusiv heißt: Alle Lernenden werden gemeinsam unterrichtet.«[20]

Das Konzept der Inklusion soll das der Integration ablösen. Was ist der Unterschied? »Integration« bedeutet, dass bei einem Schüler ein sonderpädagogischer Förderbedarf festgestellt wird, er also aus einer gesetzten Norm herausfällt. Dieser Schüler wird dann in die Regelschule eingegliedert. »Inklusion« dagegen heißt, dass sich die Schule an die verschiedenen Bedürfnisse aller Schüler anpasst. Diese Schulen bewerten die vorhandene Vielfalt positiv und bauen sie in ihr Lehrkonzept ein. So führt eine Umstellung auf eine inklusive Schule dazu, dass die Lernchancen für alle Schüler in ihrer Vielfalt verbessert werden.[21] Die Behindertenrechtskonvention geht weit über den Bildungsbereich hinaus. »Propagiert wurde ein Normalisierungsverständnis, demzufolge die Lebens-, Wohn- und Konsumformen in der Gesellschaft so zu verändern sind, dass sie Menschen mit und ohne Behinderungen gleichermaßen in Anspruch nehmen können.«[22]

In der Behindertenrechtskonvention wird auf die normative Sicht eines Menschenrechts abgestellt. Sie unterstellt nicht, dass sich die *kognitiven* Leistungen von Menschen mit Behinderungen in Sonderschulen nicht entwickeln. Sie will auch nicht die Arbeit von Sonder- und Förderschulen brandmarken. Doch wir brauchen sonderpädagogische Kompetenz und keine Sonderbeschulung, schon gar nicht mit einer festen Schulzugehörigkeit.

In der Behindertenrechtskonvention wird ausgeführt, dass Menschen mit und ohne Behinderungen das Recht haben, zusammen aufzuwachsen, zu lernen und zu arbeiten. Und sie erklärt, dass dieses Zusammensein nicht auf Kosten der kognitiven, emotionalen und sozialen Kompetenzen der Menschen mit und ohne Behinderungen geht, sondern alle durch diese Vielfalt gewinnen.[23] Ein Kompetenzzuwachs durch Diversität ist in der Bildungsforschung mittlerweile gut belegt. Lernschwäche ist bisher vergleichsweise wenig erforscht.[24] Die Forschungssituation hat sich jedoch wesentlich verbessert, nachdem das *Nationale Bildungspanel* (NEPS) eingerichtet wurde. Es gestattet, die Kompetenzentwicklung und die Lebensverläufe von Schülerinnen und Schülern mit sonderpädagogischem Förderbedarf an Sonderschulen und in integrierten Settings an allgemeinen Schulen zu untersuchen. Für die Klassenstufen fünf und neun wurde bereits eine Aufstockung von Schülerinnen und Schülern der Sonderschulen mit dem Förderschwerpunkt Lernen realisiert (Klassenstufe drei ist geplant). Zudem wird derzeit eine Machbarkeitsstudie durchgeführt. Es wird geprüft, ob und wie auch Integrationsschüler mit Förderschwerpunkt Lernen in einer zusätzlichen Stichprobe erfasst werden können. Darüber hinaus widmet sich eine weitere Machbarkeitsstudie der Frage, ob und wie Kompetenzen von Schülern mit Förderschwerpunkt Lernen überhaupt gemessen werden können.

Vorhandene Längsschnittstudien über Norwegen, die Schweiz und die USA stimmen überein, dass erst das gemeinsame Lernen den Jugendlichen ermöglicht, ihre eigene Stellung in Beziehung zu anderen zu verstehen und sich ihrer Stellung in der Gruppe bewusst zu werden.[25] Durch das gemeinsame Lernen in inklusiven Schulen erkennen und anerkennen Schülerinnen und Schüler ihre Unterschiede. Dies wiederum eröffnet Optionen der Teilhabe.

Schauen wir auf einige Ergebnisse dieser Studien. Auf Grundlage der Daten aus dem US-Department of Education stellt Spencer J. Salend fest, dass »Schülerinnen mit Behinderungen, (...) die häufiger am inklusiven Gesamtunterricht teilnehmen, mit größerer Wahrscheinlichkeit (a) den Übergang in eine höhere Bildungseinrichtung (...) schafften, nach der Schule (b) eine Anstellung mit angemessener Bezahlung fanden, (c) selbstständig leben konnten, (d) in ihrer Gemeinde sozial integriert und (e) verlobt oder verheiratet waren.«[26] Dominicq Riedo wies für die Schweiz nach, dass eine »Integration während der Schulzeit einen positiven Effekt auf das Anspruchsniveau der Berufssituation mehrere Jahre nach Schulabschluss hat – ja sogar auf die Stabilität der privaten Beziehungen.« Auch wirkt sich »das Verbleiben in der Regelklasse längerfristig positiv auf die Einschätzung der eigenen Fähigkeiten aus.« Umgekehrt führt »die Aussonderung zu Selbstdequalifizierungsprozessen und sie trauen sich weniger zu«. Der Autor schließt: »Angesichts der gewonnenen Erkenntnisse muss (zumindest für die sog. ›lernbehinderten‹ Kinder) eine konsequente Integration bis ans Ende der obligatorischen Schulzeit gefordert werden.«[27]

Normative Ansätze und empirische Befunde kommen also zu demselben Ergebnis: Wir müssen handeln. Die Umstellung von Sonderschulen auf inklusive Schulen ist jedoch eine riesige gesellschaftliche Herausforderung. Sie muss konzeptionell vorbereitet und konsequent ausfinanziert werden. Entsprechende Unterrichtsformen müssen vorher entwickelt sein.[28] Die Lehrerinnen und Lehrer müssen entsprechend ihrer neuen Aufgaben aus- und weitergebildet werden. Die gesamte Gesellschaft, Lehrerinnen und Lehrer, Schülerinnen, Schüler und Eltern sind in diesem Prozess mitzunehmen. Die Veränderung ist nicht nur eine der Schulstruktur, sie steht für einen kulturellen Umbruch. Er ist längst überfällig. Gerade deshalb darf er nicht überstürzt werden. Bei der Einführung von G8 und anderen Programmen haben wir mit unvorbereiteten Reformen keine guten Erfahrungen gemacht. Wir müssen schnell und überlegt zugleich handeln.

Als ich Laura und ihre Eltern vor Kurzem wieder einmal besuchte, sprachen wir auch über Sandra Liebig, die Sonderpädagogin. Vor vielen Jahren hatte sie uns beeindruckt und Laura sehr geholfen. Mich interessieren die Erfahrungen einer Sonderpädagogin, die seit vielen Jahren an einer Förderschule mit wachem Verstand für die Kinder arbeitet. Lauras Mutter hatte noch die Adresse. Ich rief Frau Liebig an, und wir trafen uns in einem Café. Gleich zu Beginn sagte sie: »Unterschätzen Sie nicht, dass es viele ganz unterschiedliche Förderschulen gibt. Lauras Erfahrungen können Sie nicht verallgemeinern. Sie hat Eltern, die sich rund um die Uhr kümmern und ihr zustehende Hilfe aktiv einfordern. Meine Förderschule liegt in einem sozialen Brennpunkt, da geht es anders zu als in Lauras Schule. Die Kinder kommen aus sozial schwachen Familien, sie haben viel weniger Hilfe, die Eltern sehe ich so gut wie nie.«

Was sie dann aus ihrer täglichen Praxis erzählte, öffnete mir die Augen. Umso mehr, als Frau Liebig eine offene, ja fröhliche Frau ist. Sie ist nicht ausgelaugt oder verbittert, sie ist nicht hämisch oder sarkastisch. Sie ist eine Sonderpädagogin mit mittlerweile fünfzehn Jahren Berufserfahrung, die ihre Arbeit liebt. »Wenn man kein Herz für diese Klientel hat, dann kann man dort nicht arbeiten. Ich kann nicht sagen wieso, aber ich mag diese Kinder halt. Vielleicht kann ich ihnen ein bisschen mitgeben und ihnen die Schule erleichtern.« Frau Liebig ist keine Lehrerin, die den Status quo verteidigt, weil sie Veränderungen fürchtet, oder sich aus Prinzip gegen die Idee der Inklusion stellt. Im Gegenteil. »Aus tiefstem Herzen bin ich eine Verfechterin der Inklusion. Ich finde es ein tolles Konzept.« Ihre Erfahrung, ihre Authentizität und ihre Aufgeschlossenheit machen ihre Worte so wichtig. Sie sind ein doppeltes Ausrufezeichen: gegen den Umsetzungseifer und gegen die Trägheit unserer Tage.

Es geht mir um drei Botschaften: Wir müssen Lehrer ausbilden. Wir müssen mehr tun, um alle Schüler früh mitzunehmen. Wir müssen das Konzept der inklusiven Bildung ausreichend finanzieren und dürfen es nicht als riesige Sparmaßnahme betrachten.

Inklusive Bildung muss pädagogisch und didaktisch vorbereitet werden. Man kann nicht einfach annehmen, dass fachlich ausgebildete Lehrerinnen und Lehrer die Fähigkeit und Fertigkeit haben, mit großen Unterschieden in der Wahrnehmungs- und Leistungsfähigkeit ihrer Schülerinnen und Schüler umzugehen. Eine solche Ausbildung wird momentan in Deutschland nicht flächendeckend angeboten.[29] Hierzu sagt Frau Liebig: »Die Studierenden des Lehramts für Grundschulen haben während ihres Studiums überhaupt nichts mit Inklusion und heterogenen Lerngruppen zu tun. Die treffen völlig unvorbereitet auf die Vielfalt der Kinder in den Schulen.« Dann malt sie mir überzeugend aus, dass eine Menge schieflaufen wird, insbesondere da die meisten Kinder keine Eltern wie Laura haben: »Die haben Eltern, die gar nicht richtig wissen, wie das läuft und wie das ist, und die keinen Ärger haben wollen.« Da die Schüler nun aber weder Lehrer noch Eltern haben, die sich kümmern, werden sie irgendwann ohne Abschluss die Schule verlassen: »Sie werden einfach nicht mehr kommen, weil sich keiner interessiert. Ohne andere Schulkonzepte verbessert sich nichts. Ich finde das gruselig.« Ich gebe Frau Liebig recht. Zu ergänzen ist nur, dass wir es uns nicht leisten können, auf diese neuen Lehrer zu warten. Sie werden schon jetzt gebraucht. Deshalb müssen wir eine Weiterbildungsoffensive starten, welche die jetzige Lehrergeneration parallel zu ihrer Lehrtätigkeit mit den erprobten Konzepten und Tools inklusiver Bildung vertraut macht.

Wir dürfen auch nicht vergessen, dass die Diskussion über inklusive Schulen versteckt, was an unseren Regelschulen im Argen liegt. Oft kommen Schülerinnen und Schüler in Förderschulen, weil man sie in der allgemeinen Schule nicht mehr will. Wir müssen ansetzen, wenn die Kinder ganz klein sind, und sie in ihrer Sprachkompetenz und allgemeinen Entwicklung unterstützen. An dieser kritischen Stelle des Lebensverlaufs müssen wir viel mehr Geld investieren, insbesondere in sozial schwierigen Stadtteilen. Aber auch hier müssen wir viel stärker die Eltern mit einbeziehen. Wir müssen ihnen vermitteln, wie Kinder gefördert werden können. Um nochmals Frau Liebig zu zitieren: »Viele Eltern haben überhaupt keine Idee von Kindheit, die wissen gar nicht, was sie mit ihren Kindern spielen könnten. Oder was Kinder schon können müssten, wenn sie in die Schule kommen. Für viele Eltern ist das weit weg, sie sind selber so groß geworden.« Auch das ist richtig. Wir werden das bei Jenny deutlich sehen.

Inklusive Schulen kosten Geld. Und das System wird noch teurer, wenn wir uns Doppelstrukturen leisten und inklusive Schulen neben Förderschulen setzen.[30] »Zwei, drei Stunden in der Woche reichen nicht für eine erfolgreiche sonderpädagogische Förderung. Auch die Klassen müssen kleiner sein. Kinder mit sonderpädagogischem Förderbedarf lernen besser in kleinen Gruppen. Die Klassen müssen konsequent doppelt besetzt sein, mit einer Grundschullehrerin und einer Sonderpädagogin. Wir sprechen da von ›doppelt gesteckt‹. Der Sonderpädagoge muss genauso zur Klasse gehören wie der Klassenlehrer. Man muss schauen, was die Kinder brauchen. Ein Kind mit einer körperlichen Behinderung benötigt eine bestimmte räumliche oder technische Ausstattung. Bei geistig behinderten Kindern müssen ganz andere Schwerpunkte gesetzt werden, viele lebenspraktische Sachen. Solche Kinder müssen oft erst lernen, wie sie sich ein Brot schmieren oder wie sie den Schuh zubinden, und nicht, wie sie ihren

Namen schreiben. Das ist natürlich im klassischen Schulalltag schwer unterzubringen, wenn man alleine in einer Klasse ist oder eben nur ein paar Stunden für jemanden hat. Ich würde es allen Schülern wünschen, dass sie in eine allgemeine Schule gehen können. Aber die jetzigen Bedingungen reichen dafür nicht aus. Ich kann die Kinder da nicht zwangsweise reinstopfen. Das wird nicht funktionieren. Es wird vor allen Dingen nicht funktionieren, wenn es als Sparmaßnahme genutzt wird.« Frau Liebig hebt die Stimme und empört sich. Es macht sie wütend, dass viele, die von Inklusion reden, für ihre eigenen Kinder niemals die Schulen wählen würden, die sie da aus dem Boden stampfen. Da brauche man sich nur die Umzugsraten anzugucken, wenn die Kinder schulpflichtig werden.

Laura ging nur kurz auf die Integrationsschule. Ihre Eltern kamen mit der Sonderstellung nicht zurecht und entschieden sich nach einem Jahr trotz der guten Ausstattung und eines überzeugenden Konzepts gegen diese Schule. Das Beispiel von Laura zeigt, wie wichtig eine gelingende Umsetzung ist. Laura hat Eltern, die immer ihren Takt hörten, sich nach ihr richteten und sie einbezogen. Nicht alle Kinder haben eine solche Familie. Niemand kann sagen, wie sich Laura in einer inklusiven Schule entwickelt hätte. Vielleicht wäre sie heute etwas kommunikativer, vielleicht hätte sie Freunde. Vielleicht hätte sie sich bei den Praktika einfacher eingewöhnt oder ihre Bewerbungen leichter geschrieben. Allerdings nur, wenn sie die gleiche Unterstützung bekommen hätte.

Wer steht für den Kulturbruch? Wo bleiben die Aktionspläne der Kultusminister, die Finanzierungszusagen, die flächendeckende Novellierung der Schulgesetze gemäß der Behindertenrechtskonvention? Wo bleiben Zielperspektiven und Unterrichtsvorgaben? Wo bleiben die Reform der Lehrerbildung und die Einrichtung von Beratungsstellen, um das Dickicht der vielen Verordnungen etwas zu lichten? Wo bleiben die nötigen Schnittstellen zur Frühpädagogik und die ressortübergreifenden Arbeiten zu einem inklusiven ganzen Leben?[31] Die Behindertenrechtskonvention als internationaler Rechtsrahmen allein wird nicht ausreichen, auf ihre Umsetzung vor Ort kommt es an. Papier ist geduldig, wir dürfen es nicht sein. Und sind es auch nicht.

KAPITEL 8

Jenny trägt die rote Laterne
Ohne verwertbaren Abschluss in die Welt

Die Eltern von Alex sind meine Freunde. Alle Geburtstage feiern wir zusammen. Wir sprechen die gleiche Sprache. Lauras Mutter kenne ich gut. Wir unternehmen ab und zu etwas. Doch Laura benötigt viel ihrer Zeit. Erkans Familie lädt mich immer zu ihren großen Festen ein. Leider schaffe ich es nur selten, ihr herzliches Willkommen zu genießen. Mit Jennys Familie habe ich keinen Kontakt. Ihre Mutter traf ich in Jennys Kindergartenzeit das letzte Mal. Jennys Vater lernte ich erst kürzlich kennen. Vor einigen Wochen ging Jenny zum Jugendamt und ließ ihrem Vater ausrichten, sie wolle ihn treffen. Zum ersten Mal in beider Leben. Er rief sie gern und sehr aufgeregt an.

Jenny wohnt weit draußen. Ich musste die Straßenbahn nehmen, um sie in ihrem Stadtteil zu treffen. Häufig kam das nicht vor, meist verabredeten wir uns in der Eisdiele oder bei Alex. Jenny wollte nicht, dass ich zu ihr nach Hause komme. Und ich merkte an mir und den anderen Kindern, dass uns vor allem die Neugierde trieb, sie in ihrem Stadtteil zu besuchen. Schon die Straßenbahnfahrt war etwas schwierig. Mit jeder Station hin zu den Hochhäusern am Rande der Stadt füllte sich die Bahn mit Menschen, deren Auftreten mir ungewohnt war. Die sozialen Schranken erschienen mir viel höher als die kulturellen und sprachlichen Unterschiede, auf die ich in Erkans Viertel traf.

Das lag auch an den unterschiedlichen Erfahrungen, Kulturen und Voreinstellungen. Erkans Familie ist stolz. Sie hat einen wunderbar großen Verwandten- und Freundeskreis. Es wird hart gearbeitet, Feste werden kräftig gefeiert. Ausländer waren in Deutschland früher Gastarbeiter. Menschen, die zum Arbeiten kamen, bis wir irgendwann Angst bekamen, dass sie uns die Arbeit wegnehmen. Die Bewohner der Sozialhilfeviertel aber sind nicht nur arm, sie stehen unter dem Verdacht, zu schmarotzen, faul und träge zu sein. Dieser Argwohn prägt die Menschen. Sie ziehen sich zurück. Viele sind einsam, obgleich sie dicht gedrängt beieinander leben. Andere werden laut und viel zu direkt. Sie werden so in die Ecke getrieben, dass ihnen wenige Möglichkeiten bleiben, ihre Selbstachtung zu wahren.

Jenny wurde in diesem Stadtteil geboren. Ihre Mutter war hierher gezogen, nachdem ihr Mann sie verlassen hatte, sie und ihren kleinen Sohn, Jennys Halbbruder. Sie bekam das Sorgerecht für das Kind und Unterhalt. Da war sie bereits über fünf Jahre nicht mehr erwerbstätig. Ihr damaliger Mann hatte nicht gewollt, dass sie arbeitet, sein Lohn hatte ja für die Familie gereicht. Nun, mit dem kleinen Kind, konnte Jennys Mutter nicht arbeiten, da eine Betreuung für die unter dreijährige Jenny fehlte. Das Arbeitsamt verlangte das auch nicht. Jennys Mutter bezog Sozialhilfe.

Im Gegensatz zu ihrem Bruder, der ein Wunschkind war, kam Jenny ungeplant und ungelegen. Gerade, als ihre Mutter wieder arbeiten und bald wegziehen wollte. Eine Abtreibung lehnte sie ab. Eine Beziehung ebenso. Darin stimmten Jennys Mutter und der Mann überein. Sie bekam das Kind, liebte es sehr und verlor doch ein Stück Lebensmut. Der Vater erkannte Jenny als seine leibliche Tochter an und zahlte Unterhalt für sie. Doch auch das führte nicht heraus aus den Transferleistungen des Staates. Warum Vater und Tochter all die Jahre keinen Kontakt zueinander hatten, weiß ich bis heute nicht. Irgendwann wird mir Jenny das vielleicht erzählen.

Als Jenny drei Jahre alt wurde, empfahlen Sozialarbeiter und Jugendamt ihrer Mutter, die Tochter in einen Kindergarten zu geben, der in einem anderen Teil der Stadt lag. Man bot sogar an, Jenny mit dem Kindergarten-Bus abzuholen und zurückzufahren. Die Mutter stimmte dem Kindergarten zu und brachte Jenny in den ersten Wochen selbst »in die Stadt«. Später verließ sie nur selten ihren Stadtteil. »Da, in der Stadt, fühle ich mich fremd und unwohl«, sagte sie mir vor langer Zeit. Bald würde Jenny sich ähnlich fremd fühlen wie ihre Mutter. Doch zunächst pendelte sie drei Jahre zwischen völlig unterschiedlichen Welten. Zu Hause war alles eher dunkel und wenig froh. Im Kindergarten ging es bunter und munter zu. Nach anfänglichem Fremdeln öffnete sie sich für diese neue Welt. Ihr Sprachschatz wuchs enorm, ihr Verstand wurde geschult, sie lernte andere Werte kennen. Sie baute Beziehungen zu vielen Menschen auf und war in der Gruppe anerkannt, sie gehörte dazu. Der Integrationskindergarten war für Jenny eine große Hilfe. Sie profitierte ungemein.

Ich frage mich noch immer, warum Jenny mit der Einschulung zurück in ihr Viertel musste. Klar, das Schulgesetz, die Zuordnung zu dem Schulbezirk, wollten es so. Warum hatte man sie dann aber in den Kindergarten einer ganz anderen Gegend gegeben? Das zeigte doch deutlich, wie sehr man wusste, dass sie sich nur in einer anderen Umgebung gut entwickeln konnte.

Es kam, wie es kommen musste. Mit dem Wechsel zurück in ihr Viertel verlor Jenny alle Freunde. Ein Lotse oder andere Hilfen im Übergang vom Kindergarten in die Grundschule fehlten ihr. Sie fehlten sehr. Die vielen Veränderungen waren Jenny zu viel, allein schaffte sie das nicht. Die neuen Lehrer packten sie anders an und wussten auch nicht, wie gut sich Jenny in dem Kindergarten entwickelt hatte. Die neue Grundschulklasse war ganz anders zusammengesetzt, als es die Gruppe im Kindergarten gewesen war. Viel homogener, in jeder Hinsicht, sozial, kulturell und vom Leistungsstand her. Obgleich sich auch hier große Unterschiede zeigten. Jenny war den meisten überlegen, dies hatte der Kindergarten bewirkt. Die neuen Lehrer konnten mit den Unterschieden schlecht umgehen.[1] Sie waren nicht darauf vorbereitet, so zu unterrichten, dass alle Kinder gefördert wurden. Eine »Pädagogik der Vielfalt«[2] kannten sie nicht. Woher auch? Bestandteil ihrer Ausbildung an den Universitäten ist sie nicht. In Finnland dagegen werden Lehrer nach dem Fachstudium viele Jahre lang weiter ausgebildet, damit sie Unterschiede zwischen den Schülern produktiv im Unterricht einsetzen und jedem Leistungsniveau gerecht werden können.

Jennys Tage folgten einem anderen Rhythmus als zuvor. Bereits um 13 Uhr war Jenny zu Hause, nicht erst um 18 Uhr wie nach dem Kindergarten. Dort hatte es Ruhezeiten und Ruheplätze gegeben. Jetzt fand Jenny keine Ruhe und keinen Platz, um ihre Hausaufgaben zu erledigen. Die Wohnung war eng. Jenny teilte sich ein Zimmer mit ihrem Bruder. Auf dem kleinen Tisch lagen seine und ihre Schulsachen durcheinander. Immer war etwas los. Der Bruder spielte mit seinen Freunden, und im Wohnzimmer lief der Fernseher. Zudem waren die langen Schulferien für sie neu. Auch während dieser Wochen blieb sie meist in ihrem Stadtteil, der so arm an Anregungen war. Jenny hing rum. Feriencamps oder andere Angebote gab es nicht. Freunde auch nicht. Regelmäßig vergaß sie über den Sommer, was sie in der Schule gelernt hatte. Auch das ist typisch.[3] Bei Alex war das ganz anders. Durch die Urlaubsfahrten lernte er in den Ferien regelmäßig dazu. Jenny vermisste ihren Kindergarten und ihre Freunde entsetzlich. Aber sie lernte gern und war zunächst auch gut in der Schule, obwohl sie sich oft langweilte.

Mit der Zeit passte Jenny ihr Verhalten an, fand Freunde und bezog nun Anerkennung von anderer Seite.[4] Das freute mich für sie, allerdings blieb ein bitterer Beigeschmack. Denn die Schule war nun »out«, bereits in der vierten Klasse. Nur knapp erhielt sie eine Empfehlung für die Realschule. Nur knapp wurde sie dort von der fünften in die sechste Klasse versetzt. Niemand half ihr. Sie schaffte es nicht und wurde in die Hauptschule zurückgestuft.

In dieser Zeit sprach ich oft mit Jenny. Ich wollte erfahren, was in ihr vorging. Wovon sie träumte, ob sie unter der materiellen Situation ihrer Familie litt, auch wenn ich das anders ausdrückte. Jenny wünschte sich drei Dinge: »Meine Mutter soll glücklich sein und Arbeit haben. Ich hätte gerne einen richtigen Vater. Ich möchte, dass die mich hier mögen.« Die Forschung belegt: Nicht nur das fehlende Geld und die unzureichende Wohnsituation belasten die Schüler, es ist vor allem ihre psychosoziale Lage. Je länger die Eltern arbeitslos sind, umso deutlicher zeigen Kinder Symptome wie Entmutigung, Resignation, Angst vor der Zukunft, vor Isolation. Sie leiden vermehrt an psychosomatischen Erkrankungen, verhalten sich auffällig, und ihre Leistungen in der Schule gehen zurück.[5]

Dies erklärt auch das häufige Schwänzen. Viel zu oft hört man: »Die gehen doch nie zur Schule, natürlich bekommen sie dann alle schlechte Noten und bleiben sitzen.« Es ist aber genau anders herum. Die schlechten Erfahrungen in der Schule, Demütigungen und Stigmatisierungen der Schülerinnen und Schüler führen dazu, dass sie die Schule meiden.[6] So schreibt Heinrich Ricking, nachdem er über 240 Untersuchungen zu Kindern und Armut ausgewertet hat: »Die umrissenen Ergebnisse weisen deutlich darauf hin, dass Schulabsentismus auf dem Nährboden sozialer Deprivation und familiärer Instabilität besonders gut gedeiht.«[7] Gerade Jugendliche mit einem niedrigen sozialen Status unterliegen einer Vielzahl von Risikofaktoren, die eine Abkehr von der Institution Schule wahrscheinlicher machen als bei anderen Kindern. Es ist jedoch nicht nur das bildungsferne Elternhaus. Häufig fehlt der Schule auch der Bezug zur Lebenswelt der Jugendlichen.[8] Diese Kinder sind gefährdet, eine Identität außerhalb eines Schulsystems zu entwickeln, das ihnen wenig

Gelegenheit zu positiven Erfahrungen und Selbstwertbestätigung bietet.

Als ich die vierzehnjährige Jenny wiedertraf, erschien sie mir viel älter. Jenny war pfiffig und gewieft. Das Wort *streetwise* kam mir in den Sinn. In ihrer Clique hatte sie Anerkennung und Halt gefunden. Ihren alten Freunden gegenüber wurde sie unzuverlässiger. Verabredungen hielt sie nicht ein oder kam viel zu spät. Alex und Erkan zogen sich langsam zurück. Zuvor hatten sie sich von Jenny noch anstiften lassen und bei ihren »Mutproben« mitgemacht. Jetzt beobachteten sie Jenny nur interessiert, gingen aber auf Distanz. Mich beschäftigte Jenny. Sie schwieg häufig bei meinen Fragen oder lenkte ab. Ob ich mal auf ihre Schule kommen dürfe, fragte ich sie. »Wenn du willst«, antwortete sie knapp. Ich hatte mit Widerstand und einem »Warum« gerechnet.

Elisabeth Grundig, die Lehrerin, begrüßte mich. Ich fragte, wie ein normaler Schultag für sie verläuft: »Morgens fängt man mit sehr wenigen Schülern an, vielleicht mit drei. Die anderen tröpfeln dann im Laufe des Vormittags ein, manche kommen zwanzig Minuten zu spät, manche zwei oder drei Stunden, es ist alles drin.«[9] Sie habe gegen dieses »Verschlafen« kein Mittel. Natürlich gibt sie den Jugendlichen dann eine Sechs für die Fehlstunde. Früher hätte sie sogar Wecker verteilt, da nicht davon auszugehen war, dass die Eltern ihre Kinder rechtzeitig weckten. Aber ihr fehlten Unterstützer. Jugendamt, Jugendhäuser, die Hilfsdienste und Sozialpädagogen arbeiteten nicht zusammen. Es gab keine Menschen, die sich freiwillig für die Heranwachsenden engagierten. Kurz gesagt: Es fehlte eine stützende Bildungsumgebung.

In vielen Kommunen sind wir heute weiter. Die großen Programme zur Vernetzung der lokalen Akteure laufen. Das Bundesministerium für Bildung und Forschung und viele deutsche Stiftungen haben dazu eine gemeinsame Initiative gestartet, die vom Bund und von der Europäischen Union mit über 60 Millionen Euro unterstützt wird. Den Kommunen soll dabei geholfen werden, »ein kohärentes Bildungsmanagement vor Ort zu entwickeln oder weiter zu entwickeln und dabei mit Schlüsselakteuren der Bildung zu kooperieren«.[10] Es geht darum, »eine an Lebenslauf und Biografie orientierte kommunale Politik«[11] zu ermöglichen, insbesondere die Kooperation von Gesundheitsdiensten, Jugendhilfe und Schulen, also von Kindertagesstätten und Jugendamt, Hebammen und Geburtsklinik, Grundschule und Trägern der Jugendhilfe. »Die Einrichtungen lösen einander in der Regel ab und sie bauen auf einer anderen gesetzlichen Grundlage, Trägerschaft, Verwaltungszuständigkeit und einer anderen fachlichen Tradition auf.«[12] Noch sind es zu viele Modellprojekte. Wir benötigen diese örtlichen Initiativen flächendeckend.[13] Dafür braucht es Geld und politischen Willen.[14]

Frau Grundig berichtete weiter aus ihrem Alltag: »Für mich wäre es schon ein guter Unterrichtstag, wenn drei grundsätzliche Dinge gegeben wären: Der Schüler, das habe ich schon gesagt. Dann aber auch Lernmotivation und Arbeitsmaterial. Hier ist es aber so, dass Schüler, die mit ihren Heften und Stiften kommen, in den Augen der anderen Streber sind. Stifte haben heißt Streber sein.« Mit der ganzen Situation komme sie zurecht, sie härte sich aber auch ab, räumte sie ein. Das ginge nicht anders. »Die Schüler sind sehr anstrengend, sehr distanzlos, sehr aufbrausend, teilweise aggressiv oder dominant. Jeder hat auf seine Art irgendwann und irgendwo mal versagt. Das kommt dann halt so raus.«[15] Dann sagte sie einen wichtigen Satz: »Jeder könnte, wenn er sich fängt und die Kurve kriegt, einen Hauptschulabschluss schaffen. Viele auch mehr als das.« Die Autoren des deutschen Bildungsberichts 2012 weisen nachdrücklich darauf hin, dass trotz eines leichten Rückgangs der Bildungsarmut zwischen 2006 und 2010 der Anteil der Schulabbrecher verringerte sich von 8 auf 6 Prozent – der Sockel der Chancenlosen, die ohne Schul- oder Ausbildungsabschluss im Abseits landen, weiterhin bei 20 bis 25 Prozent eines Jahrgangs liegt.[16] Auch sie gehen davon aus, dass dieser Anteil deutlich geringer sein könnte.

In die Hauptschulen gehen mehr Jungen als Mädchen. Von allen Hauptschülern sind 58 Prozent Jungen und 42 Prozent Mädchen. Man kann es auch anders berechnen. Von allen Schülerinnen und Schülern der Abschlussklassen im Jahr 2010 beenden 31 Prozent der Jungen die Schule mit oder ohne Hauptschulabschluss, bei den Mädchen sind es 22 Prozent. Dagegen schließen 27 Prozent der Jungen und 35 Prozent der Mädchen die Schule mit dem Abitur ab.[17] Halten wir hier einen Moment inne und schauen uns diese Zahlen genauer an: Wir sehen, dass sich innerhalb kurzer Zeit eine Achse sozialer Ungleichheit völlig gedreht hat. Das geschieht äußerst selten. Traditionell stand das Arbeitermädchen für geringe Bildung. Heute ist es der Arbeiterjunge. Marcel Helbig untersucht die Gründe.[18] Er verdeutlicht, dass es gerade die Möglichkeiten auf dem Arbeitsmarkt waren, die den Frauen den Weg in das Bildungssystem öffneten. Nicht die Lehrerinnen, die Mädchen angeblich bevorzugen. Nicht eine vermeintlich höhere Intelligenz, die das Lernen leichter macht. Nicht das Scheitern der Jungs, die zur Seite treten. Über die Jahrzehnte veränderten sich die Einstellungen der Eltern zur Erwerbstätigkeit von Frauen und zu den Geschlechterrollen. Die Eltern unterscheiden nicht mehr so streng zwischen ihren Kindern, lassen die Töchter nicht mehr ausschließlich in der Haus- und die Söhne in der Lohnarbeit ausbilden. Von daher ist es auch falsch anzunehmen, der Bildungserfolg von Frauen ginge zulasten der Männer. Die Bildungserfolge der Männer blieben über die letzten Jahre ziemlich stabil. Die Bildungsexpansion lässt sich auf mehr Abschlüsse auf höherem Niveau bei Frauen zurückführen.

Und die höheren Kompetenzwerte von Mädchen, über die so viel geschrieben wird? Die großen Vorteile der Mädchen liegen bei den Lesekompetenzen. Dies erklärt man insbesondere dadurch, dass Mädchen mehr lesen als Jungen.[19] In den Naturwissenschaften und in der Mathematik schneiden die Jungen meist etwas besser ab als Mädchen, bei deutlichen Abweichungen zwischen den Ländern der OECD. Es scheint darauf anzukommen, in welchem Umfeld die Kinder aufgewachsen sind, wie sie erzogen und unterrichtet wurden. An unterschiedlichen Fähigkeiten von Jungen und Mädchen liegt es jedenfalls nicht. Die Forschung legt auch nahe, dass das Lehrer-Schüler-Verhältnis fast ebenso wichtig ist wie das Geschlecht. Übernehmen die Lehrerinnen und Lehrer die Verantwortung für ihre Schülerinnen und Schüler, bauen sie belastbare Beziehungen zu ihnen auf, so zeigen die Kinder bessere Leistungen. Dafür braucht es bei den Lehrenden eine professionelle Ausbildung. Genau darauf setzen viele hervorragende Schulen.

Zurück zu Jenny und ihrer Schulzeit. Sie war in einer äußerst misslichen Lage. In ihrer Hauptschulklasse dümpelte sie dahin. Ihre Mitschülerinnen und Mitschüler interessierten sie nicht, sie boten ihr nur wenige Anregungen. Den meisten von ihnen erging es noch schlechter als Jenny. Ihre Lehrerinnen und Lehrer hatten es mit schlimmeren Fällen zu tun und kümmerten sich daher wenig um die unmotivierte, aber nicht weiter auffallende oder störende Jugendliche. Die Mutter sorgte sich um Nahrung, Kleidung und Sauberkeit, nach der Schule ihrer Kinder fragte sie nicht. Allein schaffte es Jenny nicht, sich zusammenzureißen. Alex hatte in ihrem Alter einen Motivationsschub bekommen, der ihn schließlich an sich und seine Fähigkeiten glauben ließ. Das Glück hatte Jenny nicht. So abgedroschen es sich anhört: Den Halt fand sie in ihrer Clique. Doch diese Freunde brauchen selbst Hilfe. Viele von ihnen werden allein nicht weiterkommen. Frau Grundig sagt: »Sie müssten erst lernen, eigenständig zu handeln und sich selbst zu motivieren. Wahrscheinlich fallen sie durch den Rost, viele werden kriminell. Das sind dann die Ärmsten der Armen.«

Jenny entwickelte Vorstellungen über ihr weiteres Leben, die keine Chance auf Verwirklichung hatten. Noch als Fünfzehnjährige gab sie als Berufswunsch Ärztin an und erntete damit skeptische Blicke von Alex und Erkan. Sie wurde richtig gut im Aussitzen unangenehmer Dinge und überschätzte sich oft. Frau Grundig sagte dazu: »Die Kinder beurteilen ihre Arbeitsmarkt- und Ausbildungschancen immer viel besser, als sie es in Wirklichkeit sind. Auch von den Eltern wird vieles ausgeblendet.«

Überhaupt spielten Eltern im Alltag dieser Hauptschule keine Rolle. Beklagten sich die Lehrer am Gymnasium von Alex über die ständig maulenden und überehrgeizigen Eltern, so hieß es an Jennys Schule bedauernd und lakonisch: »An unserer Schule hat man mit den Eltern eigentlich wenig Mühe.« Der Grund ist bitter. Die Eltern meldeten sich kaum, fragten selten und kamen nicht zu den Elternabenden. Dabei würden viele Eltern gern helfen. Doch sie fühlen sich mit ihren eigenen Problemen so überlastet, dass sie es schlicht nicht schaffen.

Gelingende Schulen brauchen aber die Eltern. Die Gestaltung der Schule allein hilft nur wenig. Experten weisen schon lange und eindringlich darauf hin, dass die vielen großen Veränderungen in unserer Gesellschaft eine ganzheitliche Förderung der Entwicklung von Kindern erfordern. So berichtet Hans Bertram, dass »die bildungspolitische Debatte in Deutschland die kindliche (Früh-)Förderung intellektueller Fähigkeiten, vor allem der sprachlichen, mathematischen und naturwissenschaftlichen Kompetenzen, womöglich überschätzt, insbesondere wenn es sich um isolierte Förderansätze handelt. (...) Die Maßnahmen müssen im Sinne eines ganzheitlichen Ansatzes ergänzt werden: um direkte Unterstützung des familiären Kontexts, um eine Gestaltung des Lebensumfeldes (...) und um Förderangebote für ältere Kinder und

Jugendliche. (...) Ein solches interaktives Modell für die Förderung kindlicher Entwicklung beinhaltet eine Integration verschiedener wissenschaftlicher Ansätze (einer Lebenslaufperspektive, einer Kompensationsperspektive sowie einer neurobiologischen Perspektive).«[20] Auch die von der Robert Bosch Stiftung einberufene Expertenkommission »Familie und demographischer Wandel«, geleitet von Kurt Biedenkopf unter Mitarbeit von Elisabeth Niejahr und Hans Bertram, kommt zu diesem Ergebnis.[21]

Erst als klar wurde, dass Jenny ernsthaft gefährdet ist, die Schule ohne einen qualifizierenden Abschluss zu beenden, schritten Lehrer und Sozialarbeiter ein. Auch Berufsberater suchten nun den Weg in die Schule. Man empfahl Jenny eine Praxisklasse. Darauf konnte sie ein bisschen stolz sein, denn für diese Praxisklassen wurden nur Schüler ausgewählt, denen ein Hauptschulabschluss auch von ihrem sozialen und familiären Umfeld her zugetraut wurde, wenn man sie entsprechend unterstützt und fördert. Jugendliche, bei denen man diese Chance nicht sah oder die es ohne diese zusätzliche Hilfe schaffen konnten, fanden keinen Platz in diesem Modellprojekt. Bei den Praxisklassen arbeitet die Schule mit einem freien Träger zusammen, der an drei Tagen in der Woche praktischen Unterricht anbietet. Die restlichen zwei Wochentage wird in den allgemeinen Fächern an der Schule unterrichtet. Dafür wird das neunte Schuljahr auf zwei Jahre ausgedehnt.[22]

Jenny ging nun zwei Tage in der Woche in die Schule und hatte jeweils acht Stunden Unterricht. An den drei Praxistagen arbeitete sie zunächst in Werkstätten und lernte anschließend verschiedene Berufsfelder direkt in den Betrieben kennen: »Holz, Metall, Friseurhandwerk, all so Sachen«, erklärte sie mir. Etwas verwundert war ich über die beiden Tage mit den acht Stunden Unterricht. Gerade bei diesen Jugendlichen wäre eine gleichmäßigere Verteilung über die Woche doch angebracht.

Jenny tat der Kontakt zu den Menschen in den Betrieben sehr gut. Sie erlebte erwerbstätige Menschen, die sich um ihren Unterhalt kümmern und Arbeiten erledigen, die sie sich selbst zutraute. Nach vielen Jahren ließ Jenny solche Erfahrungen überhaupt wieder an sich heran. Den Abschluss schaffte sie. Sie war gerade achtzehn geworden, nicht mehr schulpflichtig, und auch ihre Berufsschulpflicht hatte sie hinter sich gelassen. Wie es nun weiterging, lag bei ihr.

Während der zwei Jahre in der Praxisklasse hatte sich der Kontakt von Jenny zu ihrer Clique immer mehr gelockert. Die Praxisklasse war ganztags. So konnte sie an den Nachmittagen nichts mehr mit den anderen unternehmen. Am Abend war sie müder als sonst. Auch die Zusammensetzung ihrer Klasse hatte sich geändert. Längst nicht alle ihrer Freunde hatten einen Platz in der Praxisklasse gefunden. Einige von ihnen waren bald ohne Abschluss von der Schule gegangen und jobbten nun, andere steckten im Übergangssystem.[23] Jenny hörte zu und nahm zum ersten Mal wahr, was auf sie zukommen könnte. Irgendwie fühlte sie sich auch getäuscht. Sie sah nun, dass ihr selbst der Hauptschulabschluss wohl wenig nutzen würde. »Das aber haben uns alle immer versprochen«, sagte Jenny enttäuscht. Frau Grundig wurde mir gegenüber sehr deutlich: »Der Hauptschulabschluss wird verteufelt, aber für unsere Schüler ist er das Höchste der Gefühle. Es ist ihr absoluter Traum. Sie sind die großen Helden, wenn sie ihn schaffen. Aber dann sehen sie: Sie bekommen nicht einmal einen Ausbildungsplatz. Das ist echt katastrophal.«

Für junge Menschen, die eine Ausbildung anstreben, gibt es hauptsächlich zwei Wege: eine duale Ausbildung, die im Betrieb und in Berufsschulen absolviert wird, und eine vollzeitschulische Ausbildung. Jenny schaffte es in keine der beiden Möglichkeiten. Mit ihrem Hauptschulabschluss allein war nichts zu machen. Sie landete im Übergangssystem. Es bietet

Maßnahmen an, die dabei helfen sollen, leichter in duale oder vollzeitschulische Ausbildungen hineinzukommen. Die einzelnen Maßnahmen bauen dabei nicht systematisch aufeinander auf. Es handelt sich vielmehr um sehr unterschiedliche Angebote, wie das Berufsvorbereitungsjahr (BvJ), das Berufsgrundbildungsjahr oder Berufsfachschulen, die eine berufliche Grundbildung vermitteln. Daneben gibt es Berufsvorbereitende Bildungsmaßnahmen (BvB), die von der Bundesagentur für Arbeit getragen werden:[24] »Im Rahmen einer Berufsvorbereitenden Bildungsmaßnahme sollen die Jugendlichen vorrangig auf die Eingliederung in Ausbildung vorbereitet werden. Zu den Aufgaben gehört es, den Jugendlichen die Möglichkeit zu geben, ihre Fähigkeiten und Fertigkeiten hinsichtlich einer möglichen Berufswahl zu überprüfen und zu bewerten, sich in der Vielzahl der Berufe zu orientieren und eine Berufswahlentscheidung zu treffen.«[25] Eine Berufsvorbereitende Bildungsmaßnahme dauert in der Regel bis zu zehn Monate, manchmal auch bis zu achtzehn Monate. Maßnahmen im Übergangssystem vermitteln keinen voll qualifizierenden beruflichen Abschluss. Meist werden die einzelnen Maßnahmen in darauf folgenden beruflichen Ausbildungen nicht einmal teilweise anerkannt.

Im Laufe der letzten Jahre verringerte sich aufgrund der niedrigen Geburtenrate die Zahl der Schulabgänger, und die Zahl der Hochschulanfänger stieg. Damit sind weniger Menschen als zuvor auf der Suche nach einem Ausbildungsplatz. Schaut man sich die Verteilung auf die unterschiedlichen Systeme im Jahr 2010 an, so begannen 50 Prozent eine duale Berufsausbildung, rund 20 Prozent eine schulische Ausbildung und 30 Prozent erhalten Maßnahmen im Übergangssystem.[26] Damit ist die Zahl der Jugendlichen im Übergangssystem nicht nur absolut, sondern auch relativ gesunken. Noch 2005 waren es 462 000 Jugendliche, was einem Anteil von 39 Prozent entspricht. Heute sind es 294 000 Jugendliche mit einem

Anteil von 30 Prozent. Das ist allerdings immer noch eine recht hohe Zahl.[27]

Im Jahr 2010 hatten mehr als 70 Prozent der Teilnehmer im Übergangssystem keinen Schulabschluss oder nur einen Hauptschulabschluss. Zwischen 2000 und 2010 ging der Anteil der Schulabgänger ohne Abschluss im Übergangssystem um 10 Prozentpunkte auf 21 Prozent zurück. Dagegen erhöhte sich der Anteil von Menschen mit Hauptschulabschluss stark, nämlich von 36 auf 53 Prozent.

Jenny befindet sich nun seit einigen Monaten in diesem Übergangssystem. Sie belegt eine »Berufsvorbereitende Bildungsmaßnahme« der Bundesagentur für Arbeit und bezieht eine Berufsausbildungsbeihilfe. Jenny lässt es dieses Mal nicht darauf ankommen. Die Erfahrungen in der Praxisklasse haben ihr die Augen geöffnet. Während des BvB schaut sie sich um. Ihr gelingt der Übergang in das schulische Ausbildungssystem. Die Mehrheit der Jugendlichen, die an Maßnahmen der Bundesagentur für Arbeit teilnehmen, schafft den Übergang, so wie Jenny. Ein Jahr nach dem Ende der Maßnahmen hat über die Hälfte der Jugendlichen eine betriebliche Lehre begonnen, befindet sich in einer vollzeitschulischen Ausbildung oder studiert an einer Hochschule. Nach drei Jahren sind die Werte noch einmal gestiegen.[28] Doch es zeigen sich auch deutlich die Schattenseiten: Nach zwei Jahren ist bei knapp einem Drittel der Teilnehmer der Übergang in eine voll qualifizierende Ausbildung nicht geglückt oder er ist (noch) nicht beabsichtigt.[29] Ein Fünftel dieser jungen Menschen hat selbst nach drei Jahren noch keine Berufsausbildung begonnen.[30]

Nach vielen Jahren ist Jenny in der Lage, sich etwas vorzunehmen und das Ziel auch wirklich zu verfolgen. Von dem Berufswunsch Ärztin ist sie längst abgerückt, nun will sie Krankenschwester werden. Mit der Berufsvorbereitenden Maßnahme gelingt ihr das nicht. Aber sie findet einen Weg.

Sie möchte sich zur Sozialassistentin ausbilden lassen und wird auf einer entsprechenden privaten Schule angenommen. Wenn sie nach drei Jahren diese Ausbildung abgeschlossen hat, erhält sie damit auch automatisch die mittlere Reife. Sie kann dann eine Ausbildung zur Krankenschwester aufnehmen. Diese Perspektive macht Jenny ausgesprochen froh. Sie hat ein Ziel. Sie spürt, dass sie es schaffen kann.

Dieser Blick nach vorne gab Jenny wohl den Mut, nach ihrem Vater zu fragen. Die Mutter hat nichts dagegen, unterstützt sie aber auch nicht. Jenny hat jetzt selbst die Kraft und gibt sich einen Ruck. Sie trifft ihren Vater das erste Mal. Er hat eine Familie und zwei Kinder, die jünger als Jenny sind. Zunächst ist alles gut, man tastet sich langsam aneinander heran. Der Kontakt wird regelmäßig über Facebook gehalten. Jenny war so froh, dass sie sich bei mir meldet. »Willst du ihn treffen?«, fragte sie. »Klar«, sagte ich und war völlig überrascht über diese Wende in ihrem Leben.

Unsere alte Eisdiele, ein weiteres Mal. Wie lange war Jenny nicht hier gewesen? Auch sie verließ mittlerweile ihr Viertel nur noch ungern. Der Vater, Anfang vierzig, war offen und nett. Jenny war seine Tochter, stolz war er und froh. Auch wenn seine Familie das nicht verstand. Seine Frau sorgte sich, dass sich ihr eigenes Leben und das ihrer Kinder nun sehr verändern würden. Den Kontakt ihres Mannes zu seiner Erstgeborenen billigte und unterstützte sie daher nicht. Jennys Vater sprach von einer Zerreißprobe. In der Eisdiele ging es hauptsächlich um Jennys Lehre. Den Besuch einer Privatschule, die Ausbildung zur Sozialassistentin, den weiten Weg hin zur Krankenschwester – all das verstand der Vater ganz und gar nicht. »Ich habe gestern nur kurz im Computer nach Lehrstellen geschaut. Da gibt es noch sehr viele Angebote. Warum suchst du nicht und bewirbst dich? Ich helfe dir gerne. Und dann bekommst du Lehrgeld, bist in drei Jahren fertig und verdienst bald dein eigenes Geld«, sagte er, ruhig, freundlich und unterstützend. Er fuhr fort: »Warum eine private Schule, wo du zahlen musst? Warum eine Schule bei dir um der Ecke? Bei deinem Abschluss muss man bundesweit mobil sein. Warum noch über sechs Jahre in die Ausbildung gehen? Dann bist du ja bereits 24. Warum Krankenschwester? Ich habe gehört, dass sehr viele arbeitslos sind und außerdem verdammt wenig verdienen. Aufstiegschancen hast du dann allemal keine.«

Jenny sah mich richtig verzweifelt an. Ich konnte sie verstehen. Da wird ihr die Hürde zu hoch gelegt. Was objektiv möglich und naheliegend erscheint, ist ihr subjektiv einfach unmöglich. Sie kann nicht einfach ihr Leben abschütteln und die Werte und Normen ändern, die ihr vermittelt wurden. Kann nicht sofort Vertrauen in sich haben, dass sie das alles schaffen würde. Schon der Wegzug aus dem Stadtteil ist für sie unvorstellbar und mit Angst besetzt. Sie würde das Einzige verlieren, was sie hat. Die Nähe und Vertrautheit zu ihrer Mutter und zu Freunden, die ihr ähnlich sind.

Ich verstand auch ihren Vater. Alles klingt logisch und rational. Um den niedrigen Abschluss von Jenny geht es ihm gar nicht. Vorwürfe kommen keine, er hat auch keinen höheren Abschluss. Er meint es richtig gut mit ihr. Wie sehr Jennys ganzes Leben ihr eigenes Handeln blockiert, sieht er nicht. »Meine andere Tochter ist jetzt zehn und freut sich riesig darauf, nächstes Jahr in ein weit entferntes Sportinternat zu gehen«, sagt er an einer Stelle. Jenny rastet aus. Sie beginnt zu weinen und rennt aus dem Café.

Wie wir das Bildungssystem verändern müssen

KAPITEL 9
Gemeinsam Fahrt aufnehmen
Bildungs- und Sozialstaat im Einklang

»Stütze oder Studium«, so ist im Juli 2012 ein Artikel im Spiegel überschrieben.[1] Darin ging es um einen Streit bei den Grünen: Solle man das knapper werdende Geld lieber in die Bildung investieren und dafür die staatlichen Transferleistungen reduzieren? Schließlich seien Bildungsausgaben auf Dauer gewinnbringend, da sie die Chancen auf dem Arbeitsmarkt erhöhen, Armut verhindern und dauerhaft hohe Transferleistungen vermeiden. Bei diesem Streit wird die Bildung gegen die soziale Sicherung ausgespielt, die Bildungspolitik gegen die Sozialpolitik. Schließlich sei die Bildungspolitik ja präventive Sozialpolitik. Zugespitzt lässt sich fragen: Brauchen wir also nur noch Bildungspolitik, weil diese im Fall des Gelingens Sozialpolitik überflüssig macht?

Der Lebensverlauf von Jenny legt das zunächst nahe. Die Praxisklasse und die Maßnahmen der Bundesagentur für Arbeit waren teuer, teurer, als es eine frühe Bildung gewesen wäre. Die Wahrscheinlichkeit, dass Jenny arbeitslos wird und staatliche Unterstützung benötigt, ist viel höher als bei Alex oder Erkan. Ein sorgsamer Blick auf ihren schulischen Werdegang, eine bessere Abstimmung zwischen Kindergarten und Grundschule, eine andere sozialräumliche Zuordnung der Schule, eine frühe Schulbegleitung durch Sonderpädagogen und Mentoren, eine Ganztagsschule mit pädagogischem Konzept und ein auf sie zugeschnittenes interaktives Lehren und Lernen hatten Jenny gut getan. Es hatte ihr ein anderes Leben eröffnet. Jetzt, da sie Hilfe braucht, wäre es katastrophal, die

Unterstützung zu drosseln. Und ein Armutszeugnis für unsere Gesellschaft.

Einen Umbau von Sozial- auf Bildungspolitik legen auch die Lebensverläufe von Erkan und Alex nahe. Erkans Eltern legten Wert auf eine gute Bildung ihres Sohnes. Erkan schloss die Schule mit der mittleren Reife ab und absolviert eine Ausbildung, die ihm ein Einkommen sichert. Insbesondere bei Alex wurde früh viel in Bildung investiert: Zeit der Eltern, Kosten für die Nachhilfe, ein sehr teures Auslandsjahr. Auch das Stipendium, welches er später in Großbritannien erhalten hat, zählen wir hinzu. Bei ihm arbeiteten Eltern und Lehrer zusammen. Das pädagogische Konzept der internationalen Schule bewirkte Wunder. Community Learning, Creativity, Action and Service. Das Lernen in der Gruppe. Die regelmäßigen Gespräche mit Mentoren. All das bildete einen jungen Mann, der sich für das Leben interessiert und sich engagiert. Höchstwahrscheinlich wird auch er sein Erwerbsleben ohne finanzielle Unterstützung meistern. Wenn Erkan und Alex Hilfe brauchen, dann wohl nur für kurze Zeit. Was aber, wenn sie krank werden? Einen Unfall haben? Monatelang im Bett liegen? Natürlich sind sie dann auf Hilfe angewiesen.

Stütze *oder* Studium. Sozialpolitik *oder* Bildung. Dieses »oder« bricht vollends in sich zusammen, wenn wir das Leben von Laura verfolgen. Auch hier muss es ein »und« sein. Ohne staatliche Hilfe lässt sich ihr Förderbedarf nicht auffangen. Und das wird auch in Zukunft so sein. Jedes Nachdenken über Alternativen verbietet sich.

Ich bin eine große Verfechterin davon, Bildung und Sozialpolitik viel stärker als bislang zusammenzusehen. Nicht nur aus finanziellen Gründen, die sich gut berechnen lassen. In einer Studie für die Bertelsmann Stiftung zeigten Johannes Giesecke, Dirk Oberschachtsiek und ich, wie hoch die Folgekosten unzureichender Bildung sind. Von Menschen ohne schulischen und beruflichen Abschluss erhält der Staat keine Steuern und die Sozialversicherungen keine Beiträge. Aber die Ausgaben bei Arbeitslosigkeit, Krankheit und im Alter sind hoch. Früh an einer Ausbildung zu sparen kostet den Staat zeitversetzt Millionen.[2] Bildung führt auch dazu, dass Menschen unabhängiger und freier denken und handeln. Für eine Gesellschaft sind kritische Bürgerinnen und Bürger und die Teilhabe aller das höchste Gut. Auch an diesem Punkt, dem Herstellen von Staatsbürgerschaft, greifen Bildungs- und Sozialpolitik ineinander.

Die unterschiedlichen Logiken der Bildungs- und Sozialpolitik

Bevor man also »Stütze oder Studium« plump gegeneinanderstellt, lohnt es sich, die systematischen Bezüge zwischen Bildungs- und Sozialpolitik herauszuarbeiten und ihre jeweiligen Logiken nachzuzeichnen. Betrachten wir zunächst drei Dimensionen, die beide Politikbereiche systematisch miteinander verbinden.[3] Erstens haben beide die Aufgabe, Staatszugehörigkeit und Staatsbürgerschaft zu erzeugen und zu legitimieren. In Deutschland erfolgte die Einbeziehung des Arbeiters zunächst über die Schulpflicht und später über Sozialversicherungen. Beides geschah schon lange vor 1918, also weit vor der vollen Einbürgerung durch das allgemeine und gleiche Wahlrecht auf allen politischen Ebenen. Später, im europäischen Wohlfahrtsstaat des 20. Jahrhunderts, werden Bildung, soziale Sicherung und politische Teilnahme dann zu *gleichberechtigten* Dimensionen des Staatsbürgerrechts. Selbstverständlich war das selbst nach 1945 für lange Zeit nicht. Das zeigt Ralf Dahrendorfs zündende Aussage »Bildung ist Bürgerrecht« in Deutschland noch in den sechziger Jahren. Vernor Muñoz Villalobos, UN-Sonderberichterstatter für das Recht auf Bildung, sprach 2007 in seinem Deutschlandbericht dann von »Bildung als Menschenrecht«.[4]

Neben der Staatszugehörigkeit geht es der Bildungs- und Sozialpolitik zweitens darum, sozialen Status herzustellen und zu erhalten. Traditionell soll die Bildungspolitik sozialen Status herstellen, die Sozialpolitik Status erhalten. Dieser harte Gegensatz verschwimmt mittlerweile. Auch war die Bildungspolitik vordem vor allem vorbeugend tätig, die Sozialpolitik dagegen ausgleichend. Doch auch dieser Unterschied zwischen *Prävention und Kompensation* verschwimmt mit der Zeit. Zunehmend finden wir beide Merkmale in beiden Systemen vor. Zwei Beispiele mögen genügen: Als 1969 das Arbeitsförderungsgesetz verabschiedet wurde, ging es nicht mehr allein darum, eine Phase von Arbeitslosigkeit durch Transferzahlungen zu überbrücken. Vielmehr kommen Maßnahmen zur Qualifizierung nachdrücklich hinzu. Und in der Bildungspolitik wurde das »Übergangssystem« entwickelt: Einjährige Bildungsangebote sollen den Übergang zwischen Schule und Ausbildung erleichtern und einer drohenden Phase der Arbeitslosigkeit gleich nach dem Schulabgang entgegenwirken. Dass dieses Übergangssystem nicht optimal gestaltet ist und oft nicht wirkt, ist eine andere Geschichte.

Drittens verwischen auch die Unterschiede zwischen Bildungs- und Sozialpolitik in der *chronologischen Lagerung*, also wie die beiden Systeme im Lebensverlauf aufeinander folgen. Traditionell greift die Bildungspolitik im Lebensverlauf eher früher und die Sozialpolitik später. Mit der steigenden Kinderarmut und der zunehmenden Notwendigkeit, ein Leben lang zu lernen, ist aber diese Trennung in ein »Vorher« und ein »Nachher« überholt.

Bildungs- und Sozialpolitik nähern sich an, eine Koordination ist dringend nötig

Wir sehen also, dass sich die Sozial- und die Bildungspolitik über die Zeit annähern. Eine »produktive« Sozialpolitik versucht, aus der »Nachher«-Logik auszubrechen und sich zur Zukunft hin zu öffnen: Zunächst geschieht das zögerlich durch institutionelle *Vorrang*regelungen zwischen Leistungen (»Rehabilitation vor Rente«), dann durch institutionelle *Vermischung* etwa mittels »Arbeitsförderung« durch zunehmende bildungsbezogene sozialpolitische Geldleistungen (etwa nach dem Bundesausbildungsförderungsgesetz) und schließlich *konzeptionell* mit Bürgergeldideen (etwa negative Einkommensteuer), die von einer Ausgleichslogik ganz absehen. Und eine Bildungspolitik des »lebenslangen Lernens« löst sich von der »Vorher«-Logik: Sie setzt notwendigerweise immer neu am Bildungsstand an, ergänzt und repariert auch nachträglich. Zusammen verfügen Bildungs- und Sozialpolitik damit über verschiedene Instrumente, um altersübergreifend und zugleich statusformend zu wirken.[5]

Wenn sich nun die Vorgehensweisen von Bildungs- und Sozialpolitik in vielen Bereichen überschneiden, wäre es naheliegend, dass sich beide Systeme gegenseitig informieren, ihr Vorgehen aufeinander abstimmen und gemeinsam planen. Dies ist jedoch nicht der Fall.

In der deutschen *Bildungspolitik* überwiegt der Blick nach oben, man konzentriert sich auf Expansion und Exzellenz. Da braucht es die Sozialpolitik kaum. Jene, die unterversorgt und bildungsarm sind, werden meist übersehen. Die große Offensive, den hohen Anteil von Schülerinnen und Schülern ohne Schul- und Berufsabschluss entschlossen zu senken, fehlt. Die Risikolagen dieser Kinder sind sehr früh abzusehen. Zwar wurde Jenny bewusst in einen Ganztagskindergarten überwiesen. Doch anschließend verlor man sie fahrlässig und viel zu schnell aus den Augen. Sozialpolitisch motivierte Bildungsinterventionen unterblieben.

Umgekehrt wird auch in der deutschen *Sozialpolitik* Bildung nur spärlich thematisiert. Bildungsinvestitionen werden säuberlich von Sozialstaatsausgaben getrennt, der Bildungsstand einer Nation wird nicht mit dem sozialen Schutz ihrer Bürger zusammengedacht und nicht funktionell wie institutionell verbunden. Auch die klassische vergleichende Sozialstaatsliteratur lässt in ihren großen Systematiken die Bildung meist unbegründet außen vor.[6] Erst in jüngerer Zeit finden sich vermehrt Arbeiten, in denen die Verwandtschaft zwischen Sozial- und Bildungspolitik betont wird.[7]

Das muss sich ändern. Bildungsausgaben und Bildungsstand der Bevölkerung sind in der Sozialpolitik zu berücksichtigen. Die Bildungspolitik muss als Teil einer übergeordneten Sozialstaatspolitik verstanden werden. Es kommt darauf an, beide Bereiche viel stärker miteinander zu verflechten. Alles auf Transferleistungen oder auf Bildung zu setzen, kann nicht der Weg sein. Nur wenn beide Bereiche gut aufeinander abgestimmt und koordiniert werden, können wir uns auch dem »dritten Weg« öffnen. Dieser zielt immer mehr auf eine Vorrangstellung der Bildungs- über die Sozialpolitik. Die 1998 erstmals von Anthony Giddens vorgestellten und von der Politik zügig umarmten Überlegungen eines »Third Way«, eines »Dritten Wegs«, die bei uns unter dem Schlagwort des »Sozialinvestitionsstaates« bekannt geworden sind, zwingen zum Handeln.[8] Denn dieser Staat verändert laufend seine Leistungen: hin zu Bildung und Ausbildung als vorbeugende soziale Investitionen, weg von den klassischen ausgleichsbedachten Sozialleistungen. Doch Bildung und Sozialstaat dürfen nicht gegeneinander ausgespielt werden.

Die Anforderung an den Sozialstaat werden immer größer

Als der konservative Sozialstaat Ende des 19. Jahrhunderts entstand, kamen Bildung und Ausbildung nur wenigen zugute. Die Wirtschaft war noch vom industriellen Sektor bestimmt. Die Industrie bot viele Beschäftigungsmöglichkeiten, die keine umfangreiche Bildung erforderten. Die meisten Menschen arbeiteten nach Ablauf der Schulpflicht bereits in sehr jungen Jahren. So hatten es schon ihre Eltern gehalten. Sie übernahmen deren Lebensstandard, sie führten ihn fort. Dafür sorgten auch die sozialen Sicherungssysteme, in denen die Höhe sozialstaatlicher Leistungen an den jeweiligen Lebensstandard der Familie, also meist an das Einkommen des Familienernährers, gekoppelt war.

Lassen wir den Begründer des deutschen Sozialstaats, Reichskanzler Fürst Otto von Bismarck, selbst zu Wort kommen. 1890 schrieb er: »Unsere höheren Schulen werden von zu vielen jungen Leuten besucht, welche weder durch Begabung noch durch die Vergangenheit ihrer Eltern auf einen gelehrten Beruf hingewiesen werden. Die Folge ist die Überfüllung aller gelehrten Fächer und die Züchtung eines staatsgefährlichen Proletariats Gebildeter.« Und weiter: »Auf dem Lande ist schon jetzt ein Überfluss von Arbeitern, welche, im Bewusstsein besserer Schulbildung, nicht mehr selbst arbeiten, sondern nur die Arbeit anderer beaufsichtigen wollen, dagegen ein Mangel an Arbeitskräften, welche selbst zu arbeiten bereit sind.«[9]

Dieses konservative Sozialstaatsmodell, in dem ein gegliedertes Bildungssystem mit einem nach Status gegliederten Beschäftigungssystem eng verzahnt ist, findet sich vor allem in den kontinentaleuropäischen Ländern. Liberale Sozialstaatsmodelle bestehen in den USA oder dem Vereinigten Königreich, sozialdemokratische Sozialstaatsmodelle in Skandinavien.[10] In den liberalen und den sozialdemokratischen

Sozialstaaten ist meist auch das Bildungssystem anders aufgestellt: Es ist inklusiver, unterrichtet und erzieht Kinder nicht von Anfang an in unterschiedlichen Schulformen und überlässt es weitgehend dem Arbeitsmarkt und den Unternehmen, Personen bestimmten Positionen zuzuweisen. Das Bildungssystem ist mit dem Beschäftigungssystem weit weniger verzahnt, die Mobilität zwischen Berufen und Statuspositionen ist dagegen deutlich höher als im konservativen Sozialstaat.[11]

Die gesellschaftlichen Veränderungen des 20. Jahrhunderts fordern alle Sozialstaaten, wenngleich in unterschiedlichem Ausmaß. In den entwickelten Gesellschaften verliert die industrielle Produktion zunehmend an Bedeutung. Nicht mehr die materialorientierte und körperliche Arbeit bestimmt die Wertschöpfung. In der heutigen Wissensgesellschaft ist es vielmehr entscheidend, dass man mit Informations- und Kommunikationstechniken sicher umgehen kann und dass man weiß, wie man sich Informationen beschafft, wie man sie verwendet und erzeugt.[12] Damit entscheidet aber auch der Bildungsstand der breiten Bevölkerung maßgeblich darüber, wie erfolgreich eine Nation im internationalen Wettbewerb ist. Dies gilt umso mehr, als in vielen Ländern die Erwerbsbevölkerung, bedingt durch die demografische Entwicklung, zurückgeht. Die gleiche absolute Zahl gut gebildeter Personen lässt sich dann nur halten, wenn der Anteil von Gutgebildeten entsprechend zunimmt. Zudem führt die höhere Lebenserwartung zusammen mit dem sich rasch ändernden Wissensstand dazu, dass eine Bildungsphase in der Kindheit und Jugend allein nicht mehr ausreicht und Weiterbildung verstärkt erforderlich wird.

Doch nicht nur Arbeitsmarkt und demografische Entwicklung fordern die Sozialstaaten heraus, sie stehen auch vor Finanzierungsproblemen. Die Liberalisierung der Finanzmärkte und der Märkte für Güter und Dienstleistungen erzeugt von außen einen erheblichen Anpassungsdruck.[13] Europäische Vereinbarungen und Vorgaben der Währungs-, Wirtschafts- und Fiskalunion schränken zudem die finanziellen Spielräume der europäischen Mitgliedstaaten ein, ihre Sozialpolitiken hinreichend mit Mitteln auszustatten. Die Sozialstaaten müssen reagieren. Seit den späten 1970er und 1980er Jahren wird darüber diskutiert, die Aufgaben des Staates auf Kerngebiete zu begrenzen. Aber trotz vieler Versuche von Kostendämpfung, Umbau und Rückbau entwickelt sich die Sozialleistungsquote stabil und steigt tendenziell sogar an.[14]

Bildung gewinnt zunehmend an Bedeutung

Unter diesen Rahmenbedingungen entstand das Leitbild eines »aktivierenden Sozialstaates« oder »Sozialinvestitionsstaates«. Hier versucht der Staat, seine Bürger zu starken Akteuren im Markt zu machen und die Eigenverantwortung jedes Einzelnen zu betonen.[15] Der Staat wird als ein befähigender und ermöglichender Staat verstanden. Er sorgt vor, damit seine Bürger ein selbstbestimmtes Leben führen können.[16] Der neue Stellenwert von Bildung, Ausbildung und Weiterbildung ist offensichtlich.

Wenn sich die Bürger flexibel an die wechselnden Anforderungen der wissensbasierten (Arbeits-)Märkte anpassen und sich eigenständig in die Gesellschaft einfügen sollen,[17] so müssen sie dafür das nötige Rüstzeug erhalten. Bildung nimmt hierbei eine herausragende Stellung ein. Anthony Giddens schreibt: »Der Bildung kommt natürlich eine Schlüsselfunktion zu. Sie ist die wichtigste öffentliche Investition, die die wirtschaftliche Effizienz steigern wie den gesellschaftlichen Zusammenhalt stärken kann.«[18]

Die empirische Bildungsforschung stützt diese Aussage. Sie weist eindeutige Zusammenhänge zwischen Bildung und verschiedenen sozialstaatlich wichtigen Bereichen aus. Gut gebildete Personen werden schneller und dauerhafter in den Arbeitsmarkt eingebunden, sie sind flexibler in ihrer Berufs- und Erwerbskarriere, und sie verfügen über größere Chancen, sich am Arbeitsplatz zu entfalten und zu entwickeln. Entsprechend hoch ist ihre Erwerbsbeteiligung, entsprechend selten werden sie arbeitslos. Gut gebildete Personen bringen sich eher in politische und soziale Prozesse ein,[19] sind gesünder und leben länger als geringer gebildete Menschen.[20] Die Bildung jedes Einzelnen wirkt sich direkt und indirekt auf die Einnahmen und Ausgaben des Staates aus,[21] Bildungsinvestitionen beeinflussen daher das Wirtschaftswachstum entscheidend.[22]

Die empirische Forschung zeigt aber auch, wie schwierig es sein kann, eine konsequente Aktivierung umzusetzen. Niedriggebildeten fehlen die notwendigen Grundlagen, sodass Aktivierungsprogramme auf dem Arbeitsmarkt an ihnen weitgehend vorbeigehen. Das Prinzip des Forderns kann bei ihnen gar nicht greifen. Bildungsarmut und fehlender Zugang zu Wissen sind die sozialen Risiken in einer wissensbasierten Wirtschaftsgesellschaft.[23]

Soziale Investitionsstaaten brauchen gute Bildungssysteme. Sie müssen bestrebt sein, so viele Personen wie möglich mitzunehmen und ausreichend zu qualifizieren.[24] Sie müssen eine »gute Bildung für alle« bereitstellen. Finnland und einige wenige andere Länder tun dies. Deutschland und viele seiner Nachbarn folgen dagegen dem Weg einer »guten Bildung für wenige«. Dieser Ansatz gefährdet die Zukunft unserer Gesellschaft.

Der Sozialstaat braucht zwei Beine

In den meisten Sozialstaatsmodellen werden Bildung, Ausbildung und Weiterbildung wenig beachtet. Die vergleichende Bildungsforschung vernachlässigt ihrerseits den Aufbau des Sozialstaats. Zunehmend werden Sozial- und Bildungsstaat platt einander gegenübergestellt. Es überwiegt dann der Ruf nach einem Sozialinvestitionsstaat, nach einer Bildungsrepublik, als ob diese den Sozialstaat klassischer Prägung schnell und einfach ablösen könnte.

Ein solcher Ansatz muss aus vielen Gründen scheitern. Grundsätzlich lässt sich sozialer Schutz allein durch Bildung nicht gewährleisten. Auch Gebildete werden krank oder arbeitslos.[25] Und auch der beste Bildungsstaat kann nicht alle Bürgerinnen und Bürger mitnehmen. Ein gewisser Anteil – vielleicht die finnischen 8 Prozent[26] – werden sich nicht bilden und nicht aktivieren lassen. Wie Heike Solga zeigt, laufen Ansätze, die nur Bildung berücksichtigen, auch Gefahr, »dass andere, effektivere Problemlösungsstrategien (wie Umverteilung, existenzsichernde Löhne oder der Ausbau von Beschäftigung zur Vermeidung von Arbeitslosigkeit) für soziale und ökonomische Probleme aus dem Blick geraten.«[27] Dies enthebt die Staaten aber nicht ihrer Pflichten: Die meisten Länder müssen viel mehr für Bildung tun, auch wenn es den Wählerinteressen und den Interessen des Sozialstaatsklientels widerspricht, auch wenn es Verteilungskonflikte birgt, auch wenn es eine Generation lang dauern mag, bis sich Reformen in spürbaren Bildungsergebnissen niederschlagen.

Moderne und erfolgreiche Wohlfahrtsstaaten lösen den Sozialstaat konservativer Prägung nicht ab. Sie folgen nicht dem neoliberalen Ruf und verringern die staatlichen Leistungen. Die leistungsfähigsten Länder setzen genauso auf den Bildungsstaat wie auf den Sozialstaat: Sie investieren in zukunftsorientierte Bildung und Wissenschaft. Sie definieren eine hohe Leistungsfähigkeit und eine hohe Leistungsdichte als zentrale Ziele ihrer Bildungspolitik. Gleichzeitig und gleichermaßen betreiben sie eine engagierte Sozialpolitik. So gelingt es den meisten skandinavischen Ländern sehr gut, ein hohes, von den meisten Bürgerinnen und Bürgern erreichtes Bildungsniveau mit einer hohen Absicherung bei Arbeitslosigkeit, Krankheit und Alter zu verbinden. Dabei scheint das eine das andere zu bedingen: In den skandinavischen Ländern zeigen sich vergleichsweise kurze Phasen in Arbeitslosigkeit bei sehr hohen Leistungen. Die Programme der Aktivierung fruchten schnell und sicher, da auf ein angemessenes Niveau von Bildung und Weiterbildung zurückgegriffen werden kann. Hier wird breit gefördert, entsprechend kann auch deutlich gefordert werden.

Auch die angelsächsischen Länder investieren viel in Bildung, erreichen ein überdurchschnittlich hohes Bildungsniveau der Bevölkerung, sichern dieses aber nicht in der Breite ab: Die Bildungsergebnisse sind sehr unterschiedlich, Spitzenleistungen stehen neben Bildungsarmut. In diesen Ländern sehen sich gerade Bildungsarme oft vor dem »Aus«. Die sozialstaatlichen Leistungen sind hier gering. Es muss also zweifach nachgelegt werden: Auf der einen Seite muss mehr Gleichheit in den Bildungsergebnissen hergestellt werden. Auf der anderen Seite braucht es eine größere sorgende Sozialstaatlichkeit gerade für jene, die durch das Netz hoher Bildung fallen.

Die konservativen Sozialstaaten schließlich, darunter auch Deutschland, stehen für hohe Sozialstaatsausgaben und große Schwächen im Bildungsbereich. Der Bildungsstand der Bevölkerung liegt nur auf einem mittleren Niveau und ist zudem ungleich verteilt, die Bildungsinvestitionen sind bescheiden. Diese Länder setzen aufs reine Reparieren und sind damit in Zeiten des demografischen Wandels, höherer Arbeitsmarktanforderungen und neuer Familienformen äußerst krisenanfällig. Sie müssen umsteuern, und das entschlossen und zügig. Insbesondere aber dürfen sich diese Länder nicht vorschnell auf Aktivierung und Politiken des Forderns und Förderns verlassen, denn sie haben dafür noch nicht die Voraussetzungen durch eine entsprechende Bildungspolitik geschaffen.

Bildungs- und Sozialpolitik müssen systematisch aufeinander bezogen werden, über alle Politikfelder hinweg. Der einseitige Weg vom Sozial- zum Bildungsstaat ist eher eine Falle. Er ist dem Modell eines Sozial-Bildungsstaats mit »doppelter Haftung« klar unterlegen.

KAPITEL 10
Länger gemeinsam lernen
Soziale Mobilität für unsere Kinder

Ich erinnere mich gut an meine ersten Berufsjahre. Wenn ich damals, in den 1990er Jahren, eingeladen wurde, über Bildung zu sprechen, wurde mir manchmal sachte, manchmal mit Nachdruck gesagt: »Auf dieser Konferenz wollen wir konstruktiv diskutieren. Wir bitten Sie daher, die Systemfrage nicht zu stellen.«

Diesem Wunsch konnte ich nicht nachkommen. Schulen haben die Aufgabe, Kinder zu unterrichten, sie zu erziehen und ihnen gesellschaftliche Werte zu vermitteln. Wie sollen sie diese Aufgaben erfüllen, wenn die Kinder früh getrennt werden und ihnen dadurch andere Lebenswelten verschlossen bleiben? Durch die frühe Trennung von Schülerinnen und Schülern ist keine Chancengleichheit zu erreichen. Und Niedrigbildung lässt sich in einem mehrgliedrigen System nur schwer vermeiden.

Meine Lehrer an der Universität Mannheim, Walther Müller und Karl Ulrich Mayer, hatten bereits Mitte der 1970er Jahre die deutsche Lage wie folgt beschrieben: »Der Erfolg im Schulsystem [ist] in einer so massiven Weise von Bedingungen der familiären Herkunft abhängig, daß dem Schulsystem als solchem nur eine geringe Chancen egalisierende Funktion zukommt. Im Gegenteil, das Schulsystem wirkt vielmehr in der Weise, daß über Ausbildung Herkunftsprivilegien auf die nachfolgende Generation übertragen werden.«[1] Auch die Deutsche Lebensverlaufsstudie hatte für die Geburtsjahrgänge 1919 bis 1971 gezeigt, wie ungleich die Chancen von Kindern aus unterschiedlichen sozialen Schichten sind, wenn es darum geht, einen guten Schulabschluss zu erreichen.[2] Etwas später konnte man dann belegen, dass die Schulform Herkunftsprivilegien sogar noch vergrößert.

Die Systemfrage war für mich beantwortet. Ich interessierte mich damals also stärker für den Folgeschritt, das »Wie« eines neuen Schulsystems: Wie formt man eine Schule, die alle Kinder bis zur neunten oder zehnten Klasse, also dem Ende der Schulpflicht, mitnimmt? Pionierleistungen waren nicht nötig. Finnland hatte bereits ab 1972 sein Bildungssystem von einem dreigliedrigen auf ein ungegliedertes System umgestellt und die Schulen entsprechend umgestaltet. Alle Kinder bleiben von der ersten bis neunten Klasse zusammen und werden gemeinsam beschult. Diesem Umbau gingen in Finnland konstruktive Diskussionen voraus, denen solide Erkenntnisse der empirischen Bildungsforschung zugrunde lagen.[3]

Mit der Mehrgliedrigkeit verbunden war damals auch mein eigentliches Thema: die Bildungsarmut. Diesen Begriff führte ich in dem Kapitel über Bildung im Münchner Armutsbericht 1997 ein. Wie schaffen wir es, den Anteil junger Menschen zu senken, die keinen schulischen oder beruflichen Abschluss haben? Dies schien mir auch eine zentrale Frage der Sozialpolitik zu sein. Den meisten Arbeitslosen fehlt eine gute Bildung und Ausbildung. Hier müssen wir ansetzen. Natürlich dürfen wir auch die Absicherung gegen Arbeitslosigkeit und andere Wechselfälle des Lebens nicht vergessen. Der Sozialstaat braucht eben zwei Beine.

Eine ablehnende Stellungnahme der Münchner Schulbehörde erfolgte prompt: »Lernen bzw. das Aneignen von Bildung wird von den Autoren nicht als Eigenleistung, sondern als Aufgabe von Institutionen gesehen. Dementsprechend wird die Ursache für eine vermeintliche ›Bildungsarmut‹ durchgängig bei den Institutionen, also den Schulen, gesucht, nicht aber beim Einzelnen, also beim Schüler. Wenn ein Schüler keinen Abschluß erreicht, dann ist er nach Ansicht der Autoren offenbar nicht in erster Linie selbst dafür verantwortlich.«[4] Die Behörde sagte also: Es gibt keine Bildungsarmut. Und wenn es doch eine geben würde, so sind die Kinder selbst daran schuld.

Mehrgliedrigkeit und Bildungsarmut sind Schlüsselthemen, wenn es um die Chancengleichheit unserer Kinder geht. Dies zeigt der internationale Vergleich: Schulsysteme, die von der Mehrgliedrigkeit abgerückt sind und die Kinder länger gemeinsam unterrichten, geben Kindern aus weniger privilegierten Schichten bessere Bildungschancen.[5] Einige dieser Schulsysteme schaffen es, »niemand[en] zurückzulassen«[6] und fast alle Kinder aus der Bildungsarmut herauszuführen. Die Kinder aus den privilegierten Schichten verlieren dadurch nichts, und besonders leistungsstarke Kinder werden auch hier angemessen gefordert. Die arme Basis der Bildungspyramide ist in diesen Bildungssystemen weit schmaler und die Leistungsspitze oft breiter. Strukturelle Reformen sind kein Garant für ein besseres Bildungssystem. Doch um ein gutes Bildungssystem aufzubauen, muss man auf Mehrgliedrigkeit verzichten.

In Deutschland sind Mehrgliedrigkeit und Bildungsarmut bis heute ideologisch besetzte und umkämpfte Felder. Das hat nicht zuletzt der Volksentscheid in Hamburg 2010[7] wieder gezeigt, der sich gegen eine »Primarschule« für alle Kinder bis zum Alter von zwölf Jahren richtete. Dennoch hat sich in Deutschland in den letzten Jahren viel getan. An der Mehrgliedrigkeit wurde gerüttelt, immerhin wurden Gemeinschaftsschulen, Sekundar- und Stadtteilschulen eingerichtet. Begehrte Abschlüsse wie das Abitur – und damit die Berechtigung zum Studium – erreicht man heute häufiger und auch über andere Wege als über das allgemeinbildende Gymnasium. Bildungsarmut ist als Thema angekommen. Vor Kurzem hat das Bundesministerium für Bildung und Forschung eine »Nationale Strategie zur Verringerung der Zahl der funktionalen Analphabeten« angekündigt, nachdem in einer Studie geschätzt wurde, dass in Deutschland 7,5 Millionen Menschen zwar einzelne Sätze lesen oder schreiben, aber keine kürzeren zusammenhängenden Texte verstehen können.[8] Ein Umdenken setzt langsam ein. Doch die grundlegenden institutionellen Bedingungen, die Bildungsarmut immer neu erzeugen, wurden bis heute nicht verändert.

Um das im Einzelnen zeigen zu können, sind zunächst einige Begriffe zu klären: Wie messen wir Bildung? Was verstehen wir unter Bildungsarmut? Was heißt Chancengleichheit?

Bildung! Bildung! Bildung!
Doch wie messen wir diese?

Relativ einfach können wir es uns machen, wenn wir Abschlüsse auswerten. Wer schon einmal an einer Befragung teilgenommen oder sich Bildungsstatistiken angesehen hat, der weiß, dass häufig der höchste erreichte Abschluss in Schule und Ausbildung abgefragt wird. Wenn wir Abschlüsse erheben, gehen wir also notwendig davon aus, dass diese vergleichbar sind. Doch ist das so?

In der Tat sagt es noch nicht viel über das Bildungssystem eines Landes aus, wenn wir lediglich die Anteile von Schülerinnen und Schülern mit bestimmten Abschlüssen genau kennen. Die Unterschiede könnten sich ja allein aus den wirtschaftlichen Rahmenbedingungen eines Landes, dem Anteil von Einwanderern oder aus dem Bildungssystem selbst ergeben. Zusätzlich brauchen wir also viele Informationen über die einzelnen Länder: Wie steht es um den Wohlstand eines Landes? Wie setzt sich die Bevölkerung zusammen? Wie hoch ist der Anteil von Schülerinnen und Schülern, deren Muttersprache nicht die jeweilige Landessprache ist? Wie hoch ist die soziale Ungleichheit? Gibt es viele Menschen, die in Armut leben? Wir brauchen auch Angaben über die Bildungssysteme: Wie gut sind sie finanziert? Wie sind sie aufgebaut? Wie werden die Lehrerinnen und Lehrer ausgebildet? Wie viele Stunden müssen sie unterrichten? Werden sie gut bezahlt?

Welche Fähigkeiten und Fertigkeiten hinter den Abschlüssen stecken, erfahren wir so noch immer nicht. Hier können uns nur Informationen aus Leistungstests etwas weiterhelfen. Vom Namen her kennen wir seit dem Jahr 2000 alle die großen PISA-Studien. PISA misst Kompetenzen bei Fünfzehnjährigen in vielen Ländern der OECD.[9] Es geht dabei um kognitive Kompetenzen. Andere Bestandteile einer breit zu verstehenden Bildung – wie soziale und emotionale Fähigkeiten oder das Demokratieverständnis – werden nicht abgebildet. Welche Erkenntnisse haben wir durch diese und viele andere Leistungsstudien gewonnen?

Die Kompetenzerhebungen bieten uns zunächst Daten für einen internationalen Vergleich des Leistungsstands in den unterschiedlichen Schulsystemen. Die Schulministerien und Forschungseinrichtungen aller teilnehmenden Länder einigen sich auf Testfragen, die in allen Ländern einheitlich gestellt und ausgewertet werden. Die Leistung jedes einzelnen Schülers wird in Punkten gemessen. Über die Punktzahlen berechnet man den Mittelwert eines Landes. Dieser bestimmt die *Leistungshöhe*. Man kann auch ermitteln, wie stark die Leistungen der Jugendlichen in einem Land von diesem Mittelwert abweichen. Dann spricht man von der *Leistungsstreuung*. Je geringer die Abweichung ist, umso niedriger ist die Streuung, und umso gerechter ist das Bildungssystem. Mit anderen Worten: Bei gleicher Leistungshöhe zweier Länder kann das eine Land alle Menschen mit ähnlichen Kompetenzen ausstatten, das andere Land dagegen trennt stark zwischen Menschen, kennt also ausgeprägte Bildungsarmut wie ausgeprägten Bildungsreichtum. Anhand der Leistungshöhe und der Leistungsstreuung lassen sich unterschiedliche »Regime der Kompetenzproduktion« in den OECD-Staaten erkennen.[10]

Kompetenzmessungen zeigen zudem, welche kognitiven Kompetenzen hinter den erreichten Abschlüssen liegen. Wir müssen uns immer wieder klarmachen, dass Kompetenzen und Abschlüsse nicht dasselbe messen. Es gibt Länder, die sehr vielen Menschen einen Abschluss zusprechen und dennoch ein Kompetenzniveau besitzen, das weit unter dem OECD-Durchschnitt liegt. Und es gibt Länder, die fabelhafte Kompetenzergebnisse aufweisen, aber vergleichsweise wenige Abschlüsse verleihen. Was für einzelne Menschen gilt, trifft eben auch auf ganze Länder zu: Manche haben eine hohe formale Bildung, aber vergleichsweise niedrige Kompetenzen. Und bei anderen ist die Lage genau umgekehrt.

Hieraus lernen wir: Erstens lassen sich anhand der Messung von Kompetenzen viele neue Erkenntnisse sammeln. In den letzten zwanzig Jahren hat sich die Bildungsforschung auch deswegen deutlich weiterentwickelt. Wir sollten zweitens mit Richtlinien, die sich auf Abschlüsse beziehen, sehr vorsichtig umgehen. Wenn die Europäische Kommission und die OECD internationale Soll-Werte auflegen und etwa vorgeben, wie viele Menschen eines Landes studieren sollten, so kann das in die völlig falsche Richtung führen. Abschlüsse nur der Abschlüsse und der Zielvorgaben wegen haben keinen Sinn. Drittens, Abschlüsse und Kompetenzen messen nicht das Gleiche. Wir müssen uns vor solchen Schnellzuschreibungen hüten. Viertens vermessen Abschlüsse und Kompetenzen nicht alles. Der ganze Mensch muss im Blick bleiben, seine emotionalen und sozialen Fähigkeiten.

Letztlich können wir mit Kompetenzmessungen auch sehen, wie sich Schülerinnen und Schüler in den einzelnen Bildungssystemen im Zeitverlauf entwickeln. Hierfür reichen die PISA-Daten nicht aus, da sie nur die Kompetenzen zu einem

Zeitpunkt, nämlich im Alter von fünfzehn Jahren abbilden. Es gibt aber Untersuchungen, die Kinder in ihrer Schullaufbahn begleiten und sie wiederholt testen. Als Beispiel können wir die Studie *Aspekte der Lernausgangslage und der Lernentwicklung* (LAU) heranziehen.[11] Sie belegt, dass die Schulform mit dazu beiträgt, dass die Leistungen der Schüler im Zeitverlauf auseinanderdriften.[12]

Bildung ist Menschenrecht. Um wie viel Bildung geht es?

Wir sprechen über das Recht auf Bildung, sogar über ein Menschenrecht auf Bildung.[13] Wie viel Bildung ist damit gemeint? Lässt sich eine Mindest- und Grundbildung bestimmen, die allen Bürgerinnen und Bürgern zukommen sollte? Ist es möglich, ein Mindestniveau zu bestimmen, das nicht unterschritten werden darf, wenn das Recht auf Bildung nicht verletzt werden soll?

Antworten auf diese Fragen können zunächst beim Umgang mit anderen Armutslagen gesucht werden, etwa bei schlechtem Wohnen, beeinträchtigter Gesundheit und mangelndem Einkommen. So kennt man bei Einkommen und Vermögen schon immer die Begriffe »reich« und »arm«. Dabei wird unterschieden zwischen einer absoluten Armut, dem Unterschreiten des Existenzminimums, und einer relativen Armut, einem Maß, welches das eigene Einkommen in Bezug setzt zur Verteilung des Einkommens einer Gesellschaft.

Definiert man nun Bildungsarmut, stellen sich folgende Herausforderungen: Soll bei der Bildung ein absoluter Maßstab angelegt werden? Das wäre ein Mindeststandard, der allerdings schnell seine Aktualität verliert, weil sich eine Wissensgesellschaft ständig weiterentwickelt. Oder soll ein relativer Standard herangezogen werden?[14] Ein solches Maß würde dem Teilhabegedanken folgen und sich an relativen Armutslagen im Allgemeinen orientieren. Auch ist zu klären, ob man Kompetenzwerte oder Abschlüsse als Berechnungsgrundlage benutzt. Letztlich muss eine Antwort gefunden werden, ob und inwieweit die Dynamik von Bildungsarmut, also die Dauer dieser Unterversorgung und damit ihre Verfestigung, berücksichtigt werden soll. Heißt »einmal bildungsarm, immer bildungsarm«? Kann man der Bildungsarmut im Lebensverlauf entkommen und später gar wieder dorthin zurückfallen?

In Deutschland ist ein absoluter Mindeststandard an Bildung für alle durch die Schulpflicht vorgegeben. Messen wir Bildungsarmut mit Abschlüssen, so zeigt ein fehlender Hauptschul- oder Ausbildungsabschluss eine absolute Unterversorgung mit schulischer Bildung an. Messen wir Bildungsarmut mit Kompetenzen, können wir uns auf die Stufe I bei PISA beziehen, die niedrigste Stufe in der Kompetenzverteilung:[15] Jugendliche, deren Werte auf dieser Stufe liegen, verfügen nicht über die Grundfertigkeiten, welche man in unserer heutigen Gesellschaft benötigt, um effektiv und produktiv am Leben teilzunehmen.[16] Diese Jugendlichen gelten als absolut »kompetenzarm«.

Wie steht es nun um relative Maße? Mit ihnen bestimmen wir, wie viele Menschen deutlich weniger gebildet sind als der Durchschnitt aller Personen in dem entsprechenden Land. Stellen wir auf Abschlüsse ab, so ist der Hauptschulabschluss ein naheliegendes Maß. Über die Zeit hat er ständig an Bedeutung verloren. Dies zeigt die Bildungsbeteiligung nach Schularten in den Jahren 1960 bis 2005 in den achten Klassen: 1960 waren 72 Prozent der Schülerinnen und Schüler in Volks-und Hauptschulen, 1970 waren es 56 Prozent, 1980 noch 41 Prozent, 1990 dann 34 Prozent und 2000 schließlich 23 Prozent. Im Jahr 2005 stieg der Wert wieder leicht auf 24 Prozent an.[17] Diese Zahlen zeigen annähernd, wie viele Schülerinnen und Schüler zunächst »nur« mit dem Hauptschulabschluss die Schulen verlassen. Aus vielen Untersuchungen zum Eintritt in die Ausbildungssysteme wissen wir, dass ihnen ein problemloser Übertritt in die duale und schulische Ausbildung nicht leicht gemacht wird. Als relatives Armutsmaß scheint der Hauptschulabschluss daher angemessen zu sein.

Bestimmen wir relative Bildungsarmut über Kompetenzwerte, liegt ein Vorgehen auf der Hand, welches sich zunächst an dem Mittelwert des jeweiligen Landes orientiert und von diesem eine feste Punktzahl an Kompetenzen abzieht. Hier kann man auf die Punktzahl zurückgreifen, die man durchschnittlich als Kompetenzzuwachs innerhalb eines Schuljahres erreichen kann. Dieser Wert liegt bei etwa 39 Punkten.[18] Kurz: Alle Schüler in einem Land, die ein Jahr »zurückliegen«, werden als relativ kompetenzarm bezeichnet.

Auf die Plätze, fertig, los!
Wie steht es um die Chancengleichheit?

Es war hier schon wiederholt von Chancengleichheit die Rede. Wie ist dieser Begriff empirisch zu fassen? Aus der Vielfalt der Möglichkeiten greife ich zwei heraus und unterscheide zwischen Chancengleichheit und Startchancengerechtigkeit. *Chancengleichheit* umschreibt die Vorstellung, jede und jeder solle bei gleicher Leistung die gleichen Chancen beim Zugang zu Bildung erhalten. Dies ist eine sehr konservative Definition. Kinder zeigen je nach sozialem Status und Bildungsstand ihres Elternhauses zu Beginn der Schulzeit meist unterschiedliche Fertigkeiten. Dies liegt an dem jeweiligen häuslichen Anregungsniveau und an Unterschieden in der frühkindlichen außerhäuslichen Betreuung. Nach dieser Definition wäre eine Chancengleichheit schon dann gegeben, wenn die Kinder nach ihrem Leistungsniveau Zugang zu weiterer Bildung bekämen.

Weitergehend kann man aber auch von *Startchancengerechtigkeit* sprechen. Dies ist ein voraussetzungsvolles Ziel. Allen Menschen sind die gleichen Startchancen zu geben. Nehmen wir folgendes Bild: Vor einem hohen Baum sind mehrere Tiere versammelt. Der an Land ungelenke Pinguin, die winzige Maus, der wendige Affe, die große Giraffe, der dicke Elefant, der im Wasser flinke Fisch. Sie alle sollen die Krone des Baumes erklimmen. Ein Schiedsrichter nimmt die Zeit – dieselbe Maßeinheit für alle. Sofort ist uns klar, wie viel nötig wäre, damit Maus wie Fisch, Affe wie Giraffe die gleiche Chance erhalten, das Geforderte zu leisten. Übertragen wir die Situation auf das deutsche Bildungssystem, kann hier von Startchancengerechtigkeit bisher keine Rede sein. Kinder aus verschiedenen sozialen Schichten, Kinder mit und ohne Migrationshintergrund, Kinder mit und ohne Förderbedarf – sie alle treten mit ungleichen Voraussetzungen in die Schule ein und erreichen dadurch ganz unterschiedliche Kompetenzstufen und Abschlüsse. Erst wenn diese ausgleichende Förderung gegeben ist, kann ein »Leistungswettbewerb« legitim sein.[19] Wir werden sehen, dass beide Prinzipien in Deutschland verletzt werden.

Wie misst man die soziale Herkunft der Menschen? Was versteht man unter sozial privilegierten, was unter bildungsnahen und bildungsfernen Schichten? Es gibt viele Ansätze: Geschaut wird auf das Einkommen des Vaters, der Mutter oder des Haushalts insgesamt, auf den Beruf, auf die berufliche Stellung, auf die Bildung und Ausbildung. Erfassen möchte man die Schicht oder das Milieu, in dem die Kinder heranwachsen. Für die PISA-Untersuchungen hat man sich auf eine ganze Reihe von Merkmalen geeinigt, die, um die Terminologie des Konsortiums zu nutzen, den »Hintergrund« und den »sozioökonomischen Hintergrund« bestimmen. »Hintergrund« meint verschiedene Kennzeichen der Familie und des Lebensumfelds der einzelnen Schülerinnen und Schüler, so ihren Migrationshintergrund, die zu Hause gesprochene Sprache, die

Familienstruktur und den sozial-räumlichen Standort der Schule. »Sozioökonomischer Hintergrund«, der engere Begriff, erfasst etwa den Bildungsabschluss der Eltern, ihren Beruf und Besitz. Er wird mit dem PISA-Index des wirtschaftlichen, sozialen und kulturellen Status (ESCS) gemessen.[20]

Willkommen in der Fremde.
Mobilität für unsere Kinder

»Schuster, bleib bei deinen Leisten«, so lautet ein altes Sprichwort. In Deutschland ist es bis heute gültig: Kinder von wenig gebildeten und finanziell schlecht abgesicherten Eltern verharren in ihrer sozialen Schicht. Nur selten steigen sie in eine höhere Schicht auf.

Alex, Erkan, Jenny und Laura stehen nicht repräsentativ für die Kinder von heute, aber sie sind auch keine Einzelfälle, das habe ich schon gezeigt. In Deutschland beginnt die Trennung der Kinder früh. Gerade Kinder, denen die Angebote in einer Kita am meisten helfen würden, besuchen sie am seltensten. Zumal Ganztagskindergärten mit überzeugenden pädagogischen Konzepten auch zu langsam eingerichtet werden. Dabei könnte man gerade bei kleinen Kindern so viel erreichen: Sie könnten Kenntnisse und Fähigkeiten erwerben, die sie sogar zu den Kindern aus gut gestellten Elternhäusern aufschließen lassen. Bald folgt für sie die nächste Hürde: der Schuleintritt. Werden Kinder aus weniger privilegierten Elternhäusern zurückgestellt, trifft es sie besonders hart. Denn zügig stehen die Kinder vor der größten Barriere: Sie werden auf unterschiedliche Schulformen verteilt. Selbst wenn sie gute Leistungen erbringen, schaffen sie meist den Sprung nach oben nicht mehr. Ihnen fehlt das passende Elternhaus.

Wie lässt sich dieser Ausleseprozess mit unserer viel beschworenen Leistungsgesellschaft vereinbaren? Die Prinzipien, die wir uns selbst gemeinsam gesetzt haben, werden hier eklatant verletzt. Gleiche Leistungen dürfen nicht je nach sozialer Schicht in unterschiedliche Schulformen führen, zumal die Schulformen die Leistungsunterschiede noch weiter verstärken, wie die Untersuchungen der »differentiellen Entwicklungsmilieus« zeigten. Die frühe Trennung wirft lange Schatten auf den Lebensverlauf und lässt sich kaum noch korrigieren. Zwar werden heute Abschlüsse häufiger über andere als die »allgemeinen« Wege vergeben, doch wir wissen, dass sich hinter diesen Abschlüssen oft ganz andere Kompetenzen verbergen.[21]

Arbeitgeber überlegen sich mittlerweile gut, ob sie diese Abschlüsse so einfach anerkennen. Und gleiche Abschlüsse werden oft nicht gleich anerkannt. Vielen gilt der zweite Bildungsweg noch immer als Makel. »Jede Zuordnung zu einer Schulform muss korrigierbar sein«, forderte der Deutsche Bildungsrat schon 1970. Die Ergebnisse der neueren Bildungsforschung zeigen aber, dass Korrekturen nur noch begrenzt möglich sind. Abschlüsse kann man vergeben. Eine gedrosselte Kompetenzentwicklung im Jugendalter kann man aber, wenn überhaupt, nur schwer nachholen.[22]

Die Faktenlage ist bedrückend. Schauen wir auf die Rahmenbedingungen zu Hause, die außerhäusliche Betreuung in frühen Jahren, die geringen Überweisungsraten in weiterführende Schulen trotz hoher Leistungswerte, eine unterschiedliche Entwicklung der Leistungswerte in den Schulformen, nachgeholte Abschlüsse, die nicht halten, was sie an Kompetenz versprechen. Der hohe Anteil Bildungsarmer wird so institutionell verursacht.

»Keine Diskussion über Schulsysteme, bitte.« Warum? Weil es keine Alternative gibt und alle Schulsysteme Kinder dahin führen, woher sie kamen? Ist das, was wir in Deutschland an Bildungswegen sehen, zwar zu beklagen, aber nicht zu vermeiden?

Der internationale Vergleich wird dies zeigen. Die PISA-Erhebungen machen ihn so aussagekräftig wie nie zuvor. Wir stellen die Leistungen der »Bildungsrepublik Deutschland« den Leistungen anderer Bildungssysteme gegenüber. Dies erfolgt in drei Schritten: Wir vergleichen Leistungshöhe und Leistungsstreuung, Bildungsarmut und Bildungsreichtum und die Chancengleichheit nach sozialer Herkunft.

Als Bezugspunkt wählen wir die Kompetenzwerte der Länder, die Mitglied in der OECD sind. Neben Deutschland betrachten wir Finnland genauer. Finnland hat das erfolgreichste Bildungssystem in Europa. Das Land beschritt jahrzehntelang den Weg der Dreigliedrigkeit und beschloss 1968, sein Bildungssystem umzustellen. Heute bietet es eine Schule für alle bis zur neunten oder zehnten Klasse.

Die Ungleichheit in den Bildungsergebnissen ist in Deutschland besonders hoch

Die Schülerinnen und Schüler aller OECD-Länder erzielen beim Leseverständnis durchschnittlich 493 Punkte (PISA 2009). Deutschland erreicht 497 Punkte und liegt damit gerade so über dem OECD-Durchschnitt. Finnland erreicht 536 Punkte. Rein rechnerisch unterscheidet sich die Lesekompetenz zwischen Deutschland und Finnland damit um einen Wert, der ungefähr ein ganzes Schuljahr an Lernen ausmacht.

Die Leistungsstreuung in Deutschland ist hoch. Die Schüler weichen 95 Punkte vom Mittelwert ab. In Finnland ist die Leistungsstreuung mit 86 Punkten niedriger. Finnland bietet eine gute Bildung für alle. Deutschland stellt eine gute Bildung für vergleichsweise wenige bereit. In Deutschland lässt sich die hohe Leistungsstreuung nicht zuletzt darauf zurückführen, dass die Schülerinnen und Schüler früh auf unterschiedliche Schulformen verteilt werden.

Die Bildungsarmut ist in Deutschland besonders hoch

Die Leistungs(un)fähigkeit eines Schulsystems lässt sich klar daran bemessen, wie viele bildungsarme Menschen es zurücklässt. Im OECD-Durchschnitt erreichen 19 Prozent der Jugendlichen nicht die Kompetenzstufe II, das sind 25 Prozent der Jungen und 13 Prozent der Mädchen. In Deutschland schaffen rund 19 Prozent der fünfzehnjährigen Schülerinnen und Schüler die Kompetenzstufe II nicht. Von den Jungen zählen 24 Prozent zu den Bildungsarmen, das ist fast ein Viertel des Jahrgangs. Bei den Mädchen beträgt der Anteil 13 Prozent. Sehr viele Schülerinnen und Schüler besitzen nicht die Basisfertigkeiten, um erfolgreich am Leben teilzuhaben.[23]

In Finnland zeigt sich ein völlig anderes Bild. Insgesamt sind 8 Prozent der Jugendlichen bildungsarm, also weniger als halb so viele wie in Deutschland. Die finnischen Jungen liegen bei 13 Prozent – das ist der Wert der deutschen Mädchen. Nur 3 Prozent der finnischen Mädchen bleiben unter der Kompetenzstufe II.

Betrachtet man weitere OECD-Länder, so wird deutlich: Selbst Volkswirtschaften mit geringem Wachstum, geringem Wohlstand und höherer Ungleichheit in der Einkommensverteilung als Deutschland gelingt es, niedrigere Armutswerte zu erzielen. Bildungsarmut ist kein Schicksal. Schulen, jedenfalls in anderen Ländern, schaffen es, mehr Kindern ihr Recht auf Mindestbildung zu erfüllen.

Nehmen wir die vielen deutschen Bildungsarmen vielleicht deshalb in Kauf, weil unser mehrgliedriges System wenigstens in der Lage ist, mehr Spitzenleistungen zu erbringen? Die OECD definiert Spitzenleistungen als Kompetenzwerte, die auf den Stufen V und VI der PISA-Untersuchung liegen und schreibt:[24] »Diejenigen, die dieses Niveau erreichen, [sind] wohl als die potenziellen Weltklasse-Wissensarbeiter von morgen zu betrachten.«[25]

Potenzielle Weltklasse-Wissensarbeiter findet man in Deutschland nur sehr wenige. Im OECD-Durchschnitt erreichen knapp 8 Prozent der Fünfzehnjährigen die höchsten PISA-Kompetenzstufen V und VI. Deutschland liegt genau auf diesem Schnitt. Finnland erreicht einen Wert von etwa 15 Prozent und damit fast das Doppelte des deutschen Werts.

Bemerkenswert ist, dass sich in Deutschland wie in Finnland die erwartet hohen Unterschiede zwischen Mädchen und Jungen zeigen: In Finnland erreichen 21 Prozent der fünfzehnjährigen Mädchen und »nur« 8 Prozent der fünfzehnjährigen Jungen die höchste Kompetenzstufe. Dies entspricht einem Verhältnis von 2,6 zu 1. In Deutschland liegt das Verhältnis ähnlich – nur auf einem wesentlich niedrigeren Niveau. Die höchste Stufe erreichen 11 Prozent der Mädchen und etwa 4 Prozent der Jungen.

Kurzum: Auch mit einem Mehr an Bildungsreichtum lässt sich das deutsche dreigliedrige System nicht rechtfertigen. Wir können also der Systemfrage nicht einmal so mit gutem – oder eigentlich halbschlechtem – Gewissen ausweichen.

Das sieht man auch an den Abschlüssen. Die mit Abschlüssen gemessene Bildungsarmut ist zwar deutlich niedriger als die Kompetenzarmut, dafür aber mit umso schärferen Sanktionen versehen. Finnland verzeichnet eine wesentlich geringere absolute Abschlussarmut als Deutschland. Aufgrund der unterschiedlichen Schulsysteme verbietet sich eine genaue Quantifizierung. Annäherungsweise kann man aber die Beendigung des Sekundarbereichs II heranziehen. Hier beträgt die Abschlussquote für das Jahr 2009 in Deutschland 84 Prozent und in Finnland 95 Prozent. Fehlende Abschlüsse grenzen weit mehr aus, als es fehlende Kompetenzen tun. Kompetenzwerte werden in keiner Stellenausschreibung aufgelistet und (noch?) bei keinem Bewerbungsgespräch verlangt. Der

Abschluss dagegen ist als Türöffner unersetzlich. Was die Sache noch bedenklicher macht: Im internationalen Vergleich sind in Deutschland Abschlüsse besonders wichtig.

Deutschland lässt seine Potenziale links liegen

Häufig wird kritisiert: Die internationalen Vergleiche hinken. Der Einwand ist berechtigt, wenn man die wesentlichen Rahmenbedingungen der Länder nicht mit in die Untersuchung einbeziehet. Doch genau dies ist heute mit den datenreichen PISA-Erhebungen möglich und geschehen.

Auf der Ebene von Nationalstaaten können wir ermitteln, ob soziale Ungleichheiten zwischen den Schülerinnen und Schülern oder ihre sozioökonomische Lage die Kompetenzwerte des Landes prägen. Sie tun es nicht. Das ist ein gutes Ergebnis, denn es zeigt Gestaltungsspielraum. Kindern werden selbst dann Chancen eröffnet, wenn der Wohlstand eines Landes niedrig ist oder die Einkommen äußerst ungleich verteilt sind. Beispiele hierfür sind Island und Ungarn. In beiden Ländern sind die Einkommensspreizungen nicht markanter als in anderen Ländern. Der Gini-Koeffizient liegt bei 0,29,[26] der OECD-Durchschnitt bei 0,31. In Island werden die Leistungswerte der Kinder aber vom Elternhaus kaum vorherbestimmt. In Ungarn geschieht dies dagegen durchaus.[27]

Wir können auch für jede einzelne Schülerin und jeden einzelnen Schüler untersuchen, wie stark das Elternhaus die Kompetenzwerte der Kinder bestimmt. In Deutschland ist der Einfluss groß: Das deutsche Bildungssystem macht es Kindern, die einen niedrigen sozioökonomischen Hintergrund haben, schwer, hohe Kompetenzwerte zu erreichen: Kinder in Finnland sind mobiler. Ihre Leistungen hängen weit weniger von ihrem Elternhaus ab.[28] Im OECD-Vergleich binden nur vier Staaten die Chancen ihrer Kinder enger an ihre Eltern, als es in Deutschland geschieht.[29] Positiv formuliert kann man auch fragen: Wie vielen Kindern gelingt es trotz widriger Umstände, hohe Leistungen zu erzielen? Diese Kinder nennt man »resiliente« Kinder, abgeleitet von dem englischen Wort für widerstandsfähig. In Finnland sind 46 Prozent der sozioökonomisch benachteiligten Schülerinnen und Schüler resilient, in Deutschland nur die Hälfte, also 23 Prozent.[30]

Was lehrt uns dieser Vergleich? Das Bildungssystem übt einen gewaltigen Einfluss auf die Bildungschancen von Kindern aus. Doch wir können es gestalten: Es kann Kindern den Weg öffnen, der Bildungsarmut zu entkommen und Kompetenzen unabhängig vom eigenen sozialen Hintergrund zu erwerben. Umgekehrt kann ein Bildungssystem auch an die Herkunft fesseln, ganz gleich, welche Potenziale die Kinder in sich tragen. Solche Systeme bieten keine Chancengleichheit, sie sind ungerecht und erlauben es den Kindern nicht, sich gemäß ihren Möglichkeiten zu entfalten.

Nun bin ich 25 Jahre im Beruf. Der Begriff der Bildungsarmut hat sich mittlerweile durchgesetzt. Und auch die Systemfrage wurde gestellt. Allerdings ging es dabei nicht um Chancengleichheit. Nicht einmal um Nachhaltigkeit. Auch nicht um die Kosten der Bildungsarmut, die mittlerweile genau berechnet worden sind. Nein, es ging um die gering ausgelasteten Schulen auf dem Lande, um die vielen Schulschließungen und die wieder längeren Schulwege. Da erst wurde man aktiv. Plötzlich wurden Schulen zusammengeschlossen, plötzlich lernte man unter einem Dach. Nur das Gymnasium lässt man außen vor. Es steht allein, noch immer.

Schon wieder erreichen mich Einladungen zu Vorträgen »ohne die Systemfrage, bitte«. Mittlerweile haben wir in einigen Bundesländern den hoch gelobten Schulfrieden – immerhin in der Zweigliedrigkeit. Wie lange noch?

KAPITEL 11
Demokratie wagen
Breite Bildung in unserem Unterricht

Im Sommer 2012 wurde ich gebeten, den Aufruf »Schule im Aufbruch« zu unterstützen: Eine Gruppe um den Neurobiologen Gerald Hüther, den Juristen Stephan Breidenbach und den Soziologen Peter Spiegel organisiert eine Bürgerbewegung, die unsere Schulen verbessern und umgestalten möchte. Gefordert wird eine neue Lernkultur, ein Umdenken, eine neue Haltung von Lehrern, Eltern und Schülern.

»Die Kluft zwischen den Anforderungen unserer Zeit und einem Bildungssystem, das noch auf den Paradigmen des industriellen Zeitalters beruht, wird immer größer«, schreiben die drei Initiatoren. »Gebraucht werden keine Einzelkämpfer, angepasste Pflichterfüller oder Auswendiglerner. Auch darf es nicht sein, dass Schüler ihre angeborene Begeisterung am Lernen, Entdecken und Entwickeln zunehmend verlieren oder dass Kinder und Jugendliche mit Gleichgültigkeit, Widerstand oder gar Angst zur Schule gehen. (…) Vertrauensvolle Beziehungen und Wertschätzung sind zentrale Elemente einer Lernkultur, die Schüler dazu einlädt und inspiriert, ihre besonderen Begabungen und Potenziale zu entfalten. Diesen grundlegenden Wandel können nur wir selbst, als verantwortungsbewusste Bürger, in Gang setzen: von unten, vor Ort, an jeder einzelnen Schule.«[1]

Die Forderungen sind nicht neu. Wer könnte ihnen denn nicht zustimmen? Beim Lesen kamen mir drei ganz unterschiedliche Zusammenhänge in den Sinn: die internationale Schule von Alex, das finnische Schulsystem, einige deutsche

Schulen und der Wertekanon der Vereinten Nationen, von OECD und Europäischer Union. Überall finden sich Bezüge und erstaunliche Parallelen. Auch das zeigt: Unterrichtsmethoden und Unterrichtsinhalte sind nicht an ein Territorium, an eine Nation gebunden. Die Strukturen und Erfolge des finnischen Schulsystems oder auch der internationalen Schulen mögen den Besonderheiten des Landes, der Ausstattung oder der Finanzierung geschuldet sein. Die Formen und Inhalte des Unterrichts aber können, sollen und müssen überall eingesetzt werden. Was Ursachen, Auslöser und institutionelle Pfade angeht, ist Finnland wie auch die internationale Schule für uns zwar kein Modell, wohl aber für den dort aufgedeckten sozialen und pädagogischen Bewegungsspielraum und damit auch für Formen und Inhalte des Unterrichts.

Alex ist kein Pflichterfüller.
»Er wurde zum wertvollen Mitglied der Schülerschaft
und übernahm eine führende Rolle in der Organisation
von Veranstaltungen.«

Ich zog die letzte E-Mail von Alex aus meinen Unterlagen. Sein Zeugnis, sieben Monate vor dem Abitur. Es enthält sechs Seiten Beurteilungen der Fachlehrer, des persönlichen Tutors, der Verantwortlichen für Studienangelegenheiten und des Wohnhausleiters. Hier also gibt es sie, die Dialogpartner. Alex hatte sich ihnen gegenüber zunächst selbst einzuschätzen: In diesen Bereichen bin ich mit mir zufrieden, in jenen nicht, das will ich jeweils erreichen. Die Lehrerinnen und Lehrer kommentierten und ergänzten seine Bewertungen. »Alex has become a self-starter who takes pride in delivering work of a very high standard«, ist da zu lesen. Kontrolle von außen braucht er nicht mehr. Er motiviert sich selbst und ist stolz auf sich, wenn er sehr gute Leistungen erbringt. Auch die sozialen Interaktionen sind wichtig und werden herausgestrichen: »Alex has been a valuable member of the student body this year. He is demonstrating a good ability to organise other students.« Er integriert sich und kann integrieren. Dann wird das soziale Engagement gewürdigt: »He is great in helping to organise classroom events. He is taking a leading role in helping to arrange fundraising events.« Und dann, ganz britisch und fast nicht zu übersetzen: »Alex has a dry sense of humour and has a strong group of friends.« Alex hat einen trockenen Humor und einen festen Freundeskreis.[2] In diesem Teil des Zeugnisses standen keine Noten. Sie fanden sich getrennt, ganz am Ende, in einer unscheinbar wirkenden Tabelle. Sie sind sehr gut.

Die Schule von Alex hat den Aufbruch vollzogen. Die Kultur der Anerkennung spürt man beim Betreten des Schulgebäudes, fühlt man beim Lesen der Beurteilungen. Persönlicher Einsatz wird systematisch erwünscht, ermöglicht und belohnt. Die Entwicklung von Selbstvertrauen wird unterstützt. *Community Service*, das bürgerschaftliche Engagement, gehört zentral zum Lehrplan. Die Schülerinnen und Schüler treffen auf unterschiedliche Gruppen, lernen, sich untereinander auszutauschen und miteinander zu arbeiten. *Bridging* ist das Fachwort.

Diese Schule ist kein Einzelfall. Wegen der Schulgebühren dürfen wir uns an ihr auch kein Vorbild nehmen. Schulunterricht muss kostenlos sein, der Staat muss die nötigen Gelder bereitstellen. Es geht mir um das Prinzip, die anerkennende Kultur, die fordernde und fördernde Pädagogik. Ich schaue nicht allein auf die quantitativ vorzeigbaren Ergebnisse der Kompetenzforschung. Wichtig ist mir die Menschenbildung.

Diese wird auch in vielen deutschen, öffentlichen wie privaten Schulen vermittelt.[3] Man schaue nur auf die Schulen, die im Rahmen des Deutschen Schulpreises ausgezeichnet wurden. Diese Schulen verbindet die Selbstverpflichtung, die Mission und die Vision, mehr als nur kognitive Inhalte zu vermitteln. Sie stehen dafür, Vielfalt zu suchen und zu schätzen, den Jugendlichen Verantwortung zu übertragen und demokratisches Engagement zu fördern, die Eltern und die Bevölkerung mitzunehmen. Es sind Hauptschulen, Gesamtschulen und Gymnasien, in öffentlicher und in privater Trägerschaft. Sie liegen in sozialen Brennpunkten, in der Stadt wie auf dem Land. Sie finden sich in allen Bundesländern. Die Schulen sind in Neuruppin, in Bad Hindelang, in Landau, Bielefeld und Erlangen, in Templin, Mössingen und Neuhaus. Jede hat ein ganz wunderbares Motto, etwa »Eine Schule, die Antworten gibt«, »Herz der Kommune«, »Spiritualität und Organisation«, »pädagogische Gelassenheit«, mit »Leib und Seele demokratisch« oder auch »gezügelte Rhapsodie«.[4]

Es gibt viele weitere Beispiele dieser Art, auch die Arbeit von Margret Rasfeld in Essen und Berlin.[5] Standard sind diese Schulen aber nicht. Die Mehrzahl deutscher Schulen setzt nach wie vor auf Hierarchie und kognitives Wissen. Wertschätzung, Anerkennung, Freude am Lernen, Übernahme von Verantwortung, die Arbeit in der Gruppe, Lehrer als Mentoren und Dialogpartner – all dies fehlt an den meisten Schulen. Da haben die Initiatoren des Aufrufs recht.

Finnland stellt um:
»Es dauerte fast ein ganzes Jahr, bis ich verstanden hatte, dass nicht die Schüler für mich, sondern ich für die Schüler da bin.«[6]

In Finnland ist das flächendeckend anders. Vor über vier Jahrzehnten ging ein Ruck durch das finnische Schulsystem. 1968 wurde die große Schulreform beschlossen, 1972 war sie umgesetzt. Das dreigliedrige System wurde abgeschafft, alle Kinder werden nun bis zum Alter von sechzehn Jahren gemeinsam unterrichtet. Von alleine ging das auch in Finnland nicht. Anpassungsprobleme und Widerstände waren zu überwinden.

Die Lehrer mussten das neue System erst lernen, erzählt Pirjo Linnakylä, damals eine junge Gymnasiallehrerin und heute Professorin für Erziehungswissenschaften an der Universität Jyväskylä und für den Bereich Lesekompetenz bei den PISA-Studien zuständig.[7] Sie sei schockiert von der Vorstellung gewesen, nicht mehr nur ausgewählte Schüler zu unterrichten, sondern im Klassenzimmer vor einer heterogenen Gruppe zu stehen. Die Eltern hätten begreifen müssen, dass das neue System nicht weniger Bildung für gute Schüler, sondern mehr Bildung für alle mit sich bringt.[8] Eine Schule für alle führe tatsächlich nicht zu einer Nivellierung des Bildungsstandards, sagt Pirjo Linnakylä. Und sie fügt einen wichtigen Satz hinzu: Wenn Eltern den Eindruck hätten, dass ihre Kinder auf gute Schulen gehen und von guten Lehrern unterrichtet werden, dass Kinder ihren Fähigkeiten entsprechend gefördert werden, dann würden Vorbehalte gegen eine längere gemeinsame Beschulung von Kindern aus ganz unterschiedlichen Elternhäusern abnehmen.[9]

Wenn man über das finnische System spricht, über die fabelhaften Kompetenzwerte und die ganz geringe Bildungsarmut, wenn man noch hinzufügt, dass in diesem System die Kinder bis zum Alter von sechzehn Jahren gemeinsam unterrichtet werden, dass es nicht auf Drill, Zwang und langen Nachhilfestunden aufbaut, sondern auf Wohlergehen und demokratische Grundstrukturen setzt, so schallt es oft reichlich genervt zurück: »Ach, hören Sie mir mit Finnland auf. Das ist mit uns doch gar nicht zu vergleichen.«

Das stimmt. Die finnische Kultur ist demokratischer und inklusiver als die deutsche. Die Bevölkerung ist anders zusammengesetzt, insbesondere leben in Finnland viel weniger Einwanderer. Das heißt aber noch lange nicht, dass das pädagogische Konzept, das hinter dem finnischen Schulmodell steht, nicht auf Deutschland übertragbar ist. Die Finnen selbst haben uns gezeigt, wie das geht: Die großen Linien der Reformpädagogik importierten sie aus den USA, brachten sie an ihre Schulen und verankerten sie dort. In Nordamerika gehörten Demokratie, aktives Einbeziehen und Mitwirken verbunden mit einem Bewusstsein für zivilgesellschaftliche Verantwortung seit jeher zum Bildungsauftrag. Learning by doing. Lernen muss auf Erfahrung beruhen, so fasste es der einflussreiche amerikanische Philosoph und Pädagoge John Dewey vor bald einem Jahrhundert zusammen.[10]

Einer der besten Kenner des finnischen Systems war Rainer Domisch. Über drei Jahrzehnte hinweg gestaltete er den finnischen Reformprozess mit. Kurz vor seinem Tod beschrieb er mit Anne Klein das Innere des finnischen Schulsystems: »In Finnland wird Bildung immer als ein demokratisches Grundanliegen diskutiert.« Dies zeige sich auch »in der Struktur und Organisation des Bildungswesens und in den Umgangsformen, pädagogischen Stilen und Wissensinhalten.« Die beiden Autoren fahren fort: »In Deutschland jedoch ist das anders. Das Nachdenken über strukturelle Fragen wird unterbunden. (...) Missstände werden als persönliche Erfahrungen abgespeichert, aber nicht analysiert; eine Kultur politischen Denkens und Handels, wie sie eine gut ausgebildete Demokratie erfordert, ist in Deutschland nur schwach entwickelt.«[11]

Deutsche Schulen verengen Inhalte und Unterrichtsformen: Man möchte immer nur Anschluss halten mit den Anforderungen der modernen Wissensgesellschaft. Die Verwertbarkeit von Wissen und Können steht zu sehr im Vordergrund. In Finnland geht es aber gleichrangig darum, Schülerinnen und Schüler so zu bilden, dass sie kritische, sozial- und verantwortungsbewusste Menschen werden.[12] Pirjo Linnakylä fasst das in Worte, die man in Deutschland so nie hören würde. »Die Grundregel ist: Das Leben soll nicht unnötig beschwert und überflüssige Belastungen [sollen] auf jeden

Fall vermieden werden. Die Gesundheit und das Wohlergehen der Mitmenschen werden äußerst wichtig genommen. Zivilgesellschaftliche Haltungen sollten im finnischen Schulsystem entwickelt werden.«[13] Ihr Fazit ist ebenso einfach wie überzeugend: »Die Schule [bildet] für das gesamte Leben aus.«[14]

Aus ihren Erfahrungen und Kenntnissen mit ganz unterschiedlichen Schulsystemen leiten Rainer Domisch und Anne Klein einige Grundprinzipien ab, die jede Bildungspolitik beachten sollte: Wichtig sind Transparenz, Information und Wissen in Sachen Bildung; nur so können sich die Bürgerinnen und Bürger an der Meinungsbildung und den Prozessen der politischen Teilnahme beteiligen. Wir brauchen eine Schule für alle; nur so können wir allen Schülerinnen und Schülern ein Grundwissen mitgeben. Im Unterricht müssen inklusive Lernangebote und Lehrmethoden eingesetzt werden; nur so erreichen wir die gleichberechtigte Teilhabe aller. Der Unterricht muss unentgeltlich sein, sich an den Möglichkeiten der Schülerinnen und Schüler orientieren, und er muss transkulturelles und globales Lernen[15] in den Vordergrund stellen; Grundlage dafür ist ein starkes und rechtlich untermauertes Demokratieverständnis.[16] Finnland hat all dies erreicht. Dabei hat das Land einen langen Weg in recht kurzer Zeit zurückgelegt.

Vielfalt wollen: Schlüsselkompetenzen und Leitwerte in unserem Bildungssystem vermitteln

Die finnischen Grundprinzipien sind fest im Kanon der von der OECD definierten Schlüsselkompetenzen verankert, ebenso wie im Kanon der Werte, die die Europäische Union definiert hat.[17] Von einem finnischen Sonderweg zu sprechen wäre also falsch.

Die OECD hat sich mit der Frage beschäftigt, welche Kompetenzen Bürgerinnen und Bürger brauchen, um die heutigen Anforderungen des täglichen Lebens erfolgreich zu bewältigen.[18] Länderübergreifend hat man sich auf drei Schlüsselkompetenzen[19] geeinigt: »selbständig handeln«, »die Werkzeuge symbolischen Handelns konstruktiv und reflexiv nutzen« und »in heterogenen Gruppen erfolgreich miteinander umgehen und miteinander handeln«. Unter dem sperrigen Begriff »Werkzeuge symbolischen Handelns« versteht die OECD praktische Lösungsansätze, nicht aber das im Gedächtnis gespeicherte Wissen. Aufgabe der Bildungssysteme ist es, diese drei Schlüsselkompetenzen in der Schule zu vermitteln. Welche kognitiven, emotionalen und motivationalen Ressourcen sind dafür nötig? Also welche Fertigkeiten, Einstellungen und Werthaltungen werden gebraucht?

Die Antwort auf diese Fragen muss auch die Prinzipien und Werte berücksichtigen, denen das Bildungssystem und die Gesellschaft insgesamt gerecht werden sollen. Die Europäische Union hat im Lissabon-Prozess 2000 auch solche Leitwerte entwickelt: Menschenrechte, Demokratie, Nachhaltigkeit und soziale Inklusion. Menschenrechte umfassen auch das Recht auf individuelle Förderung und damit auf die Anerkennung individueller Lernbedürfnisse. Demokratie erfordert Teilnahme und effektive Mitbestimmung aller Akteure. Nachhaltigkeit ist ohne einen reflexiven Umgang mit Wissen und einen verantwortungsvollen Einsatz eigener Ressourcen aller Art nicht zu haben. Soziale Integration schließlich setzt voraus, dass man andere versteht und mit anderen respektvoll umgeht, insbesondere mit den Mitgliedern unterprivilegierter Gruppen. Akzeptiert man diese Leitwerte, so ergibt sich daraus, wie ein Schulsystem aufgebaut und wie der Unterricht gestaltet sein muss.

Der Europarat zeigt in seiner *Charter on Education for Democratic Citizenship and Human Rights Education*,[20] wo man ansetzen muss, um nur einen Teilbereich – das Lernen demokratischer Umgangsformen – fest ins Bildungssystem einzubauen. Kinder und Jugendliche müssen in Vorschulen, Schulen und beruflichen Ausbildungsstätten über demokratische Werte und Menschenrechte informiert werden. Sie müssen im Unterricht einen demokratisch geprägten Umgang zeigen und einüben. Die Institutionen müssen die Schülerinnen und Schüler, ihre Eltern und die Lehrer aktiv an Entscheidungsprozessen beteiligen. Und schließlich sind demokratische Verhaltensweisen auf allen Stufen der Ausbildung für zukünftige Lehrkräfte zu berücksichtigen.[21] Dabei sind alle Institutionen des formalen, nicht formalen und informellen Lernens[22] mit einzubeziehen.

Ähnlich genaue Umsetzungen der anderen Prinzipien, also der Menschenrechte, der Nachhaltigkeit und der sozialen Inklusion, durch den Europarat stehen aus.

Die OECD, die Europäische Union und der Europarat haben Deutschland also klar formulierte Schulaufgaben mit auf den Weg gegeben. Es darf nicht nur um Abschlüsse und kognitive Kompetenzen gehen. Nichts gegen diese Maße: Die OECD hat diese mit ihren Erhebungen selbst auf den Weg gebracht, und die Europäische Union liefert genaue Vorgaben, wie viele und welche Abschlüsse die einzelnen Nationen zu erreichen haben. Das Ganze hat aber einen Preis. Es wird ein Druck erzeugt, sich im nationalen und internationalen Vergleich gut zu positionieren. Je stärker der Druck wird, umso größer werden die Anstrengungen sein, gute Werte zu erzielen. Und umso wahrscheinlicher wird es sein, dass man den Unterricht weiter allein auf die Inhalte zurechtstutzt, die später geprüft werden. In Fachkreisen nennt man das *learning to the test*. Dadurch wird jedoch vernachlässigt, was die Gesellschaft von heute und von morgen auch braucht: die aktive Vorbereitung auf die Normen, Regeln und Herausforderungen unseres demokratischen Sozial- und Rechtsstaats.

Demokratie wagen:
»Wir brauchen eine menschenrechtlich fundierte Durchdringung der ganzen Schule.«[23]

Der Sonderberichterstatter der Vereinten Nationen für das Recht auf Bildung, Vernor Muñoz Villalobos, beschrieb das deutsche Bildungssystem in seinem Bericht 2007 mit ungewöhnlich scharfen Worten: Deutschland kultiviere das gegliederte Schulsystem. Es sortiere Kinder in einem viel zu frühen Alter auseinander. Kinder mit Behinderungen lasse es außen vor. Diversität gelte als störend.[24]

Ein solches System verletzt die Menschenrechte. Und macht es unmöglich, Schlüsselkompetenzen und Leitwerte von OECD und Europäischer Union zu erwerben. Wie soll man junge Menschen auf Vielfalt und den Umgang mit Fremden vorbereiten, wenn man sie zunächst dieser Erfahrung beraubt und sie jeweils in andere Schulformen schickt? Wolfgang Edelstein sagt das so: »Diversität und Heterogenität sind in Deutschland systemfremd und bedürfen daher einer systemfremden Kultivierung.«[25] Erst wenn wir inklusiv unterrichten, wird es uns möglich sein, Schlüsselkompetenzen und Leitwerte zu vermitteln. Menschenrechte bedürfen der Wertschätzung, des Respekts und der Anerkennung jeder Person, jederzeit und überall. Das kann gelehrt werden – auf der Grundlage eigener Erfahrung. Und es kann gelernt werden, miteinander. Dazu müssen wir über Lehrpläne und Ausbildungsinhalte nachdenken. Wir brauchen also eine auf den Menschenrechten aufbauende Durchdringung der ganzen Schule und des gesamten pädagogischen Handelns.[26]

Auch das Leben von Demokratie kommt aus Sicht von Wolfgang Edelstein zu kurz: »Man müsste in der Schule an einer demokratischen Gemeinschaft praktisch teilnehmen, um einen demokratischen Habitus nachhaltig zu erwerben.«[27] Ebenso müssen wir die Kerninhalte der Demokratie in die

Ausbildung unserer Lehrerinnen und Lehrer einbauen. »In unseren Lehrplänen tauchen Lehrformen zu wenig auf, die es erlauben, Demokratie zu lernen, um in Zukunft bewusster demokratisch zu handeln.«[28] Die Wertschätzung von Andersartigkeit braucht eine psychologische Fundierung.

Für all das muss die Schule »entgegenkommende Verhältnisse« schaffen, damit sich Schlüsselkompetenzen und Leitwerte entwickeln können. Für den Unterricht heißt das: Verantwortung übertragen, eigenständige Projekte planen, Führung erproben, Selbstwirksamkeit, also eine positive Einschätzung der eigenen Leistungsfähigkeit vermitteln.[29] Für die Unterrichtsformen heißt das: Arbeit in gemischten Gruppen, gemeinschaftliches Lernen, Lernen mit Mentoren, Lernen in Projekten. Aus solchen Erfahrungen schöpfen Kinder die Anerkennung, die sie beflügelt. Sie trauen sich selbst mehr zu und sind stärker motiviert.

Zurück zu der Initiative von Gerald Hüther und seinen Kollegen, in der sie schreiben: »Wir rufen deshalb Eltern, Pädagogen und Schüler auf, sich mit allen, denen die Zukunft der nächsten Generation am Herzen liegt, gemeinsam auf den Weg zu machen und unsere Schulen umzugestalten. Überall im Land, in jeder Kommune und an jeder Schule laden wir ein, lokale Bündnisse und Initiativen zu bilden, die ihre Schule bei der Transformation in Orte der Potenzialentfaltung, des gemeinsamen Lernens, Entdeckens und Gestaltens begleiten und unterstützen. Es ist Zeit für den Aufbruch unserer Schulen in die Welt des 21. Jahrhunderts!«

Ja, das ist ein richtiges und wichtiges Anliegen. Aber der Aufruf greift zu kurz. Wir brauchen auch die Politik und einen Umbau unseres Schulsystems. Wir können nicht nur auf lokale Bündnisse setzen, sondern müssen vor allem einen solidarischen und gesellschaftsübergreifenden Umbau-Konsens erzielen. Ohne diesen vernetzen wir allein die Eltern, Lehrer,

Schulen und Wohngegenden der Reichen und Gebildeten. Bildungsarmut bekämpfen wir damit nicht. Und wir lernen keine Demokratie. Schlüsselkompetenzen und Leitwerte bleiben außen vor. Nichts an dem Aufruf ist falsch, doch dieses Vorgehen allein reicht leider nicht aus.

KAPITEL 12

Einer für alle – alle für einen
Ein Pakt von Bund, Ländern und Gemeinden

Wenn ich bei meinem Großvater »im Ländle« war, nahm er mich oft bei der Hand, ging mit mir nach draußen und erzählte mir Geschichten über alles, was gerade zu sehen, zu tasten, zu riechen und zu schmecken war. Er ließ mich auch leiden: Ich griff in Brennnesseln und trank voller Pein einen entsetzlich schmeckenden Apfelsaft. Dabei erklärte er mir ungerührt die Ursache für die roten juckenden Pusteln auf meiner Haut und das Wunder der Hefe. Mein Großvater im Norden war ganz anders. Zurückhaltend wartete er, bis ich ihn etwas fragte. Er hätte fix antworten können, doch häufig verschwand er kurz und kehrte mit einem Buch zurück. Er schlug es auf und setzte mir die Sachverhalte in einer Tiefe auseinander, die mich zunächst meist nicht interessierte. Oft dauerte das richtig lange. Über die Jahre, die ich mit beiden Großvätern verbringen durfte, kam es zunehmend zu Situationen, in denen ich den einen mit dem Wissen des anderen verblüffte. Art und Abfolge der Wissensvermittlung unterschieden sich, Inhalte und Kompetenzen stimmten überein.

Ich erzähle diese Geschichte, weil ich betonen möchte: Für eine nationale Bildungsstrategie zu sein, heißt nicht, Inhalte, Unterrichtsziele und Unterrichtsstile national gleichzuschalten und zu normieren. Im Gegenteil. Eine nationale Bildungsstrategie lebt von der Vielfalt, von der passgenauen, direkten und persönlichen Wissensvermittlung, die dem einzelnen Kind gerecht werden kann. Eine nationale Bildungsstrategie zielt aber gegen die räumlich strukturierte, soziale Ungleichheit in den Bildungs- und Lebenschancen.

Wir stehen vor allem vor drei Herausforderungen: Leistung wird ungerecht bewertet, Chancen werden ungerecht verteilt, und absolute Bildungsarmut wird nicht verhindert.[1]

Kleinstaaterei verhindert die Bildungsrepublik

Das Ausmaß der absoluten Bildungsarmut, die Bildungsergebnisse und die Bildungschancen unterscheiden sich nicht nur national zwischen den sozialen Schichten, sondern auch wesentlich zwischen den Bundesländern. Das muss nicht automatisch am Bildungsföderalismus liegen. Vielmehr gelingt es nicht, die Schulentwicklungsprozesse in den einzelnen Bundesländern aufeinander abzustimmen und auf gemeinsame Ziele und Instrumente auszurichten. Die deutsche Kleinstaaterei hat viele Gesichter: In einem Bundesland ist der Besuch des Kindergartens für ein Jahr kostenlos, in einem anderen für drei Jahre, in dem nächsten werden die Gebühren nach der sozialen Lage der Eltern gestaffelt. In den 16 Bundesländern werden 24 verschiedene Tests eingesetzt, um die Sprachfähigkeit von Kindern vor der Einschulung zu ermitteln.

Von Bundesland zu Bundesland unterscheidet sich die Dauer der Grundschulzeit, die Anzahl und Art der Schulzweige der Sekundarstufe, die Dauer der Pflichtschulzeit sowie die Dauer der Schulzeit bis zum Abitur. Jedes Bundesland regelt den Übergang zur Sekundarstufe, bei Versetzungen oder beim Schulformwechsel anders. Die Kriterien für die Notengebung, die Unterrichtsinhalte, die Anzahl und Art der Fächer, die in der Sekundarstufe gewählt werden können, sowie die Klassenstufe, in der mit der zweiten Fremdsprache begonnen wird – auch hierfür finden sich in jedem Bundesland andere Bestimmungen. Von einer Bildungsrepublik Deutschland sind wir weit entfernt.

Die föderale Struktur bremst Innovationsdynamiken

Nun könnte man argumentieren, ein föderales System kurbele den Wettbewerb an. Dies wäre der Fall, wenn Bildungsmärkte entstünden. Die besseren Bildungssysteme würden sich durchsetzen, die schlechteren würden verschwinden. Doch im Bereich von Schulen auf die »unsichtbare Hand des Marktes« zu hoffen ist unangebracht. Das hat mehrere Gründe:

Die »Kunden«, Schüler und Eltern, sind nicht mobil. Sie können nicht einfach mit den Füßen abstimmen und in die Bundesländer wechseln, die ihnen die bessere Bildung bieten.

Die Schulsysteme entziehen sich dem direkten Vergleich. Es ist völlig ungewiss, wie sich die unterschiedlichen Schulsysteme auf Bildungschancen und Bildungsergebnisse auswirken. Hier genügt ein Blick auf den gerade erschienenen Chancenspiegel.[2] Er vergleicht alle Bundesländer entlang mehrerer Kriterien, die alle für Chancengleichheit stehen. Betrachtet man nun die Bundesländer über alle Kriterien hinweg, findet man keine klaren Spitzenreiter. Mal steht dieses, mal jenes Bundesland auf den vorderen Rängen. Dies macht deutlich: Wir müssen uns zunächst darüber verständigen, welches Ziel wir mit unserer Bildungspolitik überhaupt anstreben.

Viele Fragen zu Bildungschancen und Bildungsergebnissen lassen sich bisher nicht beantworten. Hier fehlen schlicht geeignete empirische Daten, und die vorhandenen Informationen sind häufig nicht frei verfügbar. Denn die Länder scheuen sich vor einem offenen Vergleich durch die empirische

Bildungsforschung. Die Forschung kann sich faktisch nur auf die allgemein abrufbaren Daten der statistischen Ämter des Bundes und der Länder stützen. Und selbst hier ist eine differenzierte Auswertung mancher Fragen schwierig. Genauso wenig dürfen mit den Daten des Instituts zur Qualitätsentwicklung im Bildungswesen (IQB) länderspezifische Untersuchungen vorgenommen werden. Bis heute gibt es keine öffentlich zugängliche Datengrundlage, mit der sich aussagekräftige Ländervergleiche erstellen ließen.[3] Deshalb ist es nicht möglich zu ermitteln, wie Schulsysteme mit Bildungsergebnissen zusammenhängen oder welche Muster der sozialen Ungleichheit beim Bildungserwerb wirken.

Die Schulstatistik ist nicht vereinheitlicht. Heute, im Jahr 2012, können wir nicht genau sagen, wie viele Kinder mit »Lernbehinderung« es in den einzelnen Bundesländern gibt. Die Diagnoseverfahren sind in jedem Land anders, sodass der Anteil der als lernbehindert eingestuften Kinder extrem unterschiedlich ist. Darüber hinaus legen die Bundesländer nach jeweils eigenen Kriterien fest, welchen Kindern ein sonderpädagogischer Förderbedarf zusteht, wer also als »Integrationsschüler« gilt und wer nicht. Ähnlich sieht es im Ganztagsschulsystem aus. Was hier eine Mittagsbetreuung ist, die frei gestaltet werden kann, ist dort Teil eines didaktischen Lehrplans, der diese Zeit zum systematischen Aufbau kognitiver oder sozialer Kompetenzen nutzt. In dem einen Bundesland zählen beide Betreuungsformen zu den Ganztagsschulen, in dem anderen wird die Mittagsbetreuung nicht als Ganztagsbestandteil gesehen. Auf dieser statistischen Grundlage sind empirische Untersuchungen recht problematisch. Ebenso stellt sich die Situation beim sogenannten Übergangssystem dar, das in jedem Bundesland anders geregelt ist und andere Angebote bereithält.

Der moderne Wohlfahrtsstaat braucht eine gesamtstaatliche Bildungsplanung

Vergegenwärtigen wir uns Georg Pichts eindringliches Plädoyer für eine Zusammenarbeit von Bund und Ländern in der Bildungsplanung: »[...] Planungskompetenz und Gesetzgebungskompetenz«, so schrieb er 1964 in seinem Buch *Die Deutsche Bildungskatastrophe*, »[liegen] in einem föderalistischen Staat ihrem Wesen nach auf zwei verschiedenen Ebenen, [die] nicht in einen Topf geworfen werden können. *Planung ist nur im gesamtstaatlichen Rahmen möglich;* unser ganzer Staat würde auseinanderbrechen, wenn jedes Land machen könnte, was es will, ohne sich um seine Nachbarn weiter zu kümmern. Die Planung kann aber auch deshalb nicht ausschließlich Sache der einzelnen Länder sein, weil die Schulen und Hochschulen nicht nur den Bedarf der einzelnen Länder zu decken haben, sondern auch jenen großen Gesamtinteressen dienen müssen, die von der Bundesregierung wahrgenommen werden.«[4]

Niemand kann bestreiten, dass die Schulpolitik ganz zentrale gesamtstaatliche Interessen berührt. Die individuelle und die gesamtgesellschaftliche Bedeutung von Bildung ist enorm. Die Lebens- und Teilhabechancen von Menschen sind, zumal bei uns, eng an den Schul- und Bildungserfolg gebunden. Vom Bildungsniveau der Gesellschaft hängt wesentlich die wirtschaftliche Entwicklung und die Sicherung des gesellschaftlichen Wohlstands ab. Deshalb darf die Schulpolitik nicht mehr vornehmlich dem Bereich der »Kulturpolitik« zugeordnet werden, für deren Gestaltung ausschließlich die Länder zuständig sind. Bildungspolitik ist nicht »nur« Kulturpolitik. Bildungspolitik ist eine Querschnittaufgabe, die fast alle Politikbereiche, insbesondere aber die Wirtschafts-, Arbeitsmarkt- und Sozialpolitik berührt. Wenn das Schulsystem hinter die gesellschaftlichen Anforderungen der Arbeitswelt zurückfällt, entstehen enorme gesamtgesellschaftliche Folgekosten, wirtschaftlicher und sozialer Art. Diese tragen die Betroffenen, aber auch die Länder und in noch höherem Maße der Bund.[5] Umgekehrt fließen die Erträge, die sich aus den Bildungsinvestitionen ergeben, vor allem dem Bund zu.[6] Von daher stärkt eine ambitionierte Bildungspolitik langfristig und nachhaltig die finanziellen Handlungsspielräume des Bundes und damit auch seine politische Handlungsfähigkeit. Ein moderner Wohlfahrtsstaat sollte voneinander abhängige Politikbereiche nicht durch eine föderale Kompetenzverteilung verfassungsrechtlich gegeneinander abschotten. Ein moderner und leistungsfähiger Wohlfahrtsstaat braucht eine Bildungspolitik aus einem Guss.

Der deutsche Bildungsföderalismus verstößt gegen das Gebot gleichwertiger Lebensverhältnisse

In Deutschland gibt es verschiedene »Typen von Bildungssystemen«, die in jedem Land anders ausgeprägt sind.[7] Daher hängen die Bildungschancen und damit die Lebens- und Teilhabechancen junger Menschen ganz erheblich davon ab, in welchem Bundesland sie zur Schule gehen. Dieser Zustand widerspricht eindeutig dem *Grundsatz der Gleichwertigkeit der Lebensverhältnisse*, der im Grundgesetz verankert ist und seit 1949 zu den fundamentalen Leitprinzipien des föderativen Bundesstaates gehört. Doch auch mit internationalen Abkommen ist diese Situation nicht vereinbar, etwa mit unseren Verpflichtungen aus der Behindertenrechtskonvention der Vereinten Nationen.

Was zu tun ist

Eine gute Bildungspolitik unterstützt junge Menschen dabei, ihre Potenziale bestmöglich zu entfalten. Die entscheidenden Herausforderungen dabei sind: Inklusion, Heterogenität und individuelle Förderung. Um diese Ziele flächendeckend anzugehen, braucht es ein gemeinsames und aufeinander abgestimmtes Vorgehen – eine *nationale Bildungsstrategie*.

Die Kultusministerkonferenz (KMK) übernimmt bereits heute wichtige Aufgaben der Koordination der Bildungspolitik in den Bundesländern und sorgt in vielen Bereichen für die bundesweite Anerkennung von Bildungsabschlüssen und für die Mobilität von Lernenden und Lehrenden. Allerdings trifft die KMK zu oft Entscheidungen auf dem kleinsten gemeinsamen Nenner. Im Gegensatz zum angedachten nationalen »Bildungsrat« umfasst sie weiterhin ausschließlich die Ländervertreter, aber keine weiteren Experten der Gesellschaft. Die Politik der KMK hat somit zu oft das Eigeninteresse der Länder und zu selten das der gesamtdeutschen Gesellschaft im Blick. Sie ist ein Koordinations- und kein Innovationsgremium zur wissenschaftsbasierten Planung.

Aufbau von Strukturen für eine gesamtstaatliche Bildungsplanung. Damit die Bundesländer sich stärker über ihre schulpolitischen Aktivitäten austauschen können, wird ein Gremium mit langem Atem benötigt und mit Governance-Strukturen, die wenig blockadeanfällig sind, und dessen Arbeit wissenschaftlich begleitet wird. Der jüngst von der Robert Bosch Stiftung vorgeschlagene »Bildungsrat« würde das leisten. In einem solchen »Bildungsrat« könnten Fachleute, Persönlichkeiten des öffentlichen Lebens, Bundes- und Landespolitiker sowie Vertreter der Gemeinden gemeinsam bildungspolitische Konzepte entwickeln. Ein solches Gremium könnte die nötige Akzeptanz für Reformen schaffen, indem Wert und Sinn der neuen Ansätze und Konzepte regelmäßig in die Öffentlichkeit getragen werden. Dieses Beratungsgremium könnte auch konkrete Schulentwicklungsprogramme entwerfen und Modellversuche betreuen, wie es die Bund-Länder-Kommission für Bildungsplanung und Forschungsförderung (BLK) bis zu ihrer Abschaffung 1975 getan hat. Die Programme ersetzen sicherlich nicht eine Weiterentwicklung des Schulsystems als Ganzes. Sie können diesen Prozess aber begleiten, mit dem ausdrücklichen Auftrag, erfolgreiche Modelle gezielt zu verbreiten.

Abschaffen des »Kooperationsverbots«. Im Zuge der Föderalismusreform 2006 wurde die Gemeinschaftsaufgabe Bildungsplanung gestrichen, ebenso wie die Möglichkeit des Bundes, den Ländern für den Bildungsbereich Finanzhilfen zu gewähren – ein Sachverhalt, der landläufig als »Kooperationsverbot« bezeichnet wird.[8] Seitdem können im Bereich der Bildung keine neuen Investitionsprogramme mehr aufgelegt werden. Damit ist unklar, wie etwa Ganztagsschulen ausgebaut und inhaltlich weiterentwickelt werden sollen, wenn 2014 auch das Programm »Ideen für mehr! Ganztägig lernen« ausläuft. Schulpolitische Maßnahmen darf der Bund seit 2006 nur noch stark eingeschränkt finanzieren. Gelder für den Betrieb von Bildungseinrichtungen, etwa um das pädagogische Personal für schulische Förderangebote aufzustocken und weiterzubilden, darf der Bund grundsätzlich nicht bereitstellen. Hier bleibt nur eine aufwändige Finanzierung auf Umwegen, etwa über die Bundesanstalt für Arbeit, wie jüngst beim Bildungspaket für Kinder aus einkommensschwachen Familien. Doch die Schulen und Lehrer vor Ort sind der Lebenswelt ihrer Schüler näher, sie kennen deren Probleme und können daher passgenauer fördern als die Arbeitsagenturen. Gerade Ganztagsschulen mit Förderangeboten am Nachmittag könnten dieser Aufgabe sehr viel besser gerecht werden.

Das »Kooperationsverbot« stellt vor allem die finanzschwachen Länder vor massive Probleme. Dies gilt verstärkt, nachdem 2009 die Schuldenbremse eingeführt wurde. Es ist kein Zufall, dass sich Schleswig-Holstein 2006 in der Bundesratsabstimmung über die Föderalismusreform enthielt und sich heute dafür ausspricht, das »Kooperationsverbot« abzuschaffen.[9] Die Bildungschancen von Kindern dürfen nicht von der Finanzsituation eines Bundeslandes abhängen.

Transparenz, Evaluation von schulpolitischen Maßnahmen und Transfer von Best-Practice-Modellen. Die schulpolitischen Maßnahmen der 16 Bundesländer wurden bisher nicht systematisch verglichen. Niemand weiß, ob und wie die einzelnen Instrumente wirken. Erfolgreiche Modelle können daher nur schwer von einem Bundesland zum anderen übertragen werden. Das Durcheinander wird ständig größer und die Lage damit immer unübersichtlicher. Neue Strukturen mit ähnlichem Inhalt, doch unterschiedlicher Bezeichnung – oder derselben Bezeichnung, doch unterschiedlichem Inhalt – entstehen. Schlimm genug, dass sich die Bundesländer nicht auf gemeinsame Schulformen einigen können. Dass sie sich jedoch nicht einmal auf einheitliche Bezeichnungen für gemeinsame Schulformen verständigen können, ist nicht nachvollziehbar.

Eine konsequente Schulentwicklung erfordert Transparenz, systematische Evaluationen der Maßnahmen und braucht den Transfer erfolgreicher Programme in andere Bundesländer. Durch eine intensivere Zusammenarbeit von Bund, Ländern und Wissenschaft ließen sich diese Ziele eher erreichen.

Bildungsstandards. Die Bildungsstandards sind das einzige Handlungsfeld, auf dem sich länderübergreifende Aktivitäten verzeichnen lassen.[10] Die ersten Bildungsstandards wurden 2003 und 2004 vorgelegt. In ihnen wurde bundeseinheitlich festgelegt, über welches Wissen Viert-, Neunt- und Zehntklässler durchschnittlich verfügen sollten.[11] Jedoch sind die Länder und Schulen selbst dafür verantwortlich, die Bildungsstandards einzuführen. So nahm Nordrhein-Westfalen die Bildungsstandards in die Lehrpläne auf, während sie in Bayern nahezu unbeachtet bleiben.[12] Eine nationale Bildungsstrategie hieße, dass die gemeinsam festgelegten Bildungsstandards auch bundeseinheitlich umgesetzt werden. Nur so lassen sich zwischen den Bundesländern auseinanderdriftende Anforderungen bändigen und große Lücken zwischen Abschlüssen, Noten und kognitiven Kompetenzen schließen.

Reform der Aus- und Weiterbildung von Lehrkräften. Die Qualität von Schule hängt stark von der pädagogischen Professionalität der Lehrkräfte ab. Einige der für den Lehrerberuf heute wesentlichen, insbesondere überfachlichen, Fähigkeiten werden in der Aus- und Weiterbildung von Lehrkräften noch nicht oder nicht hinreichend vermittelt. Ein auf Kompetenzen ausgerichteter Unterricht, die individuelle Förderung von Schülerinnen und Schülern, der kinderrechtlich aufgeklärte Umgang mit sozialer, ethnischer und leistungsmäßiger Vielfalt im Klassenzimmer sowie die zunehmende Verantwortung von Schulleitungen und Lehrerkollegien für Schulentwicklungsprozesse – all dies stellt Lehrkräfte heute mehr denn je vor umfangreiche berufliche Anforderungen. Dafür müssen die Lehrkräfte besser aus- und weitergebildet werden. Über die Lehrkräfte erreichen neue Ansätze und Methoden die einzelnen Schulen und können dort verankert werden. Möchte man das deutsche Bildungssystem weiterentwickeln, ist die Lehrerbildung daher ein zentrales Handlungsfeld.

Bildungspolitik ist eine zentrale gesamtstaatliche Aufgabe. Dennoch sollte die Zuständigkeit für die Gesetzgebung im Bildungsbereich nicht von den Ländern auf den Bund übertragen werden. Eine ausschließliche Gesetzgebungszuständigkeit des Bundes wird zwar oft diskutiert, jedoch ist diese Möglichkeit aus verfassungsrechtlichen Gründen ausgeschlossen und auch nicht erstrebenswert. Die Gewinner einer solchen Zentralisierung wären voraussichtlich »nicht die Eltern oder die Schüler, auch nicht die Schulen vor Ort, sondern eine expandierende Bürokratie, die ihre Effizienz nicht unter Beweis stellen muss«.[13] Bereits heute ist die Schulorganisation zentralistisch gefärbt. Die Landesministerien und Schulverwaltungen begrenzen über kleinteilige Gesetze, Erlasse und Verordnungen die Eigenständigkeit der Gemeinden und Schulen. Es käme jedoch darauf an, diese Entscheidungen nahe an den Schülern, Eltern und Lehrern zu treffen. Wenn also über eine Kompetenzverlagerung nachgedacht wird, dann sollte sie hin zu den Gemeinden und Schulen erfolgen. Schulautonomie ist heute bereits Teil der bildungspolitischen Agenda.

Möchte man den kooperativen Föderalismus aufleben lassen, so müsste er mehr einschließen, als dass der Bund sich an der Finanzierung des Schulwesens beteiligt. Es geht um einen engeren inhaltlichen Austausch zwischen Bund, Ländern und Gemeinden, bei dem jede Ebene ihre eigenen Kenntnisse und Kompetenzen in eine gesamtstaatliche Bildungsplanung einbringt. Eine solche gesamtstaatliche Bildungsplanung muss einen verbindlichen Rahmen für die Schulentwicklung der Länder und Gemeinden schaffen. Sie muss die Reformtätigkeit der Länder so aufeinander abstimmen, dass aus einem schulpolitischen Flickenteppich eine Bildungspolitik aus einem Guss werden kann. Eine neue Form des kooperativen Föderalismus muss die Ziele anspruchsvoller stecken und braucht neue Instrumente, die über den heutigen kooperativen Föderalismus hinausgehen. Deutschland braucht eindeutig mehr und nicht weniger Zusammenarbeit zwischen Bund und Ländern in der Bildungspolitik.

Bildungspolitik muss als Mehrebenenaufgabe verstanden werden. Impulse des Bundes könnten dringend benötigte Reformen im Bildungswesen anstoßen – dies zeigt nicht zuletzt das Ganztagsschulprogramm. Allerdings wird es nicht ausreichen, neue Zuständigkeiten für den Bund zu schaffen und die kooperativen Strukturen zu stärken. Damit allein lassen sich die Probleme nicht lösen. Bildungspolitische Maßnahmen müssen folgen. Für eine erfolgreiche Weiterentwicklung des deutschen Bildungssystems bedarf es nicht zuletzt konkreter bildungspolitischer Zielsetzungen und eines entschlossenen gemeinsamen Handelns.

Erst spät in meinem Leben habe ich erfahren, wie häufig meine Großväter miteinander telefonierten. Zwei ältere und ganz verschiedene Männer, die zudem das Telefon nicht liebten, haben kooperiert. Große Flächenstaaten wie Kanada und Länder mit wenigen Millionen Einwohnern wie Finnland zeigen, dass eine Verständigung auf gemeinsame Bildungsziele auch bei großen sprachlichen, räumlichen und kulturellen Unterschieden möglich ist. Die Menschen danken es ihnen.

Unsere Schulaufgaben

Im Sommer 2012 traf ich Alex, Erkan, Laura und Jenny wieder. Jeden allein, denn sie haben nichts mehr miteinander zu tun. Sie begegnen sich selten, und wenn, dann zufällig und nur kurz. Ihre Wege kreuzen sich kaum noch. Als ich ihnen einzeln gegenübersitze oder mit ihnen durch die Straßen der norddeutschen Stadt gehe, frage ich mich: Hätte ich mir vor fünfzehn, zehn oder fünf Jahren vorstellen können, wie sich die vier entwickeln würden? Hatte ich damals Frauen und Männer vor meinem inneren Auge, die den jungen Menschen gleichen, die jetzt neben mir hergehen?

Natürlich waren diese Lebensverläufe in gewisser Weise vorhersehbar. Ich kannte die Statistiken und die Wahrscheinlichkeiten. Gleichzeitig hatte ich naiv darauf vertraut, dass diese Prognosen bei den vieren nicht zutreffen, dass sie die Ausnahmen von der Regel sein würden. Sie sind ja im Laufe der Zeit gewissermaßen auch meine Kinder geworden. Ich kenne sie, begleite sie, weiß um ihre Fähigkeiten und Fertigkeiten. Doch ich hatte mir bei allen vieren ein falsches Bild von ihrer Zukunft gemacht.

Aus Alex ist ein junger Mann geworden, der sicher auf beiden Beinen steht. Er blickt voller Selbstvertrauen und Gewissheit in die Zukunft. Demnächst wird er sein Abitur ablegen. Mich interessieren seine Pläne: »Weißt du schon, wie es dann weitergeht?« Alex lacht und kommt ins Erzählen: »Ich will Forscher werden, Neuroscience. Aber ich habe Chemie nicht als

Leistungsfach, nur Biologie. Jetzt muss ich erst den Bachelor machen, in Biologie oder Psychologie. Medizin ginge auch. Gerade schreibe ich meine Bewerbungen. Willst du mal sehen?« Er zieht Prospekte aus seiner Tasche: Cambridge, Bath, University College London, alles markiert, auch Berlin. »Ich war gerade an der Charité und habe mit einigen Wissenschaftlern vom Fach gesprochen.« Ich bin platt. Er redet, als stünde ihm die Welt weit offen und als wisse er das auch ganz genau.

Niemals hätte ich das gedacht. Ohne den Schutz seines Elternhauses und der Lehrer wäre er im Alter von zehn Jahren nicht auf ein Gymnasium gekommen. Und falls doch, hätte er sich bis zum Abitur gequält oder die Schule vorher geschmissen. Er brauchte seine Zeit. Erst als Sechzehnjähriger wurde Alex zum Selbstläufer. Auf einer Schule im Ausland, die zunächst Geschwindigkeit und Druck herausnahm, ihn erst einmal kennenlernte. Die ihm auch andere Lernformen anbot und ihn mit einer ganz anderen Pädagogik unterrichtete. Alex traf auf viele helfende Hände. Jetzt arbeitet er von sich aus und leistet viel. Seine Beurteilung hat er sich verdient. Doch ohne Hilfe von Eltern und Schule hätte er nie die Möglichkeit gehabt, diese Fähigkeiten an sich zu entdecken.

Als ich Erkan treffe, sprudelt er über vor Glück. Er erzählt von seiner wunderbaren Freundin, die er mir auch gleich vorstellt. Die beiden wollen heiraten und wünschen sich bald Kinder. Erkans Eltern sind stolz auf ihren Jungen. Nach einiger Zeit und vielen Tassen Tee frage ich ihn nach seiner Lehre. »Ach, weißt du, die Lehre läuft eigentlich ganz gut. Sie macht mich nur nicht mehr so richtig an. Nächstes Jahr bin ich fertig«, antwortet er nüchtern und etwas distanziert. Aus dem kleinen lernbegierigen Tüftler ist ein junger Mann geworden, den Wissen nicht mehr so interessiert. Das überrascht mich. Sicher, Erkan zählt zu jenen jungen Leuten, die trotz einer eher ungünstigen Ausgangslage ihr Leben meistern. Seine Eltern sind finanziell nicht besonders gut gestellt, beide haben eine niedrige Bildung und keine Ausbildung, so wie viele Eltern von Migrantenkindern. Erkan hat die mittlere Reife bestanden und eine gute Lehrstelle gefunden. Entgegen aller Wahrscheinlichkeit, würde man bei ihm sagen. Das schaffen nicht viele. Erkan wusste früh, was er will. Das Abitur, ein Studium, Reisen, raus aus der Stadt. Ich war mir sicher, dass ihm das gelingen wird. Wäre er in einem Elternhaus wie dem von Alex aufgewachsen, hätte er diese Pläne auch verwirklichen können, und zwar problemlos – ganz ohne ermutigende Schubser.

Mit Jenny zu reden fiel mir in diesem Sommer schwer. Sie erzählt von ihrem Vater, den sie erst vor Kurzem kennengelernt hat, von dessen Leben und Familie, und wie anders das alles sei: Ihre Halbgeschwister würden reiten, seien gut in der Schule, und alle wohnten in einem schönen Haus mit Garten. »Mein Vater schreibt immer auf Facebook, wie toll seine Kinder sind. Jedes Zeugnis stellt er ins Netz. Er freut sich riesig.« Voller Unverständnis berichtet sie, wie wenig ihr Vater sie verstehe: »Er will, dass ich täglich zwanzig Bewerbungen schreibe. Er findet mich zu lasch, er meint, mir fehlt der Antrieb. Über meine Mutter redet er nicht, aber ich weiß, er denkt, sie ist einfach nur faul, eine Sozialschmarotzerin eben. Er hat ja keine Ahnung, was bei uns los ist und wie es uns geht. Wir würden doch auch gerne arbeiten und anders leben. Aber meine Mutter hat doch keine Chance. Sie war so lange draußen.« Nach vielen Jahren prallen die Welten von Tochter und Vater aufeinander. Große Emotionen, Hoffnungen und Enttäuschungen auf beiden Seiten. Jenny versteht nicht, wie leistungsorientierte Menschen denken und handeln. Ihr Vater sieht eine Tochter, die nichts aus sich macht: »Wenn Jenny bei mir aufgewachsen wäre, würde sie heute studieren«, sagt er. »Die ist nicht dümmer als meine anderen Kinder.« Und er fügt hinzu: »Dass ich so was mal sage, hätte ich auch nicht gedacht.« Ich sitze Jenny gegenüber, meine Hände sind leer. Mädchen, denke ich, das ist verdammt bitter. Wir alle haben an kritischen Stellen viel zu lange weggeschaut. Das Ganze war absehbar, und trotzdem haben wir nicht rechtzeitig geholfen.

Ich weiß aber auch: Mit großer Anstrengung, mit viel Hilfe, Anerkennung, Mut und Vertrauen, kann es jetzt noch klappen.[1]

Laura besucht mich mit ihren Eltern. Sie ist äußerlich das Gegenstück zu Jenny. Keine auffallenden Piercings im Ohr, keine Tattoos an den Armen, keine flippige Kleidung. Laura ist blond, hellhäutig, fast blass und schaut mich mit offenem Gesicht freundlich an. Sie ist eine auffallend schöne junge Frau. Sie besucht in der Berufsschule einen Schnupperkurs. »Gehst du gern in deine Schule?«, frage ich. »Ja, da ist es schön. Ich mag die Lehrer, und alle sind nett.« Die Sätze kommen langsam. Die Eltern schauen sich gerührt an. Es ist selten, dass Laura über sich spricht. Man weiß oft nicht, was ihr gefällt und was nicht. Was sie will, kann sie nicht formulieren. »Und nach dem Schnupperkurs? Willst du in der Hauswirtschaft bleiben?«, frage ich. Der Vater antwortet: »Wir suchen eine Ausbildungsstelle.« »Ja«, fügt Laura hinzu. Dann spricht man über dieses und jenes. Ich erfahre nicht, was eigentlich Sache ist. Die Eltern wollen nicht reden. Und wissen es selbst noch nicht. Über die Zeit sind ihnen wie ihrer Tochter auch viele Kontakte verloren gegangen. Wie immer, wenn ich Laura und ihre Eltern treffe, wird mir in aller Deutlichkeit bewusst, dass wir auf Menschen mit Benachteiligungen und auf ihre Familien zugehen und sie in die Mitte der Gesellschaft holen müssen.

Die Biografien der vier Jugendlichen zeigen, wie wir das Bildungssystem verändern müssen, um unseren Kindern gerecht zu werden. Die Geschichte von Alex unterstreicht, dass Kinder Zeit und Vertrauen brauchen. Nicht alle rennen gleich von allein und schnell los. Unser Schulsystem muss also Zeit geben, darf Kinder nicht zu früh trennen, braucht eine angemessene Pädagogik. Die Leistungen von Alex kamen erst, als man ihn selbstständig lernen ließ. In Projekten, in Gruppen und mit Lehrern, die er fragte, wenn er nicht weiterwusste.

Die Geschichte von Erkan führt aus anderen Gründen zur gleichen Erkenntnis. Erkan rannte selbst los, hatte aber eine Sprache und einen familiären Hintergrund, die ihn ausbremsten. Die Lehrer waren sich unsicher, die Eltern wussten nicht recht. Die Schule muss Kinder länger zusammen lernen lassen. Vielfalt wollen und unterstützen. Und sich selbst bei der Beurteilung mehr Zeit geben.

Jenny lehrt, dass wir Übergänge im Blick behalten müssen. Der Kindergarten half ihr, doch dann kam sie zurück in ihren Stadtteil. Von da an zählten nur noch ihre Clique und deren Anerkennung. Wir brauchen Bildungsketten: Schulen, Jugendämter, Jugendzentren und Jobcenter müssen viel enger zusammenarbeiten, Warnsignale früh erkennen und rechtzeitig reagieren. Alex und Erkan hätten Jenny wunderbar helfen können, sie einbezogen und mitgenommen, wenn sie gemeinsam in einer Schule gelernt hätten und nicht in unterschiedliche Stadtteile und Schulformen gebracht worden wären.

Laura führt ein Leben am Rande. So hart es klingt: Sie hatte trotzdem Glück. Über viele Jahre musste ich beobachten, wie sehr das Leben von Menschen mit Einschränkungen am seidenen Faden des Zufalls hängt. Lauras Eltern haben sich um ihr Kind gekümmert. Das tun die meisten Eltern. Aber Lauras Eltern taten noch mehr: Sie haben sich durchgesetzt, Hilfen erstritten und Lauras Gesundheitszustand dadurch wesentlich verbessert. Das tun nicht alle Eltern. Es können auch nicht alle. Letztlich führten die kleinen Einschränkungen von Laura aber dazu, dass die ganze Familie sich laufend durchsetzen musste, dass sie ihre Netzwerke und Freunde verlor und selbst etwas ins Abseits rückte. Der Umbau unserer

Schulen zur besseren Integration von Kindern mit Einschränkungen ist dringend nötig. Die Vorarbeiten dazu laufen, bislang jedoch nur schleppend.[2]

Sechs Schulaufgaben lassen sich formulieren, die wir gemeinsam zum Wohle unserer Kinder lösen müssen.[3]

1. Wissen ist nicht alles:
Fertigkeiten und Fähigkeiten entfalten

»Non scholae, sed vitae discimus«, heißt es immer wieder. Nicht für die Schule, sondern fürs Leben lernen wir. Dabei hatte Seneca den Satz im ersten Jahrhundert unserer Zeitrechnung anders formuliert. »Non vitae, sed scholae discimus«, schrieb er. Nicht fürs Leben, für die Schule lernen wir. Eine deutliche Kritik an der Schule schon damals. Wir dürfen und müssen heute für ein langes Leben lernen. Das tun wir in der Schule, jedoch nicht nur dort. Auch die Familie, der Freundeskreis, die Sportvereine, die Jugendgruppen und die Medien sind wichtige Orte. Auf keinen Fall darf es dabei eine zu scharfe Arbeitsteilung geben nach dem Motto: Die Schule ist für die kognitiven Kompetenzen zuständig, alle außerschulischen Lernorte übernehmen den großen Rest.[4] Leitwerte und Schlüsselkompetenzen kann man auch lehren und erlernen. In der Schule brauchen sie einen herausragenden Platz.

Wir müssen die Unterrichtsformen ändern. Demokratie lehren und lernen, Werte, kulturelle und soziale Kompetenzen vermitteln und die Bereitschaft schulen, Verantwortung zu übernehmen. Unterrichtsinhalte dürfen wir nicht zu früh verengen. Über ein langes Leben hinweg müssen wir immer wieder auf ihnen aufbauen können. Wir müssen auch, aber nicht nur, bei der Aus- und Weiterbildung von Lehrerinnen und Lehrern ansetzen. Es bedarf großen Könnens, aus Vielfalt großen Nutzen für alle zu ziehen. Es lohnt sich.

2. Von Vielfalt profitieren: Länger miteinander lernen dürfen

Nach Hunderten von Jahren läuft die »Pädagogik der Vielfalt« in Deutschland noch immer ins Leere. »In heterogenen Gruppen erfolgreich miteinander umgehen und miteinander handeln können«, so lautet eine von drei Schlüsselkompetenzen, die der OECD wichtig sind. *Learning by doing*, Lernen durch Handeln, heißt ein zentraler Grundsatz der Pädagogik. Wie soll das in einem gegliederten System geschehen, das auf Homogenität setzt? Wie sollen dort alle Schülerinnen und Schüler lernen, Menschen aus anderen sozialen und kulturellen Gruppen anerkennend und respektvoll zu begegnen? Wie sollen die Lehrerinnen und Lehrer ohne entsprechende Ausbildung diese Schlüsselkompetenzen vermitteln? Und wie sollen an den Rand sortierte Gruppen die gesellschaftlichen Einstiegsleitern finden, wenn man sie so früh organisatorisch trennt?

Den Umgang mit Vielfalt nicht erlernen zu können und das Menschenrecht auf inklusives Lernen zu verweigern, das sind die zentralen Probleme unseres Schulsystems. Weitere kommen hinzu und sind aufs Engste damit verbunden: Die starke Prägung der Bildungschancen durch das Elternhaus führt zu Chancenungleichheit. Der fehlende Ausgleich für diese Benachteiligungen und unterschiedliche Entwicklungsmilieus verstärken die Unterschiede in den Leistungen weiter.

Unser Schulsystem lässt zu viele zurück und schafft einen hohen Sockel von Bildungsarmen. Wir nutzen nicht unsere Potenziale. Und wir vernachlässigen sogar die Exzellenz.

Wir müssen also Strukturen verändern. Wir müssen die Kinder länger gemeinsam lernen lassen, mindestens bis zum Alter von vierzehn, besser bis zum Alter von sechzehn Jahren, wie es in vielen Ländern bereits erfolgreich praktiziert wird.

Wir werden dadurch niemanden verlieren, aber viele gewinnen. Und unsere Potenziale heben. Das heißt auch: Wir müssen die Systemfrage nochmals stellen.

3. Schneller ist nicht besser: Mehr Zeit zum Lernen

Meine Großmutter wurde 1900 geboren, meine Mutter 1930 und meine Schwester 1960. Die Lebenserwartung der Generation meiner Großmutter betrug 53 Jahre, die der Generation meiner Mutter 72 Jahre, meine Schwester kann auf 81 Jahre hoffen. Angesichts unserer steigenden Lebenserwartung bei guter Gesundheit verkürzen wir den Anteil von Bildung an unserem Leben stetig. Alle Frauen beendeten die Schule mit neunzehn Jahren. Die Zeit für Bildung gemessen an der Lebenserwartung ging im Laufe der Jahre immer weiter von 25 Prozent auf 18 Prozent und schließlich auf 16 Prozent zurück. Würde meine Enkelin 2020 geboren, so läge aus heutiger Sicht der Anteil ihrer Bildungszeit an ihrer Lebensspanne noch viel niedriger. Obgleich die Menschen immer älter werden, haben wir die Gymnasialzeit um ein Jahr verringert, die Studiendauer durch die Bachelor- und Masterstudiengänge verkürzt. Insgesamt wird die Zeit für Bildung im Leben also weiter sinken. Kitas, Kindergärten und Ganztagsschulen fangen den Verlust nicht auf. Weiterbildung wird nur schleppend ausgebaut. Über Umschulungen im positiven Wortsinn wird viel zu wenig nachgedacht. Innovation kann nicht mehr über den Austausch der Köpfe erfolgen, davon haben wir zu wenige. Wir gehen den falschen Weg.

Stattdessen müssen wir Kindern, Eltern und Lehrern mehr Bildungszeit geben. Wir brauchen rascher als geplant mehr und qualitativ gute Kinderhorte, Ganztagskindergärten und Ganztagsschulen. Das G8 für alle Gymnasiasten ist nicht zielführend. Wir brauchen eine Zweit- und Drittausbildung. Wir brauchen die Jahre im Ausland, die aufgrund von G8 zurückgehen. Um Bildung überhaupt in Erwerbsarbeit übersetzen zu können, brauchen wir auch den Mut, unsere Erwerbsverläufe zu unterbrechen und langsamer zu treten. Eine geringere Arbeitszeit heute erhöht die insgesamt möglichen Jahre in Erwerbsarbeit. Man kann auf die eigene Gesundheit besser achten und die eigenen Qualifikationen weiterentwickeln. Nicht umsonst ist Nachhaltigkeit und ein schonender Umgang mit Ressourcen eines der vordringlichen Ziele guter finnischer Bildungsarbeit.

4. Eine Bildungsrepublik braucht Kreativität:
Mehr Autonomie für unsere Schulen

Im letzten Jahr durfte ich mit einer Delegation der nordrhein-westfälischen Ministerpräsidentin Hannelore Kraft nach Kanada reisen, um das dortige Schulsystem von innen kennenzulernen. Kanada, ein föderaler Staat, hat ein sehr leistungsfähiges Bildungssystem aufgebaut. Uns allen fiel sofort auf, wie gut vernetzt jede Schule ist, wie sehr man darauf achtet, dass das Umfeld stimmt. Auffällig war auch, wie entgegenkommend sich die Schulen gegenüber ihren Schülern zeigen. Jede Schule arbeitet nach einem eigenen Plan, der passgenau auf die soziale und regionale Situation der Schülerinnen und Schüler abgestimmt ist. Zum Plan gehört auch, welche Lehrerinnen und Lehrer, Sozialarbeiter, Mentoren und ehrenamtlichen Helfer ausgewählt werden. Er legt fest, welches Unterrichtsmaterial verwendet wird, wie die Unterrichtsstunden zugeschnitten sind, wie lange der Unterricht dauert, und beschreibt die Ferienangebote, die Elternarbeit und die Schularchitektur. Die Schulen sind für die Schüler da, das ist hier das höchste Prinzip. Viele dieser Gestaltungsmöglichkeiten nutzen auch deutsche Schulen bereits. Dieses Bewusstsein müssen wir in die Fläche tragen und weiter stärken.

Wir müssen uns also darüber verständigen, was Schülerinnen und Schüler können sollten. Wir brauchen Rahmenpläne, Maßstäbe oder Standards, ganz gleich wie wir das Ergebnis nennen. Sind diese gemeinsamen Richtlinien gefunden, brauchen Schulen aber die Freiheit, Lehrerinnen und Lehrer selbst auszuwählen, Materialien und Unterrichtsformen selbst zu bestimmen. Je nach Standort benötigen die Schulen unterschiedlich viel Geld. Eine Brennpunktschule etwa muss viel stärker und intensiver mit den Schülerinnen und Schülern arbeiten als eine Schule in einem Stadtteil, wo sich eben auch die Eltern kümmern können. Autonomie ist eine große Herausforderung. Die Schulleiterinnen und Schulleiter müssen entsprechend ausgebildet sein. Wir brauchen hier richtige Organisationstalente, deren erster Blick den Schülerinnen und Schülern gilt. Auch das kann man lernen.

5. Zum Wohle unserer Jugend: Mehr Geld für die Bildung

Geld allein macht noch kein gutes Bildungssystem aus und sorgt nicht für gute Bildungsergebnisse. Das zeigen einfache Vergleiche: Im OECD-Durchschnitt liegen die Ausgaben pro Schüler im Primar- bis zum Tertiärbereich bei 9900 US-Dollar.[5] Finnland investiert durchschnittlich 9500, Deutschland 9100 US-Dollar. Beide Länder geben also weniger aus als andere. Der Abstand zwischen ihnen ist gering und erklärt sicher nicht die unterschiedlichen Bildungsergebnisse. Schaut man sich die Zahlen jedoch genauer an, wird deutlich, dass sich Deutschland vor allem in den frühen Schuljahren stark zurückhält, wo für die Kinder ein kompensatorisches Lernen am nötigsten ist. Sind die Kinder dann auf die verschiedenen

Schulformen verteilt, investiert unser Schulsystem mehr. Konkret: In den Primarschulen und in der Sekundarstufe I gibt Deutschland *weniger* als Finnland pro Schüler aus. Der Unterschied liegt bei 1200 beziehungsweise 3500 US-Dollar zugunsten der finnischen Schüler. In der Sekundarstufe II gibt Deutschland wesentlich *mehr* als Finnland aus: Der Unterschied liegt bei 3100 US-Dollar zugunsten der deutschen Schülerinnen und Schüler.[6] Sicher, in die Kosten fließen auch die jeweiligen Lehrergehälter mit ein, doch das ist Ausdruck einer Bildungspolitik, die historisch gewachsen ist, aber nicht mehr dem heutigen Erkenntnisstand entspricht.

Ein weiterer Punkt ist mir wichtig: die Verteilung finanzieller Mittel über und innerhalb der Bundesländer. Finanzschwache Bundesländer und Brennpunktschulen müssen mehr Geld und damit einen größeren Gestaltungsrahmen erhalten. Zum Wohle unserer Kinder brauchen wir einen solidarischen Föderalismus.

Wir müssen bis 2015 das selbst gesteckte Ziel erreichen, 10 Prozent des Bruttosozialprodukts in Bildung und Forschung zu investieren. Wir brauchen mehr Geld in unserem Bildungssystem. Wir müssen umsteuern und gerade die frühen Schuljahre stärker als bislang finanzieren. Sozialräumlich besonders geforderte Schulbezirke lassen sich mittlerweile sehr einfach identifizieren. Ihnen sollten wir nach Kräften helfen.

6. Gemeinsam sind wir stark:
Alle Akteure miteinander vernetzen

Inhalte, Strukturen, Zeit, Kreativität und Geld – diese Schulaufgaben bilden ein einheitliches Programm. Mit ihm wird das Ziel verfolgt, eine Infrastruktur aufzubauen, welche mit gut qualifiziertem und gut bezahltem Personal unsere Kinder bildet. Eltern übernehmen dabei die wichtigste Rolle, Unterstützung muss ihnen daher sicher sein. Die vielen Akteure und Einrichtungen im Bildungsverlauf der Kinder müssen miteinander vernetzt werden, sodass wir mit langem Atem und viel Zeit die Kinder unterstützen und ihnen helfen können. Hierzu benötigen wir die Zusammenarbeit ganz unterschiedlicher Institutionen und Professionen. So wird es gelingen, mehr Kinder als bisher besser zu bilden. Wir schenken ihnen dadurch mehr gemeinsame Zeit, ob in der Kita, im Kindergarten oder in der Schule. Reformpädagogische Ansätze werden greifen und dazu führen, dass unsere Gesellschaft allen eine Chance gibt und möglichst wenige Kinder zurücklässt. Die Umsetzung dieses Programms wird viel kosten. Doch der Ertrag ist hoch. Nicht nur, wenn wir ihn in der Währung von Glück und Zufriedenheit messen.

Die Bundesregierung hat bereits viele Qualifizierungsprogramme aufgelegt, auch solche, die eine Vernetzung über Raum und Zeit ausdrücklich fördern. Viele Stiftungen engagieren sich und arbeiten zusammen für eine bessere Bildung unserer Kinder. Nun müssen wir dies in die Fläche tragen und im Wege stehende rechtliche Hürden abbauen. Das Kinder- und Teilhabepaket vom 1. April 2011 und dessen Umsetzung zeigen, wie viele Umwege im Moment zu gehen sind, um Kindern zu helfen. Viel einfacher und zielgenauer wäre es, wenn der Bund wieder direkt mit Ländern und Gemeinden kooperieren dürfte. Das »Kooperationsverbot« muss auch für die Bildung zugunsten eines solidarischen Föderalismus fallen.

Einige mögen nun fragen: »Fehlt dieser Sammlung von Schulaufgaben nicht ein siebter Punkt?« Ein Heft, das der Rechnungslegung dient? Ein Heft, in dem die Leistungen der Schüler, Klassen und Schulen säuberlich aufgelistet sind und verglichen werden, um dann Prämien für Lehrer, Klassen und Schulen mit den besten Werten zu vergeben? Müssten nicht

Leistungslöhne und Bonuszahlungen auch für Lehrer und Schulen eingeführt werden, wie es an den Universitäten jüngst geschehen ist?

Nein. Wir brauchen Transparenz zur Qualitätsentwicklung unserer Schule, sie ist unverzichtbar. Einem Wettbewerb aber, dem Rangordnungen von Schulen zugrunde liegen, vertraue ich nicht. Ganz im Gegensatz zu anderen Ländern, auch den skandinavischen Nachbarländern, hat Finnland schon immer auf Ranglisten von Schulen verzichtet. Indiskutabel sind Belohnungen oder negative Sanktionen für Schulen, die besser oder schlechter abschneiden: »Vom Wiegen wird die Sau nicht fett«, sagte dazu Rainer Domisch.[7] Evaluationen brauchen das Vertrauen und die Akzeptanz aller Beteiligten. Ihr Ziel ist zu erfahren, wie sich die Lernprozesse der einzelnen Schülerinnen und Schüler gestalten und wie man weiter unterstützen kann. Das Wohlbefinden ist ein zentraler Punkt, entsprechend misst man auch das wahrgenommene »Glück« der Schülerinnen und Schüler. Ein solcher »sozialer Standard« sei aussagekräftiger als fachbezogene Tests.[8] »Schools We Can Envy«, Schulen, auf die wir neidisch sein können, schreibt Diane Ravitch, eine der einflussreichsten Bildungsexpertinnen der USA.[9] Sie meint damit den Umstand, dass Finnland eines der leistungsfähigsten Schulsysteme hat, ohne Leistungen zu belohnen oder zu bestrafen und ohne besonders auf Tests vorzubereiten.

Ein eigenes Heft für Rangordnungen braucht es nicht. Wir müssen den Schulen gute Rahmenbedingungen geben und ihnen eigene Möglichkeitsräume eröffnen. Die Voraussetzung für gelingende Schulen kennen wir: Da hilft Kooperation weit mehr als Wettbewerb.

Anmerkungen

Kapitel 1

1 Das Erziehungsgeld wurde Eltern mit einem Einkommen von weniger als 30 000 Euro (bei Alleinerziehenden von weniger als 23 000 Euro) für die ersten sechs Lebensmonate eines Kindes gezahlt. Danach galten niedrigere Einkommensgrenzen. Bei Paaren lagen die Grenzen bei 16 500 Euro, bei Alleinerziehenden bei 13 500 Euro (Stand 2006). Das Erziehungsgeld wurde nicht auf andere Sozialleistungen (Wohngeld, Sozialhilfe und ALG II) angerechnet.

2 Die Lohnersatzrate hängt von der Höhe des Erwerbseinkommens ab. Ab 1000 Euro beträgt die Ersatzrate 67 Prozent, was der Lohnersatzrate des Arbeitslosengelds I entspricht. Liegt das Einkommen niedriger, steigt die Ersatzrate bis auf 100 Prozent an. Der garantierte Sockelbetrag beträgt 300 Euro. Das Elterngeld entfällt, wenn das zu versteuernde Einkommen eines Paares über 500 000 Euro liegt (bei Alleinerziehenden über 250 000 Euro). Bei Alleinerziehenden mit alleinigem Sorgerecht besteht die Möglichkeit, das Elterngeld auch 24 Monate bzw. 28 Monate zu beziehen, in diesem Fall halbiert sich der monatliche Transferbetrag.

3 Butterwegge 2012: S. 263.

4 http://www.bmfsfj.de/BMFSFJ/Kinder-und-Jugend/kinderbetreuung.html

5 Diese Zahlen wurden in der AID:A Befragung 2009 erhoben; siehe Blien 2010 zitiert nach Hüsken 2011: S. 29.

6 Auf Bundesebene wird durch §90 Abs. 1 SGB VIII geregelt, dass Kostenbeiträge zu staffeln sind, soweit das Landesrecht dies nicht anderweitig regelt. Die meisten Bundesländer setzen dies auch so um.

7 Hier ist zu beachten, dass das Kindertagesbetreuungsausbaugesetz von 2005 Kindertageseinrichtungen und Kindertagespflege (»Tagesmütter«) einschließt. Auch im Kinderförderungsgesetz

kommt der Kindertagespflege eine wichtige Rolle zu. Am Ende der Ausbauphase im Jahr 2013 soll knapp ein Viertel der Betreuungsplätze für Kinder unter drei Jahren als Kindertagespflege bereitstehen.

8   In Tagespflege befanden sich im Osten 11 Prozent und im Westen 19 Prozent der unter Dreijährigen, siehe Schilling 2010.
9   Siehe hierzu Hüsken 2011: S. 17f. Danach werden in Kreisen mit einer hohen Geburtenrate prozentual weniger Kinder außerhäuslich betreut als in Regionen mit niedriger Fertilität. Mit dem Anteil der erwerbstätigen Frauen steigt auch die Betreuungsquote. Entsprechend verhält es sich in Kreisen mit einem hohen Anteil von hochqualifizierten Erwerbstätigen und in Kreisen mit hoher Kaufkraft.
10 Siehe hierzu Holodynski 2007.
11 Holodynski 2007: S. 59. Danach sollten sich maximal drei Kinder, die bis zu 15 Monate alt sind, eine Fachkraft teilen. Für Kinder zwischen 15 und 24 Monaten liegt der empfohlene Schlüssel bei vier zu eins und für Kinder zwischen 24 und 36 Monaten bei sieben zu eins. Fällt der Betreuungsschlüssel ungünstiger aus, so wird die Zeit mit Aktivitäten gefüllt, die keine Bildungsqualität besitzen. Ebenso unterscheidet sich die empfohlene Gruppengröße je nach Alter. Für Kinder unter 15 Monaten liegt sie bei maximal sechs Kindern. Für Kinder zwischen 15 und 24 Monaten erhöht sich die Gruppengröße auf acht und bei Kindern zwischen 24 und 36 Monaten weiter auf vierzehn Kinder.
12 Siehe Howes 1997; Clarke-Stewart/Allhusen 2002.
13 Hüsken 2011: S. 44
14 Hüsken 2011: S. 47
15 Hüsken 2011: S. 48
16 Im Jahr 2010 waren in den Kitas 420 000 pädagogisch tätige Personen beschäftigt. Das Vollzeitäquivalent liegt bei 338 884 Beschäftigten. Die meisten pädagogischen Fachkräfte arbeiten Teilzeit: In den alten Bundesländern sind es 56 Prozent, in den neuen Bundesländern 75 Prozent, da hier Arbeitszeitverkürzungen als Maßnahme gegen Massenentlassungen infolge des Geburtenrückgangs eingesetzt worden sind. Über die Zeit nimmt die Zahl der Beschäftigten ab, die Zahl älterer Beschäftigter steigt.
17 Hüsken 2011: S. 52.
18 Siehe das Programm des BMFSFJ »Mehr Männer in Kitas«. http://www.bmfsfj.de/BMFSFJ/gleichstellung,did=150142.html

19 Hüsken 2011: S. 43.
20 Fritschi/Oesch 2009. In der Studie werden alle Rahmenbedingungen sauber kontrolliert. Dadurch kann man die höhere Überweisungswahrscheinlichkeit von Kindern mit Migrationshintergrund ursächlich auf den Besuch von außerhäuslichen Betreuungseinrichtungen beziehen.
21 Auch hier ist eine Parallele zum Arbeitslosengeld zu erkennen. Nach einem Jahr ALG I als Lohnersatzleistung bezieht man das pauschale ALG II. Im Unterschied zum Betreuungsgeld, welches allen zugutekommt, folgt dieses allerdings dem »Subsidiaritätsprinzip«. Es wird also geprüft, ob der Haushalt bedürftig ist.
22 Macht dies beim Elterngeld als Lohnersatzleistung noch Sinn, so leuchtet dies bei einem unabhängig vom Lebensstandard gewährten Pauschalbetrag nicht mehr ein.

Kapitel 2
1 Diskowski 2008: S. 49.
2 BVerfG im Urteil zum § 218 StGB. Gesetzlich verankert wurde der Anspruch in § 24 des Achten Sozialgesetzbuches – SGB VIII (Kinder- und Jugendhilfegesetz). Siehe www.bildungsserver.de
3 Diskowski 2008: S. 50.
4 Bundesjugendkuratorium 2008: S. 13.
5 Stand 2009.
6 In Finnland kommen weitere 0,35 Prozent für Vorschulklassen für Sechsjährige hinzu.
7 Alle Angaben beziehen sich auf das Jahr 2006. Quelle: UNICEF 2008 zitiert nach Sell 2009: S. 116.
8 Kinder- und Jugendhilfegesetz (KJHG) § 90, Abs. 1.
9 Auftraggeber sind die Initiative Neue Soziale Marktwirtschaft (INSM) und die Zeitschrift »Eltern«. In dieser Studie wird die Höhe der Kindergartengebühren in einhundert Städten für unterschiedliche Familientypen erhoben. Siehe www.eltern.de/kindergarten/erziehung/kindergarten-monitor. Im Jahr 2008 waren die Kindergärten in neun von diesen hundert deutschen Städten kostenlos. Heilbronn war die einzige Stadt, die Beitragsfreiheit für alle drei Kindergartenjahre gewährt. Die teuerste Stadt war Bremen mit durchschnittlich über 1700 Euro. Die Kosten liegen in Ost und Norddeutschland deutlich über denen in anderen Teilen Deutschlands.

10 Im Schnitt sind die Gebühren für das Kindergartenjahr 2009/2010 gegenüber dem Vorjahr um 16 Prozent gesunken.
11 Nach Sell 2009: S. 121, Daten von Schilling 2007: S. 223. Die Elternbeiträge und die Beiträge der freien Träger sind geschätzt. Es handelt sich um über die Bundesländer gemittelte Werte, innerhalb der Länder können die Werte abweichen.
12 Nach Sell 2009: S. 121, Quelle der Daten Rauschenbach/Schilling 2007. »Berechnet wurden 3,9 Mrd. Euro pro Jahr an ökonomischen Positiveffekten ab 2013, die aus der Beschäftigung zusätzlichen Personals in den Kitas und der Tagespflege, der vermehrten Erwerbstätigkeit der Eltern, Mindestausgaben bei staatlichen Transferausgaben sowie – als größter Posten – Demografie bedingten Minderausgaben beim Kindergeld für Kinder unter vierzehn Jahren resultieren.«
13 Spieß/Wrohlich 2005: S. 36. Zuvor siehe Vesper 2004 sowie später Fritschi/Oesch 2009: S. 54 und Sell 2009: S. 120.
14 Siehe Kindergarten Skala KES-R, Tietze et al. 2005.
15 Roßbach/Kluczniok/Kuger 2009: S. 141.
16 Early Childhood Environment Rating Scale von Harms und Clifford 1980, Harms/Clifford/Cryer 1998 zitiert nach Roßbach/Kluczniok/Kuger 2008.
17 Siehe hierzu Roßbach/Kluczniok/Kuger 2009: S. 141.
18 Nur ein Drittel der pädagogisch Tätigen in der Kindertagesbetreuung arbeitet bei öffentlichen Trägern. Die anderen arbeiten bei freien Trägern wie AWO oder Diakonie, die ihre eigenen Traifverträge aushandeln.
19 Siehe Fuchs-Rechlin 2010.
20 Siehe Fuchs-Rechlin 2010.
21 Oberhuemer 2009.
22 Im Jahr 2000 waren es noch 13 Prozent. Siehe Fuchs-Rechlin 2010: S. 20.
23 Alle Daten beziehen sich auf das Jahr 2006. Siehe hierzu näher Oberhuemer 2009 sowie Fuchs-Rechlin 2010.
24 Siehe Fuchs-Rechlin 2010.
25 Die Versorgungsquote berechnet sich aus der Zahl der verfügbaren Plätze in Kindergärten im Verhältnis zur Anzahl der Kinder der jeweiligen Altersgruppe.
26 Autorengruppe Bildungsberichterstattung 2010; Fuchs/Peuker 2007; Hüsken 2011: S. 41.

27 Fuchs-Rechlin 2010.
28 Becker 2010a: S. 27ff.
29 Kreyenfeld 2007: S. 117.
30 Bock-Famulla/Lange 2011: S. 303.
31 Ohne Berlin. Bezieht sich auf Kinder von drei Jahren bis zum Schuleintritt. 100 Prozent-Referenz: Kinder in der Altersklasse in Tageseinrichtungen. Quelle: Bock-Famulla/Lange 2011: S. 278.
32 Kreyenfeld 2007: S. 101.
33 Esping-Andersen 1990.
34 Esping-Andersen 2000 zitiert nach Kreyenfeld 2007.
35 Büchel/Spieß/Wagner 1997. Spieß/Büchel 2003. Büchner/Spieß 2007. Fritschi/Jann 2009.
36 Kratzmann/Schneider 2009.
37 Auch in dieser Untersuchung wurden andere mögliche Einflussfaktoren berücksichtigt. Siehe OECD 2011a.
38 Biedinger/Becker/Rohling 2008.
39 Siehe Becker 2010b. Von den deutschen Kindern besuchten 20 Prozent einen Kindergarten mit einem Migrantenanteil von über 40 Prozent, bei den türkischen Kindern besuchten 52 Prozent einen solchen Kindergarten.
40 Einen glänzenden Überblick gibt der Artikel von Roßbach/Kluczniok/Kuger 2009. Zusammenfassend siehe auch Donovan/Watts 1990.
41 Die Darstellung der drei amerikanischen Studien folgt dem Artikel von Roßbach/Kluczniok/Kuger 2009: S. 142–146.
42 Die Studie lief in den Jahren von 1993 bis 1997.
43 Die Studie lief in den Jahren von 1997 bis 2004.
44 Fritschi/Jann 2009: S. 514. Siehe unter vielen anderen auch Becker 2010b: S. 153.
45 Becker 2010b: S. 153.
46 Zur Messung der sozialen Zusammensetzung eines Kindergartens siehe Biedinger/Becker/Rohling 2008: S. 252.
47 Das Programm lief in den Jahren von 1962 bis 1965. Die letzte Befragung der Teilnehmer fand 2005 statt.
48 Kinder der Geburtsjahrgänge 1972 bis 1977 nahmen an der Erhebung teil und wurden bis zu ihrem fünften Lebensjahr wiederholt befragt. In den Jahren darauf folgten weitere Befragungen, die letzte, als die Befragten 30 Jahre alt waren.

49 »Preschool can play an important part in combating social exclusion by offering disadvantaged children in particular, a better start to primary school.« (Sammons et al. 2004: S. 705).
50 Heckman/Masterow 2007 und Wößmann 2008 zitiert nach Sell 2009: S. 118.
51 Fritschi/Oesch 2009.
52 Bewertet zum Zeitpunkt des 17. Lebensjahrs zu Preisen von 2005 unter Anwendung eines langfristigen risikofreien Realzinssatzes von 3 Prozent. Fritschi/Oesch 2009: S. 51f.
53 Die Kosten eines Krippenbesuchs werden von den Autoren mit 8000 Euro angesetzt.
54 Allerdings fallen die Erträge erst nach Ende der Schulzeit an und verteilen sich über den gesamten Erwerbsverlauf (Fritschi/Jann 2009: S. 517). Weiterhin fallen Kosten und Nutzen nicht bei denselben Personen an. Der Krippenbesuch wird von Gemeinden und Eltern bezahlt, die Mehreinnahmen erzielen Bund, Sozialversicherungsträger und die Kinder.

Kapitel 3
1 Die Rahmenvereinbarung zur koordinierten Vorbereitung, Durchführung und wissenschaftlichen Begleitung von Modellversuchen im Bildungswesen (RV-Mo) wurde am 7. Mai 1971 von der Bund-Länder-Kommission für Bildungsplanung (BLK) verabschiedet.
2 Siehe http://www.ganztaegig-lernen.de
3 Rauschenbach 2009.
4 Verwaltungseinheiten umfassen immer eine Schuleinheit, also auch mehrere Schularten unter einem Dach.
5 Berkemeyer/Bos/Manitius 2012: S. 49.
6 Kultusministerkonferenz (KMK) 2010, zitiert nach Berkemeyer/Bos/Manitius 2012: S. 144, Tabellen 16 – 23.
7 Konsortium der Studie zur Entwicklung von Ganztagsschulen (StEG) 2010.
8 Nils Berkemeyer, Wilfried Bos und Veronika Manitius haben diese Studien im Rahmen der Erhebungen für den Chancenspiegel 2012 (Bertelsmann Stiftung/Institut für Schulentwicklungsforschung 2012) vorgenommen. Sie beziehen sich dabei auf die Untersuchungen TIMMS und IGLU für den Primarbereich und PISA für den Sekundarbereich. Siehe Berkemeyer/Bos/Manitius 2012: S. 76 – 78.

9 Holtappels et al. 2010.
10 KMK nach Berkemeyer/Bos/Manitius 2012: S. 150, Tabelle 24.
11 Statistisches Bundesamt 2011a: S. 58f., eigene Berechnungen.
12 Siehe van Ackeren/Klemm 2011.
13 Baumert/Stanat/Watermann 2006.
14 Baeriswyl/Wandeler/Trautwein 2011.
15 Klafki und Stöcker 1994 sprechen von Fundamentum und Additum zitiert nach Arnold 2008: S. 66.
16 Arnold 2008. Das ist auch in anderen Bildungssystemen der Fall. Für Großbritannien siehe Richards 2008. Berechnungen auf Grundlage des nationalen Datensatzes FSM (free school meal). Hier werden Kinder, die arm sind und daher ein kostenloses Mittagessen bekommen, mit Kindern verglichen, deren Eltern für das Mittagessen selbst aufkommen. Die Untersuchung bezieht sich auf das Jahr 2006. Die Kinder werden im Alter von sieben und elf Jahren getestet. Bei beiden Gruppen sieht man deutliche Leistungsgewinne. Man muss aber auch feststellen, dass die Unterschiede im Alter von sieben Jahren so hoch wie im Alter von elf Jahren sind. In Englisch und Mathematik liegen die Werte bei den armen Kindern um 20 Prozent und in den Naturwissenschaften um 15 Prozent niedriger als bei besser gestellten Kindern.
17 Weinert 1997, Bloom 1984 und Baumert 2006 zitiert nach Arnold 2008: S. 69f. sowie Baumert/Stanat/Watermann 2006.
18 Über funktionale Analphabeten schreibt das BMBF: »Etwa 7,5 Millionen beziehungsweise 14 Prozent der erwerbsfähigen Deutschen können zwar einzelne Sätze lesen oder schreiben, nicht jedoch zusammenhängende, auch kürzere Texte wie zum Beispiel eine schriftliche Arbeitsanweisung verstehen. Eine angemessene Form der Teilhabe am gesellschaftlichen Leben ist beim funktionalen Analphabetismus nicht möglich.« Siehe http://www.bmbf.de/de/426.php [abgerufen am 3. Juli 2012].
19 Klemm 2008: S. 21f.
20 In beiden Bundesländern können Eltern ihre Kinder optional bereits nach der vierten Klasse auf ein »grundständiges« Gymnasium schicken. Dieses Modell, allerdings ohne grundständiges Gymnasium, wollte auch die schwarz-grüne Koalition in Hamburg 2010 übernehmen, stieß dabei aber auf massiven politischen Widerstand und musste das Reformprojekt nach einem Volksentscheid aufgeben. Im Saarland scheiterte der Versuch der Jamaika-Koalition, die Grundschule auf fünf Schuljahre zu verlängern, am

Widerstand der SPD, die die hierfür notwendige Verfassungsänderung nicht mittragen wollte.
21 Statistisches Bundesamt 2010: Tab 3.4, eigene Berechnungen.
22 Statistisches Bundesamt 2010: Tab 3.4, eigene Berechnungen.
23 Van Ackeren/Klemm 2011: S. 59.
24 In einigen Ländern ist der Übergang nur möglich, wenn an der aufnehmenden Schule ein benoteter Probeunterricht erfolgreich absolviert wird (Bayern und Thüringen), in anderen Bundesländern muss dazu ein landeszentraler Test an der Grundschule bestanden werden (Baden-Württemberg, Sachsen, Sachsen-Anhalt). Ein Land (Nordrhein-Westfalen) sieht in diesem Fall einen sogenannten Prognoseunterricht vor, der von einer aus Grund- und Sekundarschullehrern bestehenden Kommission abgenommen wird. (vgl. Bellenberg/im Brahm 2010: S. 521 bis 524).
25 Im Sekundarbereich sind die Unterschiede noch höher: Die PISA-Ergebnisse belegen große Unterschiede zwischen fünfzehnjährigen Kindern und einen hohen Anteil im untersten Leistungsbereich. Die Empirie spricht deutlich dafür, Kinder über die vierte Klasse hinaus gemeinsam lernen zu lassen und die pädagogischen Erfolge von Grundschulen nicht durch allzu frühe Auswahlverfahren zu stören.
26 Stubbe/Bos/Hornberg 2008.
27 Neben dem Mittelwert der Bundesländer ist auch die Verteilung wichtig. Je weniger die Kinder sich in einem Bundesland in ihren Leistungen unterscheiden, umso egalitärer ist ein Bildungssystem (vgl. Allmendinger/Leibfried 2003). Im Bundesdurchschnitt beträgt die Standardabweichung (sd) 64 Punkte. Zum Vergleich: Baden-Württemberg 550 sd 65, Bayern 562 sd 62, Berlin 525 sd 75, Bremen 522 sd 67, Sachsen 556 sd 62, Thüringen 564 sd 59.
28 Um die soziale Herkunft von Kindern zu bestimmen, lassen sich mehrere Aspekte heranziehen: die finanziellen Möglichkeiten der Familien, der Bildungsabschluss der Eltern, ihr beruflicher Status, oder, ganz einfach, die Anzahl der Bücher zu Hause. Ebenso können wir uns dem Bildungserfolg von Kindern aus verschiedenen Richtungen nähern: über die tatsächlich eingeschlagenen Schullaufbahnen, über die Empfehlung der Lehrer, die Entscheidung der Eltern, über Noten oder über kognitive Kompetenzen, sei es nun in Mathematik, in den Naturwissenschaften, in Deutsch oder im Lesen.

29 Bos et al. 2008 zitiert nach Berkemeyer/Bos/Manitius 2012: S. 168, Tabelle 51.
30 Boudon 1974.
31 Boudon 1974.
32 Baumert/Schümer 2001 zitiert nach Maaz/Baeriswyl/Trautwein 2011: S. 18.
33 Arnold et al. 2007: S. 287.
34 Siehe hierzu unter vielen anderen Bos et al. 2004 (unter Nutzung der IGLU-Daten); Ehmke/Baumert 2007 (unter Nutzung der PISA-Daten). Für die Bildungsstandards siehe Köller/Knigge/Tesch 2010.
35 Operationalisiert durch die Zugehörigkeit der Eltern zur »oberen« und »unteren Dienstklasse«.
36 Siehe hierzu Gresch 2012: S. 150f. und S. 201f. Gresch unterscheidet zwischen primären, sekundären und tertiären ethnischen Effekten. Unter primären Effekten versteht sie die schulischen Leistungen. Sekundäre Effekte meint die Bildungsaspiration der Eltern. Mit den tertiären Effekten stellt sie auf Drittfaktoren ab, die bei der Notenvergabe eine Rolle spielen können, wie Stereotype.
37 Bos/Gröhlich/Pietsch 2007.
38 Preuß 1970 zitiert nach van Ackeren/Klemm 2011: S. 91.
39 Maaz/Baeriswyl/Trautwein 2011: S. 7.
40 Vodafone Stiftung 2012: S.42f.
41 Vodafone Stiftung 2012: S. 29.
42 Vodafone Stiftung 2012: S. 27.
43 Der Deutsche Bildungsrat bestand zwischen 1966 und 1975.
44 Deutscher Bildungsrat 1970: S. 38.

Kapitel 4
1 Siehe Kramer et al. 2009.
2 Im Folgenden werden diese Ansätze aus der Perspektive von Kindern erklärt, sind aber auch auf Lehrer und Eltern zu übertragen.
3 Literatur dazu bei Kramer et al. 2009: S. 190.
4 Bourdieu 1993 zitiert nach Kramer et al. 2009: S. 194.
5 Bourdieu 1993, 1999 zitiert nach Kramer et al. 2009: S. 191.
6 Kramer et al. unterscheiden sieben Typen: Habitus der Bildungsexzellenz, des Strebens, des exklusiven Strebens, des auferlegten

Strebens, des moderaten Strebens, der Bildungskonformität und der Bildungsfremdheit.
7   Kramer et al. 2009: S. 192.
8   Kramer et al. 2009: S. 220.
9   Baumert/Schümer 2001, Deutsches PISA Konsortium 2004.
10 Kramer et al. 2009: S. 39.
11 Vodafone Stiftung 2012.
12 Vodafone Stiftung 2012: S. 25.
13 Fast 20 Prozent der Grundschullehrerinnen und Grundschullehrer und fast 40 Prozent der Gymnasiallehrerinnen und Gymnasiallehrer vertreten diese Meinung. Siehe Koch 2001 zitiert nach Kramer et al. 2009: S. 211.
14 Trautwein 2012: S. 48.
15 »There can also be benefits in terms of classroom teaching but it has often been pointed out that teachers do not necessarily change the way they teach when faced with smaller classes.« Siehe Blatchford/Lai 2010: S. 204. Vgl. Brühwiler/Blatchford 2011.
16 Siehe von Saldern 2010.
17 Vodafone Stiftung 2012: S. 23.
18 Siehe auch Kramer et al. 2009.
19 Baumert et al. 1997: S. 133.
20 Berkemeyer/Bos/Manitius 2012: S. 154, Tabelle 30.
21 van Ackeren/Klemm 2011: S. 56. Die Autoren beziehen sich auf das Schuljahr 2006/07. Sie berichten, dass bundesweit etwa 50 000 Schülerinnen und Schüler der Klassen sieben bis neun zwischen Gymnasium, Realschule und Hauptschule wechselten. Knapp 20 Prozent verzeichnen Übergänge auf höhere Schulformen, gut 80 Prozent finden den umgekehrten Weg. Vergleicht man diese Werte mit denen von 2009/10, so ergeben sich mehr Wanderungen und ein deutlich geringerer Anteil an Aufstiegen in höhere Schulformen.
22 Berkemeyer/Bos/Manitius 2012: S. 155, Tabelle 31.
23 Bellenberg/Hovestadt/Klemm 2004 zitiert nach Berkemeyer/Bos/Manitius 2012: S. 61.
24 Berkemeyer/Bos/Manitius 2012: S. 63.
25 Berkemeyer/Bos/Manitius 2012: S. 63.
26 Tillmann/Meier 2001; Ehmke/Drechsel/Carstensen 2008.
27 Klemm 2009.

28 Individuelle Verlaufsstatistiken fehlen. Die dargestellten Werte wurden von Klaus Klemm auf Grundlage der Daten von PISA 2003 berechnet (Klemm 2011).
29 Ausnahme ist Rheinland-Pfalz.
30 Berkemeyer/Bos/Manitius 2012: S. 61.
31 KMK 2010 nach Berechnung von van Ackeren/Klemm 2011: S. 58.
32 BMBF 2010 nach Berechnungen von van Ackeren/Klemm 2011: S. 59.
33 Bellenberg/Hovestadt/Klemm 2004: S. 128.
34 Deutsches PISA Konsortium 2001.
35 Deutsches PISA Konsortium 2003 zitiert nach Bellenberg/Hovestadt/Klemm 2004: S. 129.
36 Blum 1997 zitiert nach Bellenberg/Hovestadt/Klemm 2004: S. 130.
37 Grundlage für Olaf Köller sind hier die Daten der Studie »Bildungsverläufe und psychosoziale Entwicklung im Jugend- und jungen Erwachsenenalter.« Die ganze Literatur hierzu steht bei Kramer et al. 2009: S. 41.
38 Kahl 2009, Stieve 2009, Mack 2010, Koch 2010, Deutsche Kinder- und Jugendstiftung 2012, Chancenspiegel 2012.
39 Berkemeyer/Bos/Manitius 2012: S. 95, Diefenbach 2011.
40 Bundesregierung 2008: S. 8 zitiert nach Berkemeyer/Bos/Manitius 2012: S. 94.

Kapitel 5
1 Hahn 1959, siehe auch Hornberg 2012.
2 Füssel/Leschinski 2008 zitiert nach Ullrich/Strunck 2012: S. 21.
3 Zymek 2009 zitiert nach Ullrich/Strunck 2012: S. 21.
4 Hierbei ist zu berücksichtigen, dass alle Fächer auf einem unterschiedlichen Schwierigkeitsniveau belegt werden können. Die Zulassung zu deutschen Universitäten setzt voraus, dass man die für das gewählte Studienfach notwendigen Fächerkombinationen und Schwierigkeitsebenen erfolgreich absolviert hat.
5 Der Deutsche Schulpreis wird von der Robert Bosch Stiftung und der Heidehof Stiftung nach den zitierten Qualitätsbereichen verliehen. Nicht erwähnt wurde hier das Kriterium »Schule als lernende Institution«.

Kapitel 6
1 Klemm 2010.
2 Allmendinger/Giesecke/Oberschachtsiek 2012.
3 Deutsches PISA-Konsortium 2008: S. 402.
4 Der stark verkürzte Militärdienst gegen Zahlung einer hohen Summe wird im türkischen Gesetz »Militärdienst mit Devisenzahlung« genannt. Siehe die 1. Zusatzklausel des Gesetzes zum Militärdienst (Art. 1.III). Ende 2011 wurde die Freikaufregel genauer festgelegt: Gegen einen Betrag von 12 000 Euro können sich türkische Männer vom Wehrdienst freikaufen.
5 Deutscher Bundestag 2010: S. 69.
6 Deutscher Bundestag 2010: S. 65f.
7 Deutscher Bundestag 2010: S. 65f.
8 Deutscher Bundestag 2010: S. 69.
9 Kaas/Manger 2010.
10 Kaas/Manger 2010: S. 11f.
11 Siehe Antidiskriminierungsstelle des Bundes 2012; Krause/Rinne/Zimmermann 2010.
12 Zur Vermeidung von Diskriminierung bei Bewerbungsverfahren hat die Antidiskriminierungsstelle des Bundes mittlerweile einen Leitfaden für Unternehmen entwickelt.
13 Siehe http://berufenet.arbeitsagentur.de/berufe/berufId.do?_pgnt_act=goToAnyPage&_pgnt_pn=0&_pgnt_id=resultShort&status=T07 [abgerufen am 24. Juli 2012]
14 Siehe http://berufenet.arbeitsagentur.de/berufe/berufId.do?_pgnt_act=goToAnyPage&_pgnt_pn=2&_pgnt_id=resultShort&status=T07 [abgerufen am 24. Juli 2012]
15 Eine aktuelle Studie zeigt, dass der Gehaltsvorsprung von Akademikern gegenüber Personen mit Lehrabschluss gerade im technischen Bereich besonders hoch ist. Siehe Glockner/Storck 2012: S. 6.
16 Siehe hierzu Ebner 2013.

Kapitel 7
1 Ich danke Jonna Blanck, WZB, für sehr hilfreiche Kommentare. Das Kapitel ist aus der Perspektive meiner privaten Erfahrung mit Laura, ihren Eltern und Betreuern sowie langen Gesprächen mit einer Sonderpädagogin geschrieben.
2 In diesem Verfahren zur Feststellung von sonderpädagogischem

Förderbedarf wird einzelfallbezogen zu Art, Grad und Umfang der Behinderung Stellung genommen. Ein Sonderpädagoge fertigt ggf. ein sonderpädagogisches Gutachten an, bei dem er den Leistungsstand des Kindes berücksichtigt sowie eine schulärztliche und ggf. eine fachärztliche Stellungnahme einbezieht. Bei Kindern, bei denen kognitive Einschränkungen vermutet werden, erhebt er psychometrische Daten, wobei zwei wissenschaftlich anerkannte Testverfahren zugrunde zu legen sind. Bei Kindern oder Schülerinnen und Schülern nichtdeutscher Herkunftssprache müssen beide Tests »sprachfrei« sein. Siehe http://www.berlin.de/sen/bildung/foerderung/sonderpaedagogische_foerderung/

3   Die Diagnostik von sonderpädagogischem Förderbedarf ist bis heute unscharf. Unter vielen anderen siehe Klemm/Preuss-Lausitz 2011: S. 20f.
4   Protokoll der Gespräche mit Sandra Liebig, mimeo.
5   Mittlerweile gibt es in dem norddeutschen Bundesland und in vielen anderen erfolgreiche Integrationsschulen, die sehr begehrt sind.
6   Edelstein 2009.
7   Auszug aus Schulordnung 1559 zitiert nach Wocken 2010: S. 27.
8   Sacher 2005 zitiert nach Geißler/Weber-Menges 2010: S. 572.
9   Füssel/Kretschmann 1993 zitiert nach Powell/Pfahl 2012: S. 728.
10 Powell/Pfahl 2012: S. 728.
11 Pfahl/Powell 2010: S. 34. Siehe den gesamten Beitrag zur Kennzeichnung der Lage von Sonderschülern im Ausbildungssystem und auf dem Arbeitsmarkt.
12 Pfahl/Powell 2010: S. 34.
13 Zu Eingangsvoraussetzungen und Berufsbild siehe http://berufenet.arbeitsagentur.de/berufe/berufId.do?_pgnt_act=goToAnyPage&_pgnt_pn=0&_pgnt_id=resultShort&status=A01 [abgerufen am 2. August 2012].
14 Werkstätten für behinderte Menschen (WfbM) sind Integrationsprojekte, deren Angebot mit als Maßnahmen zur Rehabilitation und Eingliederungshilfe für Menschen mit Behinderungen, die nicht, noch nicht oder noch nicht wieder auf dem allgemeinen Arbeitsmarkt tätig sein können, dienen. Außerdem gibt es »für Menschen, die wegen Art und Schwere der Behinderung nicht auf dem allgemeinen Arbeitsmarkt tätig sein können, aber ein Mindestmaß an wirtschaftlich verwertbarer Leistung« erbringen, (…) einen Rechtsanspruch [auf] Leistungen in einer anerkannten

Werkstatt für behinderte Menschen (§§ 39 SGB IX) mit entsprechender Betreuung und Begleitung durch qualifiziertes Personal.« (Doose 2009: S. 257). Die monatlichen Arbeitsentgelte in den WfbM bewegten sich in 2010 je nach Bundesland im Schnitt zwischen 120 und 218 Euro. Siehe: http://www.einfach-teilhaben.de/ DE/StdS/Ausb_Arbeit/Werkstaetten/Arbeitsentgelt/arbeitsentgelt_node.html, http://www.einfach-teilhaben.de/DE/StdS/ Ausb_Arbeit/Werkstaetten/werkstaetten_node.html und http://www.bagwfbm.de/file/649/ [zuletzt abgerufen am 6. August 2012]. Die Übergänge aus den WfbM in den allgemeinen Arbeitsmarkt (Arbeitsverhältnisse, Ausbildung oder andere berufliche Bildungsmaßnahmen) lagen 2006 durchschnittlich bei 0,17 Prozent, nur in Arbeitsverhältnisse bei 0,11 Prozent (Detmar et al. 2008: S. 11).

15 Berkemeyer/Bos/Manitius 2012.
16 Berkemeyer/Bos/Manitius 2012: S. 43.
17 Motakef 2006: S. 38.
18 Aichele 2010: S. 13f.
19 Degener 2009 zitiert nach Powell/Pfahl 2012: S. 734.
20 Powell/Pfahl 2012: S. 734.
21 Powell/Pfahl 2008: S. 2. Vgl. auch Platte 2008.
22 Bösl 2010: S. 12.
23 Vgl. Powell 2011.
24 Darauf hat H. Heinz in mehreren Briefen an die Autorin verwiesen (23. Juli 2012). Der Schriftwechsel einschließlich der Antworten von Lisa Pfahl, Justin Powell und Jonna Blanck ist auf Nachfrage zugänglich.
25 Siehe hierzu auch das Gutachten von Klaus Klemm und Ulf Preuss-Lausitz »Auf dem Weg zur schulischen Inklusion in Nordrhein-Westfalen« (2011) sowie den Artikel von Sermier Dessemontet, Benoit und Bless (2011) zur »Schulische[n] Integration von Kindern mit einer geistigen Behinderung« für die Schweiz, der einen Überblick über den Stand der Forschung gibt.
26 Salend/Garrick Duloney 1999 zitiert nach Klemm/Preuss-Lausitz 2011: S. 40.
27 Riedo 2000 zitiert nach Klemm/Preuss-Lausitz 2011: S. 39.
28 Freies Arbeiten, Binnendifferenzierung und Gruppenarbeit scheinen grundlegende Gestaltungsmomente zu sein. Vgl. Dumke 1991 zitiert nach Maikowski/Podlesch 2009: S. 235 sowie Podlesch 2003 zitiert nach Klemm 2011: S. 34.

29 Inzwischen wurden neue Studiengänge eingerichtet, die auf die veränderten Anforderungen an die Lehrkräfte, wie Team-Teaching, projektorientiertes und freies Arbeiten eingehen, und die nötigen Beratungskompetenzen, die in inklusiven Schulsettings gebraucht werden, vermitteln. Entsprechende Studiengänge bieten die Universität Bielefeld und die Universität Bremen an. Zum Wandel pädagogischer Professionalität siehe auch Pfahl (2012).

30 Siehe hierzu die auch sehr lesenswerten Beiträge von Hans Wocken (2010) sowie Blanck, Edelstein und Powell (2013, im Erscheinen).

31 Die meines Erachtens zurzeit beste und sehr lesenswerte Arbeit zu Empfehlungen und Implementationsvorschlägen »Auf dem Weg zur schulischen Inklusion« stammt von Klaus Klemm und Ulf Preuss-Lausitz (2011). Diesen Empfehlungen sind die meisten der hier genannten Punkte entnommen.

Kapitel 8

1 Miller 2006.

2 Vgl. Prengel 1993.

3 Summercamps gibt es für Kinder und Jugendliche ganz unterschiedlicher Altersklassen und Zielgruppen. So bietet die Jacobs Foundation Summercamps für benachteiligte Kinder an, das DGB Bildungswerk für Jugendliche im Übergang zum Beruf.

4 Die Anerkennung unter Peers ist auch Gegenstand verschiedener Publikationen des Deutschen Jugendinstituts auf Grundlage des Kinderpanels und der dazu erschienenen fünfbändige Reihe, herausgegeben von Christian Alt (2005, 2006a, 2006b, 2007, 2008).

5 Vgl. Kieselbach/Lödige-Röhrs/Lünser 1998. Siehe auch Hock/Holz/Wüstendorfer 2000a.

6 Laubstein/Dittmann/Holz 2010: S. 46f. Vergleiche auch Helsper/Böhme 2008: 194f. Schulverweigerer sind vor allem männliche Haupt- und Sonderschüler aus einkommensschwachen und sozial benachteiligten Familien (vgl. Wagner et al. 2004, Wetzels et al. 2000 zitiert nach Laubstein/Dittmann/Holz 2010: S. 46f.). Dies zeigt auch Ricking (2003) auf Grundlage einer Metaanalyse von 242 Studien aus dem deutschen und englischen Sprachraum.

7 Ricking 2003: S. 148 zitiert nach Laubstein/Dittmann/Holz 2010: S. 46f.

8 Ricking 2003: S. 149f. zitiert nach Laubstein/Dittmann/Holz 2010: S. 46f.

9   Protokoll der Gespräche mit Elisabeth Grundig, mimeo
10 Wortlaut im internen Positionspapier des Stiftungsverbundes zum Programm »Lernen vor Ort« vom 25. Mai 2008, zitiert nach Kahl 2009: S. 259. Die gleiche Agenda fordert auch der Rat für Nachhaltige Entwicklung in seinem Positionspapier »Chancen, Qualität und Kompetenz: Bausteine für eine nachhaltige Bildungspolitik« vom 18. März 2010. Siehe auch Mack (2010) und Koch (2010) zu Konzept, Entwicklung und Perspektiven kommunaler Bildungslandschaften.
11 Stieve 2009: S. 7.
12 Stieve 2009: S. 7.
13 Vgl. Deutsche Kinder- und Jugendstiftung 2012. Auch die Prozessqualität von Einrichtungen, Gruppen und Tagespflegestellen ist zu verbessern. »Träger, Verwaltung und Fachpolitik wissen (vermutlich) nicht, welche Gruppen, Einrichtungen und Tagespflegestellen unzureichende bzw. grenzwertige Qualität aufweisen. Dies verweist auf Informations- und Steuerungsdefizite der verantwortlichen Instanzen.« (Tietze et al. 2012: S. 14).
14 Tietze et al. 2012: S. 15.
15 Siehe auch Calmbach et al. 2012.
16 Autorengruppe Bildungsberichterstattung 2012.
17 Diese Zahlen beziehen sich auf die Tabellen zu Absolventen und Abgängen (Deutsche, Ausländer) des Abgangsjahres 2010 nach Abschluss- und Schularten sowie Anteile an Abschlussarten insgesamt (einschl. Externe) (Statistisches Bundesamt 2011b: S. 291, 295).
18 Siehe Helbig 2012 (im Erscheinen) sowie Helbig 2010a, Helbig 2010b, Neugebauer 2011.
19 So besteht die Gruppe der Viellesenden (d.h. diejenigen, die täglich mehr als zwei Stunden lesen) im OECD-Durchschnitt zu 67 Prozent und in Deutschland zu 70 Prozent aus Mädchen (Artelt/Naumann/Schneider 2010: S. 87). Für den OECD-Durchschnitt wird für PISA 2009 berechnet, dass fast 70 Prozent der unterschiedlichen Werte von Jungen und Mädchen auf Unterschiede in Lesefreude (enjoying reading) und Lernstrategien (knowing about effective strategies to summarise information) zurückzuführen sind (OECD 2010b: S. 88) Wobei hier Deutschland überdurchschnittlich mit 76 Prozent abschneidet. So kommen auch Artelt, Naumann und Schneider (2010) zu dem Schluss, »Jungen und Mädchen, die das gleiche Niveau an Lesemotivation

und Lesestrategiewissen aufweisen, unterscheiden sich nicht mehr wesentlich in ihrer Lesekompetenz. Ähnliches gilt für den kulturellen Besitz: Wenn der Effekt von Lesestrategien und Lesemotivation kontrolliert wird, kann kein davon unabhängiger Zusammenhang von kulturellem Besitz und Lesekompetenz mehr festgestellt werden. (…) Umgekehrt lässt sich der deutliche Unterschied zwischen Jungen und Mädchen in der Lesekompetenz – der sich seit PISA 2000 in Deutschland nicht verringert hat – zumindest tentativ darauf zurückführen, dass Mädchen gegenüber Jungen die motivierteren Leser(innen) sind und über bessere Lernstrategien verfügen.« (Artelt/Naumann/Schneider 2010: S. 108).

20 Robert Bosch Stiftung 2012: S. 9
21 Biedenkopf/Bertram/Niejahr 2009.
22 Heike Solga hat in ihren Evaluationsstudien zu Praxisklassen gezeigt, dass diese durchaus den Übergang in Ausbildung und Beschäftigung erleichtern können. Siehe hierzu Solga 2011. Auch mit Orientierungscamps machte man sehr gute Erfahrungen. Siehe hierzu Kölling 2012.
23 Siehe hierzu die wegweisenden Arbeiten von Martin Baethge (bspw. 2011) und den Bildungsbericht 2008 (Autorengruppe Bildungsberichterstattung 2008), der einen Schwerpunkt auf das Übergangssystem gelegt hat.
24 Neben solchen auf Dauer gestellten Maßnahmen gibt es zeitlich befristete politische Programme wie das gesetzlich genau geregelte Praktikum für Jugendliche, die keinen Ausbildungsplatz erhalten haben (EQJ).
25 Siehe die Beschreibung der »Berufsvorbereitenden Maßnahmen« der Bundesagentur für Arbeit unter http://www.arbeitsagentur.de/nn_26188/Navigation/zentral/Buerger/Behinderungen/Berufsvorbereitung/Berufsvorbereitung-Nav.html [abgerufen am 7. August 2012] Unter Beibehaltung dieser vorrangigen Zielsetzung kann auch die Vorbereitung einer Beschäftigungsaufnahme ein paralleles Ziel berufsvorbereitender Bildungsmaßnahmen sein. Weitere als die hier genannten Ziele sind, den Jugendlichen die erforderlichen Fähigkeiten und Fertigkeiten für die Aufnahme einer beruflichen Erstausbildung zu vermitteln und die Jugendlichen möglichst nachhaltig in den Ausbildungsmarkt zu integrieren.
26 Autorengruppe Bildungsberichterstattung 2012: S. 102. Ausländische Jugendliche beginnen besonders häufig im Übergangssystem (Abb. E1-5A, unten). Auch bei gleichem Schulabschluss sind sie

dort häufiger vertreten als deutsche Jugendliche. Von den ausländischen Jugendlichen mit Hauptschulabschluss begannen 2010 rund 63 Prozent im Übergangssystem, 30 Prozent eine duale Ausbildung und 8 Prozent im Schulberufssystem. Von den deutschen Jugendlichen mit Hauptschulabschluss begannen rund 45 Prozent im Übergangssystem, 44 Prozent lernten dual und 11 Prozent vollzeitschulisch. Alle Daten aus Autorengruppe Bildungsberichterstattung 2012: S. 276, Abb. E1-5A.

27 Autorengruppe Bildungsberichterstattung 2012: S. 277.

28 Der Zugang zu einer vollqualifizierenden Ausbildungsform beträgt ein Jahr nach Beendigung der Maßnahmen bei der Berufsfachschule 54 Prozent, bei BvB/BvJ 58 Prozent und beim BGJ 65 Prozent. Nach drei Jahren liegen die Werte für Berufsfachschule bei 76 Prozent, für BvB/BvJ bei 70 Prozent und für das BGJ bei 81 Prozent. Siehe BIBB (2010), S. 93.

29 Typ 3 der Clusteranalyse des BIBB.

30 Die Analyse berücksichtigt den Zugang zu vollqualifizierender Ausbildung, sagt aber nichts darüber aus, ob die einmal angefangene Ausbildung vielleicht abgebrochen wurde. (Beicht 2009: S. 9 – 10).

Kapitel 9

1 Der Artikel von Ralf Beste erschien am 2. Juli 2012 in Der Spiegel, S. 30 – 31.

2 Allmendinger/Giesecke/Oberschachtsiek 2012.

3 Dieses Kapitel ist auf der Grundlage von vier Schriften entstanden. Allgemeine Überlegungen zum Verhältnis von Bildungs- und Sozialpolitik finden sich in Allmendinger (1999); eine international vergleichende Taxonomie zu den vier Bildungswelten wird in Allmendinger/Leibfried (2003) entwickelt, der Zusammenhang zwischen Bildungs- und Sozialsystemen wird empirisch in Allmendinger/Nikolai (2010) beschrieben. Hinzu kommt der Überblicksartikel zur Bildungssoziologie, den ich zunächst in Zusammenarbeit mit Silke Aisenbrey (2002), in einer zweiten und gänzlich überarbeiteten Fassung mit Rita Nikolai und Christian Ebner verfasst habe (2009).

4 Bericht des UN-Sonderberichterstatters für das Recht auf Bildung, Vernor Muñoz Villalobos, anlässlich seines Deutschlandbesuchs (13. – 21. Februar 2006), vorgelegt am 9. März 2007. Vgl. Muñoz Villalobos 2007.

5 Dies ist etwa in den USA nicht gegeben, da es dort an einem breiten sozialpolitischen Interventionssystem fehlt, welches mit der Bildungspolitik zusammenwachsen könnte. Weiterhin sind in den USA bestehende Interventionssysteme am unteren Ende, wie etwa die Sozialhilfe, weitgehend aufgegeben worden.
6 Vgl. etwa Esping-Andersen 1990.
7 Busemeyer/Nikolai 2010; Iversen/Stephens 2008.
8 Giddens 2000.
9 Bismarck 1890 zitiert nach Führ 1997: S. 115. Diese Stelle aus der Immediateneingabe ist auch zitiert in Allmendinger/Aisenbrey 2002 sowie Allmendinger/Nikolai/Ebner 2009.
10 Esping-Andersen 1990.
11 Allmendinger 1989. Interessanterweise sind Länder in liberalen und sozialdemokratischen Sozialstaaten, die Kinder erst spät auf verschiedene Bildungsgänge verteilen, oft jene, in denen die Höhe der sozialen Sicherung nicht eng an den zuletzt erreichten Lebensstandard gekoppelt ist. Das Äquivalenzprinzip wird tief gehängt. Dort wird also eine niedrige Zergliederung des Bildungssystems mit einer niedrigen Aufgliederung der Bevölkerung anhand zuvor erbrachter Leistungen verbunden. In konservativen Sozialstaaten wie Deutschland dagegen münden Schülerinnen und Schüler sehr früh in unterschiedliche Bildungslaufbahnen ein. Die meisten Sozialleistungen werden an den erreichten Status gekoppelt. In Ländern wie Deutschland tragen also weder Bildungspolitik noch Sozialpolitik dazu bei, dass breite Bevölkerungsschichten den Zugang zu den notwendigen gesellschaftlichen Ressourcen erhalten. Siehe Schmidt 2005. Nach Torben Iversen und David Soskice sind dies die Länder, die sich durch einen hohen Anteil an beruflicher Ausbildung in ihren Bildungssystemen auszeichnen. Iversen und Soskice argumentieren, dass koordinierte Marktwirtschaften, zu denen Deutschland, Österreich oder die Schweiz gehören, die Investitionsbereitschaft von Arbeitern in besondere berufliche Kompetenzen durch einen hohen Grad an Umverteilung durch Sozialtransfers gewährleisten (Iversen/Soskice 2009: S. 448).
12 Rohrbach 2007.
13 Scharpf/Schmidt 2000.
14 Pierson 1994; Castles 2005. Siehe auch die einschlägigen Kapitel in The Oxford Handbook of the Welfare State, Castles et al. 2010.
15 Nach Jenson (2009) führt das Paradigma des Sozialinvestitionsstaates auch zu einer Neudefinition der Staatsbürgerschaft, mit

veränderten Rechten und Pflichten jedes Einzelnen und einem neuen Mix von Verantwortlichkeiten zwischen Staat, Markt, Familie und Gemeinschaft.

16 Vgl. das Konzept des »enabling state«, Gilbert 2005.
17 Perkins et al. 2005.
18 Giddens 2001: S. 83f. Dies ist die deutsche Übersetzung, die darauf verzichtet, den von Giddens explizit genutzten Humankapital-Begriff aufzunehmen. Im Original heißt es: »The key force in human capital development obviously has to be education. It is the main public investment that can foster both economic and civic cohesion.«
19 Helliwell/Putnam 1999.
20 Feinstein 2002.
21 Allmendinger/Giesecke/Oberschachtsiek 2012.
22 Hanushek/Wößmann 2008.
23 Allmendinger 1999.
24 Allmendinger/Leibfried 2003.
25 Nach Thomas Olk und Maksim Hübenthal (2009) kann dies auch auf konzeptionelle Schwächen der Idee des Sozialinvestitionsstaates zurückgeführt werden. Der einseitige Fokus auf soziale Dienstleistungen und Bildung unterschätzt die Bedeutung materieller Umverteilung.
26 Dies entspricht dem Anteil von Schülerinnen und Schülern unterhalb der Kompetenzstufe II im Leseverständnis PISA 2009 (OECD 2010: S. 210).
27 Solga 2012 (im Erscheinen).

Kapitel 10
1 Müller/Mayer 1976: 54.
2 Mayer 2008. Siehe einführend dazu auch http:/www.yale.edu/ciqle/GLHS/glhsstudydesign.html [zuletzt aufgerufen am 2. August 2012].
3 Domisch/Klein 2012.
4 Zitiert nach Allmendinger 1999: S. 47.
5 Shavit/Blossfeld 1993.
6 Domisch/Klein 2012. Dies war auch der Name der US-Bildungsreform »No Child Left Behind«, 2001. Diese Reform gilt mittlerweile als gescheitert. Siehe Ravitch 2010. Das bedeutet nicht, dass das Ziel unerreichbar ist.

7 So titelte Frank Drieschner in Die Zeit vom 8. Juli 2010: »Ein bisschen Wahnsinn. Hamburg vor dem Volksentscheid: Neues und altes Bürgertum streiten über die Bildung der Unterschicht«. Siehe unter http://www.zeit.de/2010/28/Schule-Hamburg [zuletzt abgerufen am 2. August 2012].

8 Pressemitteilung 170/2011 des BMBF vom 16. Dezember 2011. In der Begründung heißt es: »Die Studie der Universität Hamburg zeigte, dass etwa 2,3 Millionen Menschen in Deutschland zwar einzelne Wörter lesend verstehen oder schreiben können, nicht jedoch ganze Sätze. (…) Etwa 7,5 Millionen beziehungsweise 14 Prozent der erwerbsfähigen Deutschen können zwar einzelne Sätze lesen oder schreiben, nicht jedoch zusammenhängende, auch kürzere Texte wie zum Beispiel eine schriftliche Arbeitsanweisung verstehen. Eine angemessene Form der Teilhabe am gesellschaftlichen Leben ist beim funktionalen Analphabetismus nicht möglich. (…) Fehlerhaftes Schreiben auch bei gebräuchlichen Worten betrifft laut der Studie rund 21 Millionen Menschen in Deutschland beziehungsweise knapp 40 Prozent der erwerbsfähigen Bevölkerung. Die Level-One Studie (leo) wurde von der Universität Hamburg im Rahmen der im Jahr 2010 realisierten nationalen Zusatzerhebung zur europäischen Weiterbildungsbefragung ›Adult Education Survey‹ (AES) durchgeführt. Per Zufallsauswahl wurden mehr als 7000 Personen im Alter zwischen 18 und 64 Jahren befragt. Für leo wurde diese Zahl um eine Zusatzstichprobe von 1350 Personen im unteren Bildungsbereich ergänzt.« [abgerufen unter http://www.bmbf.de/de/426.php am 2. August 2012].

9 Die erste PISA-Studie 2000 konzentrierte sich auf die Lesekompetenz, 2003 stand die mathematische Kompetenz im Mittelpunkt, 2006 wurde nach den naturwissenschaftlichen Kompetenzen gefragt, und 2009 ging es wieder um die Lesekompetenz.

10 Allmendinger/Leibfried 2003.

11 Diese Untersuchung war über mehrere Jahre angelegt und begleitete die teilnehmenden Schülerinnen und Schüler von der fünften bis zur dreizehnten Klasse in den Jahren 1996 bis 2005. Nähere Informationen dazu und ein Teil der Berichte sind abrufbar unter http://bildungsserver.hamburg.de/lau/ [zuletzt abgerufen am 2. August 2012].

12 Hierzu halten die Autoren nach der Untersuchung der Schülerinnen und Schüler in der siebten Jahrgangsstufe fest: »Den Selektionsprozessen entsprechend, die in einem gegliederten Schul-

system wirksam sind, unterscheiden sich vor allem die in den verschiedenen Schulformen erreichten Leistungsniveaus. Dabei zeigen die Schülerinnen und Schüler der Gymnasien beträchtlich höhere Lernstände als diejenigen der anderen Schulformen. Das durchschnittliche Leistungsniveau der Gesamtschülerinnen und Gesamtschüler ist entsprechend dem höheren Anteil leistungsstarker Schülerinnen und Schüler etwas höher als das Leistungsniveau an den noch undifferenzierten Beobachtungsstufen der Haupt- und Realschulen.« (Lehmann/Gänsfuß/Peek 1999: S. 55) http://bildungsserver.hamburg.de/contentblob/2815698/data/pdf-schulleistungstest-lau-7.pdf.

13 Unter vielen anderen siehe Fischer-Lescano/Möller 2012.

14 Bildungsarmut kann auch innerhalb nationalstaatlicher Grenzen und mit internationalem Maßstab gemessen werden. Man kann im Maßstab des eigenen Landes gesehen »bildungsreich« sein, aber im internationalen Wettbewerb doch zu den Bildungsarmen zählen. Siehe hierzu Allmendinger/Leibfried 2003.

15 Bei den PISA-Erhebungen werden die Leistungspunkte in fünf und 2009 in sechs Kompetenzstufen zusammengefasst.

16 OECD 2010: S. 58. Zur Definition eines absoluten Mindeststandards für Bildung siehe auch Büchner 2011; Nickel 2002.

17 BMBF 2008 zitiert nach Baethge-Kinsky 2012: S. 210. Angaben ohne Förderschulen.

18 Für die Mittelwerte der Lesekompetenz siehe OECD 2010: S. 213. Für die PISA-Gesamtskala Lesekompetenz errechnete die OECD, dass 39 Punkte einem Schuljahr entsprechen. Siehe dazu OECD 2011c: S. 27.

19 Diese Unterscheidung entspricht der Trennung von primären und sekundären Bildungseffekten nach Boudon 1974. Siehe auch Hopf 2011.

20 OECD 2011c: S.30. Der »Hintergrund« erfasst: »a) sozioökonomischen Hintergrund gemäß dem PISA-Index des wirtschaftlichen, sozialen und kulturellen Status (ESCS); b) Migrationsstatus: im Ausland oder im Inland geborene Schüler der ersten oder zweiten Generation; c) im Elternhaus gesprochene Sprache: sprechen die Schüler gewöhnlich zu Hause die Testsprache oder eine andere Sprache; d) ihre Familienstruktur: leben die Schüler in einer Ein-Eltern-Familie oder in einem anderen Familientyp; e) den Standort ihrer Schule: besucht der Schüler eine Schule in einem Dorf, einer Ortschaft oder einer ländlichen Gemeinde, in

einer Kleinstadt, in einer Stadt, in einer mittleren Großstadt oder in einer Großstadt.« Der »sozioökonomische Hintergrund« erfasst: »a) berufliche Stellung des Vaters oder der Mutter, wer immer die höhere Stellung besitzt; b) jeweils höheren Bildungsabschluss des Vaters bzw. der Mutter; c) im Elternhaus vorhandene Besitztümer wie ein Schreibtisch zum Lernen, ein eigenes Zimmer, ein ruhiger Platz zum Lernen, Lernsoftware, ein Internetanschluss, ein eigener Taschenrechner, klassische Literatur, Gedichtbände und Kunstwerke, Bücher, die bei den Schularbeiten helfen, ein Wörterbuch, eine Geschirrspülmaschine, ein DVD-Player oder Videorekorder, Zahl der Handys, Fernsehgeräte, Computer, Autos und Bücher im Haushalt.«

21 Wie in van Ackeren/Klemm 2011 dargelegt.
22 Das Nationale Bildungspanel (NEPS) wird hier noch größere Klarheit bringen. Erste Ergebnisse, wie sich Abschlüsse und Kompetenzen über den Lebensverlauf entwickeln, werden 2013 vorliegen.
23 OECD 2010: S. 58.
24 In den bisherigen PISA-Studien hat man nur die Kompetenzstufen I bis V unterschieden. Mittlerweile differenziert man im unteren (unter I, Ia, Ib) und oberen Segment (man begrenzt die Stufe V nach oben und führt Stufe VI ein). Siehe hierzu Naumann et al. 2010. Da die Stufe VI nur von sehr wenigen Schülerinnen und Schülern erreicht wird (unter 3 Prozent), stelle ich hier auf den zusammengezogen Wert von Stufe V und VI ab.
25 OECD 2010: S. 56.
26 Der Gini-Koeffizient ist eine Größe, mit der man die Ungleichheit in den Einkommen misst. Je näher die Zahl an 1, desto ungleicher; je näher an 0, desto gleicher.
27 In Island liegt die erklärte Varianz bei 6 Prozent, in Ungarn bei 26 Prozent. OECD 2011c: S. 172.
28 In Deutschland liegt die erklärte Varianz bei 18 Prozent, in Finnland bei 8 Prozent. OECD 2011c: S. 172.
29 In Belgien, Chile und der Türkei liegt die erklärte Varianz bei 19 Prozent, in Ungarn bei 26 Prozent.
30 In Japan, der Türkei, Kanada und Portugal sind es zwischen 39 Prozent und 48 Prozent (siehe OECD 2011c: S. 14 und S. 175).

Kapitel 11

1. Der Aufruf mit der Bitte um Erstunterzeichnung wurde mir von Margret Rasfeld am 10. Juli 2012 übermittelt. Siehe auch http://www.schule-im-aufbruch.de/
2. Auszüge aus dem Zeugnis zum Jahresende des IB 1, Juni 2012.
3. Zu den unterschiedlichen Typen von Privatschulen in Deutschland siehe die gute Übersicht von Christian Füller 2010 sowie mit sehr kritischer Kommentierung Ullrich/Strunck 2012.
4. Fauser/Prenzel/Schratz 2010.
5. Hervorzuheben ist auch die Arbeit von Claudia Limper-Stracke. Sie leitet die Hakemickeschule in Olpe, eine gebundene Ganztagshauptschule, die auf individuelle Förderung, soziales Lernen und frühe Berufswahlvorbereitung setzt. Siehe auch http://www.hakemickeschule.de/
6. Zitat von Pirjo Linnakylä zitiert nach Domisch/Klein 2012: S. 58.
7. Domisch/Klein 2012: S. 58.
8. Domisch/Klein 2012: S. 58.
9. Domisch/Klein 2012: S. 58.
10. Vgl. Dewey 2010.
11. Domisch/Klein, 2012: S. 43.
12. Domisch/Klein, 2012: S. 59.
13. Domisch/Klein, 2012: S. 59.
14. Domisch/Klein, 2012: S. 75.
15. »Im Rahmen einer transkulturellen Bildung wird es zur Aufgabe, die Konzentration auf die Polarität von Eigenem und Fremdem zugunsten einer Aufmerksamkeit auf das möglicherweise Gemeinsame und Verbindende mit dem Fremden abzubauen (vgl. Welsch 1997: S. 10ff.).« Hauenschild 2005 zitiert nach Friedenskreis Halle e.V. Modellprojekt: Transkulturelle Kompetenz – eine aktuelle Schlüsselqualifikation 2010: S. 8.
16. Vgl. Domisch/Klein 2012: S. 15 – 31.
17. Edelstein 2009.
18. Defining and Selecting Competencies: Theoretical and Conceptual Foundation (DeSeCo) der OECD.
19. Kompetenzen werden wie folgt definiert: die Befähigung, »eine kontext- bzw. situationsgebundene Anforderung erfolgreich zu bewältigen und die dafür erforderlichen kognitiven, emotionalen und motivationalen Ressourcen, Fertigkeiten, Einstellungen und Werthaltungen zu mobilisieren.« (Weinert 2001 zitiert nach Edel-

stein 2009). Schlüsselkompetenzen sind darüber hinaus Kompetenzen, die »kontextübergreifend zur Bewältigung von Aufgaben eingesetzt werden können, die in unterschiedlichen Situationen eine Rolle spielen.« (Edelstein 2009) Das Manuskript des Vortrags ist unter http://www.ganztaegig-lernen.de/werte-und-kompetenzen-fuer-eine-zukunftsfaehige-schule online verfügbar.
20 Directorate Council of Europe 2010.
21 Ausgehend von seinen demokratietheoretischen Überlegungen hat Wolfgang Edelstein den Aufbau eines weiterbildenden Masterstudiengangs »Demokratiepädagogische Schulentwicklung und soziale Kompetenzen« betrieben. Der Masterstudiengang wird im Fachbereich Erziehungswissenschaft und Psychologie an der Freien Universität Berlin in Kooperation mit der Deutschen Gesellschaft für Demokratiepädagogik e.V. und der Akademie Führung und Kompetenz àm Centrum für angewandte Politikforschung in München angeboten.
22 Formale und nicht formale Lernprozesse werden organisiert. Formales Lernen erfolgt überwiegend fremdorganisiert. Das erreichte Wissen wird zertifiziert und führt meist zu bestimmten Berechtigungen für gesellschaftliche Teilbereiche. Auch nicht formale Lernprozesse können zu Zertifikaten führen, im Vergleich zu Zertifikaten formaler Lernprozesse besitzen diese jedoch eine weniger weitreichende Verkehrsgeltung. Im Gegensatz dazu werden informelle Lernprozesse vom Individuum selbst organisiert. Ein solches Lernen kann sich also nebenbei ergeben und ist dann weder Absicht noch Ziel des Handelns. Siehe ausführlich Gutschow 2010.
23 Edelstein 2009.
24 Bericht des UN-Sonderberichterstatters für das Recht auf Bildung, Vernor Muñoz Villalobos, anlässlich seines Deutschlandbesuchs (13.–21. Februar 2006), vorgelegt am 9. März 2007. Vgl. Muñoz Villalobos 2007.
25 Edelstein 2009.
26 Edelstein 2009.
27 Edelstein 2009.
28 Edelstein 2009.
29 Service Learning ist eine solche Unterrichtsform. Schülerinnen und Schüler leisten in Projekten einen Dienst am Gemeinwohl, erarbeiten dabei aber gleichzeitig Lerninhalte, wenden diese an und erlangen so verschiedene Kompetenzen. Das schulische Ler-

nen wird in dieser Weise grundlegend anders organisiert. Die Projekte sind nicht extracurricular, sondern Bestandteil des normalen Unterrichts. Die Methode knüpft an neuere Entwicklungen in der Hirnforschung an. Untersuchungen haben gezeigt, dass der traditionelle Unterricht für das Lernen wenig förderlich ist. Wenn Schüler Informationen passiv aufnehmen, werden jene Gehirnfunktionen, die für die Wissensaufnahme und -speicherung zuständig sind, zu wenig stimuliert. (Caine/Caine 1991; Kember 1991) In den letzten Jahren gewinnen daher an US-amerikanischen Schulen handlungs- und erfahrungsorientierte Lernmethoden immer mehr an Bedeutung. (Sliwka 2004: S. 7f.).

Kapitel 12

1 Dieses Kapitel ist eine gekürzte und leicht veränderte Version eines Artikels von Edelstein/Allmendinger 2012a.
2 Der im Auftrag der Bertelsmann Stiftung von dem Institut für Schulentwicklungsforschung erstellte Chancenspiegel hat Chancengerechtigkeit in vier Unterzielen gefasst: Integration, Durchlässigkeit, Kompetenzförderung und Vergabe von Abschlüssen. Auf jeder dieser Dimensionen werden die Bundesländer miteinander verglichen. Im Chancenspiegel geht es also um die relative Position, nicht um absolute Standards, mit denen das Erreichen von Zielen gemessen wird (Berkemeier/Bos/Manitius 2012).
3 Man kann nur hoffen, dass die Daten des Nationalen Bildungspanels (NEPS) doch noch länderspezifisch ausgewertet werden dürfen. Dann könnte man mit einem einmaligen Längsschnittdatensatz systematisches Wissen über die bildungsbiografischen Folgen unterschiedlicher Schulmodelle sammeln und dieses Wissen in eine wissenschaftlich begleitete Schulentwicklung von Bund und Ländern einfließen lassen.
4 Picht 1964: S. 47 – 48; Hervorhebung durch die Autorin.
5 Siehe etwa Wößmann/Piopiunik 2009, Allmendinger/Giesecke/Oberschachtsiek 2012.
6 Dohmen 2011.
7 Vgl. von Below 2002.
8 Der Begriff »Kooperationsverbot« ist irreführend: Das Grundgesetz enthält auch nach der Föderalismusreform kein ausdrückliches Verbot der Kooperation von Bund und Ländern im Bildungsbereich. Wenn hier eine »Rücknahme des Kooperationsverbots« gefordert wird, so meint dies genaugenommen eine

Rücknahme der im Zuge der Föderalismusreform vorgenommenen Veränderungen in Art. 91b und Art. 104a (nun 104b) GG. Anzumerken ist weiterhin, dass Bund und Länder auch im Rahmen der gegenwärtigen Rechtslage im Prinzip vielfältig kooperieren könnten (Oelkers 2011: S. 26) – im Bereich des Bildungsmonitoring ist dies ausdrücklich gestattet. Ausgeschlossen sind gegenwärtig allein direkte finanzielle Zuwendungen des Bundes an die Länder bzw. deren Bildungseinrichtungen.
9 Meyer-Hesemann 2009.
10 Tillmann 2009: S. 23.
11 Nachdem zuerst Standards für den mittleren Abschluss in Deutsch, Mathematik und erster Fremdsprache vorgelegt wurden, folgten 2004 Standards für den Hauptschulabschluss in diesen Fächern und für den Primarbereich in Deutsch und Mathematik sowie für den mittleren Abschluss in Biologie, Chemie und Physik.
12 Wernstedt/John-Ohnesorg 2009: S. 6.
13 Oelkers 2011: S. 17.

Unsere Schulaufgaben
1 Regine, die »Tochter« einer Freundin und Kollegin, hat es mir und uns allen bewiesen. Nach den Etappen Hauptschul- und Realschulabschluss schaffte sie schließlich das Abitur. Nun studiert sie, arbeitet als wissenschaftliche Hilfskraft und glänzt mit tollen Noten in ihrem Fach. Meine Freunde Susanne und Hendrik Rässler schauten ihr eben nicht nur zu. Als sie Regine zufällig in ihrer Nachbarschaft trafen und kennenlernten, hatte sie gerade, wie Jenny, ihren unverwertbaren Hauptschulabschluss gemacht. Sie nahmen sich ihrer an, griffen ihr unter die Arme und meisterten mit ihr die Höhen und Tiefen eines langen nachholenden Weges über zwei weitere Schulabschlüsse. »Das ›Mädchen‹«, sagt Susanne Rässler heute, »ist mittlerweile eine äußerst zielstrebige junge Dame geworden und wohnt jetzt mit ihrem Freund zusammen in der Stadt. Ihr Florian macht nun auch das Abitur nach, es zeigt schon Spuren.« Solches Glück haben wenige. Solches Engagement zeigen nicht viele. Wir sollten und dürfen es nicht darauf ankommen lassen.
2 Pfahl 2013.
3 Siehe auch die Empfehlungen des Rats für Nachhaltige Entwicklung 2010, die sich in weiten Teilen mit den hier formulierten »Schulaufgaben« decken.

4 Rauschenbach 2007.
5 Jährliche Ausgaben von Bildungseinrichtungen pro Schüler für alle Leistungsbereiche 2008, in US-Dollar, kaufkraftbereinigt, basierend auf Vollzeitäquivalenten. Siehe OECD 2011a: S. 265. Die Zahlen wurden zur besseren Lesbarkeit auf volle Hunderter-Stellen gerundet.
6 Für Primarschulen wendet Deutschland rund 5900 US-Dollar auf, Finnland dagegen 7100 US-Dollar. In die ekundarstufe I gibt Deutschland 7500 US-Dollar, Finnland aber 11 000 US-Dollar. Bei der Sekundarstufe II dreht sich das Bild: Deutschland übertrifft Finnland mit 10 600 zu 7500 US-Dollar.
7 Domisch/Klein 2012: S. 67, 69.
8 Domisch/Klein 2012: S. 76ff. und S. 91ff.
9 Ravitch 2012: S. 5.

Literatur

Ackeren, Isabell van/Klemm, Klaus (2011): Entstehung, Struktur und Steuerung des deutschen Schulsystems: eine Einführung. 2. Aufl. Wiesbaden: VS Verlag für Sozialwissenschaften.

Aichele, Valentin (2010): Behinderung und Menschenrechte, in: Aus Politik und Zeitgeschichte, 23/2010, S. 13 – 19.

Alba, Richard D./Handl, Johann/Müller, Walter (1994): Ethnische Ungleichheit im deutschen Bildungssystem, in: Kölner Zeitschrift für Soziologie und Sozialpsychologie, 46, S. 209 – 238.

Allmendinger, Jutta (1989): Educational Systems and Labor Market Outcomes, in: European Sociological Review, 5 (3), S. 231 – 250.

Allmendinger, Jutta (1999): Bildungsarmut: Zur Verschränkung von Bildungs- und Sozialpolitik., in: Soziale Welt, 50 (1), S. 35 – 50.

Allmendinger, Jutta: (2009): Frauen auf dem Sprung. Wie junge Frauen heute leben wollen, München: Pantheon.

Allmendinger, Jutta (2010): Verschenkte Potenziale? Lebensverläufe nicht erwerbstätiger Frauen, Frankfurt am Main: Campus.

Allmendinger, Jutta/Aisenbrey, Silke (2002): Soziologische Bildungsforschung, in: Tippelt, Rudolf (Hrsg.): Handbuch für Bildungsforschung, Opladen: Leske + Budrich, S. 41 – 60.

Allmendinger, Jutta/Giesecke, Johannes/Oberschachtsiek, Dirk (2012): Folgekosten unzureichender Bildung für die öffentlichen Haushalte, in: Bertelsmann Stiftung (Hrsg.): Warum Sparen in der Bildung teuer ist. Folgekosten unzureichender Bildung für die Gesellschaft, Gütersloh: Verlag Bertelsmann Stiftung, S. 39 – 72.

Allmendinger, Jutta/Giesecke, Johannes/Oberschachtsiek, Dirk (2011): Unzureichende Bildung. Folgekosten für die öffentlichen Haushalte. Eine Studie des Wissenschaftszentrum Berlin für Sozialforschung im Auftrag der Bertelsmann Stiftung. Gütersloh.

Allmendinger, Jutta/Leibfried, Stephan (2003): Education and the

Welfare State: The Four Worlds of Competence Production, in: European Journal of Social Policy, 13 (1), S. 63 – 81.

Allmendinger, Jutta/Nikolai, Rita (2010): Bildungs- und Sozialpolitik. Die zwei Seiten des Sozialstaats im internationalen Vergleich, in: Soziale Welt, 61 (2), S. 105 – 119.

Allmendinger, Jutta/Nikolai, Rita/Ebner, Christian (2009): Soziologische Bildungsforschung, in: Tippelt, Rudolf/Schmidt, Bernhard (Hrsg.): Handbuch für Bildungsforschung, 2. Aufl. Wiesbaden: VS Verlag für Sozialwissenschaften, S. 47 – 70.

Alt, Christian (Hrsg.) (2005-2008): Kinderleben. Band 1 – 5. Wiesbaden: VS Verlag für Sozialwissenschaften.

Antidiskriminierungsstelle des Bundes (Hrsg.) (2012): Pilotprojekt »Anonymisierte Bewerbungsverfahren« – Abschlussbericht, Berlin, Bonn und Frankfurt/Oder.

Apel, Helmut/Engels, Dietrich (2012): Bildung und Teilhabe von Kindern und Jugendlichen im unteren Einkommensbereich. Untersuchung der Implementationsphase des »Bildungs- und Teilhabepakets« im Auftrag des Bundesministeriums für Arbeit und Soziales. Bonn: Bundesministerium für Arbeit und Soziales.

Arnold, Karl-Heinz (2008): Chancengleichheit herstellen – neue Aufgaben für die Forschung, neue Perspektiven für die Praxis, in: Ramseger, Jörg/Wagener, Matthea (Hrsg.): Chancenungleichheit in der Grundschule. Ursachen und Wege aus der Krise, Wiesbaden: VS Verlag für Sozialwissenschaften, S. 65 – 73.

Arnold, Karl-Heinz/Bos, Wilfried/Richert, Peggy/Stubbe, Tobias C. (2007): Schullaufbahnpräferenzen am Ende der vierten Klassenstufe, in: Bos, Wilfried/Hornberg, Sabine/Arnold, Karl-Heinz/Faust, Gabriele/Fried, Lilian/Lankes, Eva-Maria/Schwippert, Knut/Valtin, Renate (Hrsg.): IGLU 2006. Lesekompetenzen von Grundschulkindern in Deutschland im internationalen Vergleich, Münster: Waxmann, S. 271–297.

Artelt, Cordula/Naumann, Johannes/Schneider, Wolfgang (2010): Lesemotivation und Lernstrategien, in: Klieme, Eckhard/Artelt, Cordula/Hartig, Johannes/Jude, Nina/Köller, Olaf/Prenzel, Manfred/Schneider, Wolfgang/Stanat, Petra (Hrsg.): PISA 2009. Bilanz nach einem Jahrzehnt, Münster: Waxmann, S. 73 – 112.

Autorengruppe Bildungsberichterstattung (2008): Bildung in Deutschland 2008, Bielefeld: W. Bertelsmann Verlag.

Autorengruppe Bildungsberichterstattung (2010): Bildung in Deutschland 2010. Bielefeld: W. Bertelsmann Verlag.

Autorengruppe Bildungsberichterstattung (2012): Bildung in Deutschland 2012. Bielefeld: W. Bertelsmann Verlag.

Baeriswyl, Franz/Wandeler, Christian/Trautwein, Ulrich (2011): »Auf einer anderen Schule oder bei einer anderen Lehrkraft hätte es für's Gymnasium gereicht«, in: Zeitschrift für Pädagogische Psychologie, 25 (1), S. 39 – 47.

Baethge, Martin (2011): Neue soziale Segmentationsmuster in der beruflichen Bildung, in: Krüger, Heinz-Hermann/Rabe-Kleberg, Ursula/Kramer, Rolf-Torsten/Budde, Jürgen (Hrsg.): Bildungsungleichheit revisited, Wiesbaden: VS Verlag für Sozialwissenschaften, S. 277 – 300.

Baethge-Kinsky, Volker (2012): Neudefinition der »bürgerlichen Grundbildung« und gefährdete Bildungsteilhabe, in: Forschungsverbund Sozioökonomische Berichterstattung (Hrsg.): Berichterstattung zur sozioökonomischen Entwicklung in Deutschland. Teilhabe im Umbruch, Wiesbaden: VS Verlag für Sozialwissenschaften, S. 1 – 10.

Baumert, Jürgen (2006): Was wissen wir über die Entwicklung von Schulleistungen?, in: Pädagogik, 58 (4), S. 40 – 46.

Baumert, Jürgen/Lehmann, Rainer H./Lehrke, Manfred/Schmitz, Bernd/Clausen, Marten/Hosenfeld, Ingmar/Köller, Olaf/Neubrand, Johanna (1997): TIMSS – Mathematisch-naturwissenschaftlicher Unterricht im internationalen Vergleich. Deskriptive Befunde. Opladen: Leske + Budrich.

Baumert, Jürgen/Schümer, Gundel (2001): Familiäre Lebensverhältnisse, Bildungsbeteiligung und Kompetenzerwerb, in: Deutsches PISA Konsortium/Baumert, Jürgen/Klieme, Eckhard/Neubrand, Michael/Prenzel, Manfred/Schiefele, Ulrich/Schneider, Wolfgang/Stanat, Petra/Tillmann, Klaus-Jürgen/Weiß, Manfred (Hrsg.): PISA 2000. Basiskompetenzen von Schülerinnen und Schülern im internationalen Vergleich, Opladen: Leske + Budrich, S. 323 – 407.

Baumert, Jürgen/Stanat, Petra/Watermann, Rainer (2006): Schulstruktur und die Entstehung differenzieller Lern- und Entwicklungsmilieus, in: Baumert, Jürgen/Stanat, Petra/Watermann, Rainer (Hrsg.): Herkunftsbedingte Disparitäten im Bildungswesen: Differenzielle Bildungsprozesse und Probleme der Verteilungsgerechtigkeit, Wiesbaden: VS Verlag für Sozialwissenschaften, S. 95 – 188.

Becker, Birgit (2010a): Ethnische Unterschiede bei der Kindergartenselektion: Die Wahl von unterschiedlich stark segregierten Kindergärten in deutschen und türkischen Familien, in: Becker, Birgit/Reimer, David (Hrsg.): Vom Kindergarten bis zur Hochschule, Wiesbaden: VS Verlag für Sozialwissenschaften, S. 17–47.

Becker, Birgit (2010b): Wer profitiert mehr vom Kindergarten?, in: Kölner Zeitschrift für Soziologie und Sozialpsychologie, 62, S. 139–163.

Becker, Rolf (2010): Bildungseffekte vorschulischer Erziehung und Elementarbildung – Bessere Bildungschancen für Arbeiter- und Migrantenkinder?, in: Becker, Rolf/Lauterbach, Wolfgang (Hrsg.): Bildung als Privileg, Wiesbaden: VS Verlag für Sozialwissenschaften, S. 129–160.

Beicht, Ursula (2009): Verbesserung der Ausbildungschancen oder sinnlose Warteschleife? Zur Bedeutung und Wirksamkeit von Bildungsgängen am Übergang Schule – Berufsausbildung. BIBB-REPORT 11/2009. Bielefeld 2009.

Bellenberg, Gabriele/Hovestadt, Gertrud/Klemm, Klaus (2004): Selektivität und Durchlässigkeit im allgemein bildenden Schulsystem. Rechtliche Regelungen und Daten unter besonderer Berücksichtigung der Gleichwertigkeit von Abschlüssen. GEW-Studie Nr. 1015, Essen.

Bellenberg, Gabriele/im Brahm, Grit (2010): Reduzierung von Selektion und Übergangsschwellen, in: Quenzel, Gudrun/Hurrelmann, Klaus (Hrsg.): Bildungsverlierer, Wiesbaden: VS Verlag für Sozialwissenschaften, S. 517–535.

Below, Susanne von (2002): Bildungssysteme und soziale Ungleichheit. Das Beispiel der neuen Bundesländer. Opladen: Leske + Budrich.

Berkemeyer, Nils/Bos, Wilfried/Manitius, Veronika (2012): Chancenspiegel. Zur Chancengerechtigkeit und Leistungsfähigkeit der deutschen Schulsysteme. Bertelsmann Stiftung/Institut für Schulentwicklungsforschung (Hrsg.): Gütersloh: Verlag Bertelsmann Stiftung.

Bertelsmann Stiftung (2012): Bedarf an pädagogischen Fachkräften in Kitas steigt. in: Pressemeldung, Gütersloh 19. Juli 2012. Online im Internet: http://www.bertelsmann-stiftung.de/cps/rde/xchg/bst/hs.xsl/nachrichten_112980.htm.

Berufsbildungsbericht 2012. Informationen und Analysen zur Entwicklung der beruflichen Bildung. Bonn: BIBB.

Beste, Ralf (2012): Stütze oder Studium, in: Der Spiegel, (27), S. 30–31.

BIBB (Hrsg.) (2010): Datenreport zum Berufsbildungsbericht 2010. Informationen und Analysen zur Entwicklung der beruflichen Bildung. Bonn: BIBB.

Biedenkopf, Kurt/Bertram, Hans/Niejahr, Elisabeth (2009): Starke Familie – Solidarität, Subsidiarität und kleine Lebenskreise: Bericht der Kommission »Familie und demographischer Wandel«. Im Auftrag der Robert Bosch Stiftung. Stuttgart: Robert Bosch Stiftung.

Biedinger, Nicole/Becker, Birgit/Rohling, Inge (2008): Early Ethnic Educational Inequality: The Influence of Duration of Preschool Attendance and Social Composition, in: European Sociological Review, 24 (2), S. 243–256.

Blanck, Jonna/Edelstein, Benjamin/Powell, Justin J. W. (2013): Persistente schulische Segregation oder Wandel zur inklusiven Bildung? Die UN-Behindertenrechtskonvention und Reformmechanismen in den deutschen Bundesländern, in: Rosenmund, Moritz/Leeman, Regula Julia/Imdorf, Christian/Gonon, Philipp (Hrsg.): Schweizerische Zeitschrift für Soziologie, Sonderheft »Change and Reforms in Educational Systems and Organizations«.

Blatchford, Peter/Lai, Kwok Chan (2010): Class Size. Arguments and Evidence, in: Peterson, Penelope/Baker, Eva/McGaw, Barry (Hrsg.): International Encyclopedia of Education, 3. Aufl. Oxford: Elsevier, S. 200–206.

Bloom, Benjamin B. (1984): The 2 Sigma Problem: The Search for Methods of Group Instruction as Effective as One-To-One Tutoring, in: Educational Researcher, 13 (6), S. 4–16.

Blossfeld, Hans-Peter (1993): Changes in Educational Opportunities in the Federal Republic of Germany, in: Shavit, Yossi/Blossfeld, Hans-Peter (Hrsg.): Persisting Barriers. A Comparative Study of Educational Inequality in Thirteen Countries, Boulder, CO: Westview Press, S. 51–74.

Blossfeld, Hans-Peter/Roßbach, Hans-Günther/von Maurice, Jutta (Hrsg.) (2011): Education as a Lifelong Process: the German National Educational Panel (NEPS). Zeitschrift für Erziehungswissenschaft, Sonderheft 14, Wiesbaden: VS Verlag für Sozialwissenschaften.

Blossfeld, Hans-Peter/Shavit, Yossi (1993): Dauerhafte Ungleichheiten. Zur Veränderung des Einflusses der sozialen Herkunft auf die Bildungschancen in dreizehn industrialisierten Ländern, in: Zeitschrift für Pädagogik, 39, S. 25–52.

Blum, Franz (1997): Zahlenmäßige Anteile, Test- und Schulleistungen einzelner Gruppen von Testteilnehmern, in: Trost, Günter (Hrsg.) (1997): Test für medizinische Studiengänge (TMS): Studien zur Evaluation. 21. Arbeitsbericht, Bonn, S. 37 – 74.

BMBF (Hrsg.) (2008): Grund- und Strukturdaten 2007/2008, Berlin: BMBF. Online unter www.bmbf.de/pub/gus_2007-2008.pdf

BMBF (2010): Grund- und Strukturdaten 2008/2009. Bonn und Berlin.

Bock-Famulla, Kathrin/Lange, Jens (2011): Länderreport Frühkindliche Bildungssysteme 2011, Gütersloh: Verlag Bertelsmann Stiftung.

Bos, Wilfried/Gröhlich, Carola/Pietsch, Marcus (2007): KESS 4 – Lehr- und Lernbedingungen in Hamburger Grundschulen. Hamburger Schriften zur Qualität im Bildungswesen. Band 2. Münster: Waxmann.

Bos, Wilfried/Hornberg, Sabine/Arnold, Karl-Heinz/Faust, Gabriele/Fried, Lilian/Lankes, Eva-Maria/Schwippert, Knut/Valtin, Renate (Hrsg.) (2008): IGLU-E 2006 – Die Länder der Bundesrepublik Deutschland im nationalen und internationalen Vergleich. Münster: Waxmann.

Bos, Wilfried/Lankes, Eva-Maria/Prenzel, Manfred/Schwippert, Knut/Valtin, Renate/Walther, Gerd (Hrsg.) (2004): IGLU. Einige Länder der Bundesrepublik Deutschland im nationalen und internationalen Vergleich. Münster: Waxmann.

Bösl, Elisabeth (2010): Die Geschichte der Behindertenpolitik in der Bundesrepublik, in: Aus Politik und Zeitgeschichte, 23/2010, S. 6 – 12.

Boudon, Raymond (1974): Education, Opportunity, and Social Inequality. New York: Wiley.

Bourdieu, Pierre (1977): Cultural Reproduction and Social Reproduction, in: Karabel, Jerome/Halsey, Albert H. (Hrsg.): Power and Ideology in Education, New York: Oxford University Press, S. 487 – 511.

Bourdieu, Pierre (1993): Sozialer Sinn. Kritik der theoretischen Vernunft. Frankfurt am Main: Suhrkamp.

Bourdieu, Pierre (1999): Die feinen Unterschiede. Kritik der gesellschaftlichen Urteilskraft. 11. Aufl. Frankfurt am Main: Suhrkamp.

Breen, Richard/Jonsson, Jan O. (2005): Inequality of Opportunity in Comparative Perspective: Recent Research on Educational Attainment and Social Mobility, in: Annual Review of Sociology, 31, S. 223 – 244.

Brühwiler, Christian/Blatchford, Peter (2011): Effects of Class Size and Adaptive Teaching Competency on Classroom Processes and Academic Outcome, in: Learning and Instruction, 21 (1), S. 95 – 108.

Büchel, Felix/Spieß, C. Katharina/Wagner, Gert (1997): Bildungseffekte vorschulischer Kinderbetreuung, in: Kölner Zeitschrift für Soziologie und Sozialpsychologie, 49, S. 528 – 539.

Büchner, Charlotte/Spieß, C. Katharina (2007): Die Dauer vorschulischer Betreuungs- und Bildungserfahrungen. Ergebnisse auf der Basis von Paneldaten. DIW Discussion Papers Nr. 687, Berlin: DIW.

Büchner, Peter (2011): Funktionaler Analphabetismus im Kontext von Familie und Partnerschaft, in: Bundesverband Alphabetisierung und Grundbildung e.V./Bothe, Joachim (Hrsg.): Funktionaler Analphabetismus im Kontext von Familie und Partnerschaft. Alphabetisierung und Grundbildung Band 8, Münster: Waxmann, S. 31 – 42.

Bundesagentur für Arbeit (2011): Berufsvorbereitende Bildungsmaßnahmen. Berufsvorbereitung. Online im Internet: http://www.arbeitsagentur.de/nn_26188/Navigation/zentral/Buerger/Behinderung en/Berufsvorbereitung/Berufsvorbereitung-Nav.html.

Bundesjugendkuratorium (2008): Zukunftsfähigkeit von Kindertageseinrichtungen. Stellungnahme des Bundesjugendkuratoriums, München: DJI. Online im Internet: http://www.bundesjugendkuratorium.de/pdf/2007-2009/bjk_2008_2_stellungnahme_zukunftsfaehigeKitas.pdf.

Bundesregierung und Regierungschefs der Länder (2008): Aufstieg durch Bildung. Dresden.

Busemeyer, Marius R./Nikolai, Rita (2010): Education, in: Obinger, Herbert/Pierson, Christopher/Castles, Francis G./Leibfried, Stephan/Lewis, Jane (Hrsg.): The Oxford Handbook of the Welfare State, Oxford: Oxford University Press, S. 494 – 508.

Butterwegge, Christoph (2012): Krise und Zukunft des Sozialstaates. 4. Aufl. Wiesbaden: VS Verlag für Sozialwissenschaften.

Caine, Geoffrey/Caine, Renate N. (1991): Making Connections: Teaching and the Human Brain. Alexandria, VA: Association for Supervision and Curriculum Development.

Calmbach, Marc/Thomas, Peter Martin/Borchard, Inga/Flaig, Bodo

(2012): Wie ticken Jugendliche? 2012: Lebenswelten von Jugendlichen im Alter von 14 bis 17 Jahren in Deutschland. Düsseldorf: Verlag Haus Altenberg.

Castles, Francis G. (2005): Social Expenditures in the 1990s: Data and Determinants, in: Policy and Politics, 33, S. 411–430.

Castles, Francis G./Leibfried, Stephan/Lewis, Jane/Obinger, Herbert/Pierson, Christopher (Hrsg.) (2010): The Oxford Handbook of the Welfare State, Oxford: Oxford University Press.

Clarke-Stewart, Kathleen A./Allhusen, Virginia D. (2002): Nonparental Caregiving, in: Bornstein, Marc H. (Hrsg.): Handbook of Parenting, Vol. 3: Being and Becoming a Parent, Mahwah, NJ, S. 215–252.

Coleman, James S./Campbell, Ernest Q./Hobson, Carol J./McPartland, James/Mood, Alexander M./Weinfeld, Frederic D./York, Robert L. (1966): Equality of Educational Opportunity. Washington: US Government Printing Office.

Degener, Theresia (2009): Die UN-Behindertenrechtskonvention als Inklusionsmotor, in: Recht der Jugend und des Bildungswesens, 2/2009, S. 200–219.

Detmar, Winfried/Gehrmann, Manfred/König, Ferdinand/Momper, Dirk/Pieda, Bernd/Radatz, Joachim (2008): Entwicklung der Zugangszahlen zur Werkstätten für behinderte Menschen, Studie im Auftrag des Bundesministeriums für Arbeit und Soziales. Berlin: ISB – Gesellschaft für Integration, Sozialforschung und Betriebspädagogik gGmbH. Online im Internet: http://www.bmas.de/SharedDocs/Downloads/DE/PDF-Publikationen/forschungsbericht-f383.pdf?__blob=publicationFile.

Deutsche Kinder- und Jugendstiftung (Hrsg.) (2012): Wie geht's zur Bildungslandschaft? Die wichtigsten Schritte und Tipps. Ein Praxishandbuch. Stuttgart/Seelze: Klett/Kallmeyer.

Deutscher Bildungsrat (Hrsg.) (1970): Empfehlungen der Bildungskommission: Strukturplan für das Bildungswesen. Stuttgart: Ernst Klett Verlag.

Deutscher Bundestag (Hrsg.) (2010): Unterrichtung durch die Beauftragte der Bundesregierung für Migration, Flüchtlinge und Integration: Achter Bericht über die Lage der Ausländerinnen und Ausländer in Deutschland. Drucksache 17/2400. Online im Internet: http://dip21.bundestag.de/dip21/btd/17/024/1702400.pdf.

Deutsches PISA-Konsortium/Baumert, Jürgen/Klieme, Eckhard/Neubrand, Michael/Prenzel, Manfred/Schiefele, Ulrich/Schneider, Wolfgang/Stanat, Petra/Tillmann, Klaus-Jürgen/Weiß, Manfred (Hrsg.) (2001): PISA 2000. Basiskompetenzen von Schülerinnen und Schülern im internationalen Vergleich. Opladen: Leske + Budrich.

Deutsches PISA-Konsortium/Baumert, Jürgen/Artelt, Cordula/ Klieme, Eckhard (Hrsg.) (2003): PISA 2000 – Ein differenzierter Blick auf die Länder der Bundesrepublik Deutschland, Opladen: Leske + Budrich.

Deutsches PISA-Konsortium/Prenzel, Manfred/Baumert, Jürgen/ Blum, Werner/Lehmann, Rainer H./Leutner, Detlev/Neubrand, Michael/Pekrun, Reinhard/Rolff, Hans-Günter/Rost, Jürgen (Hrsg.) (2004): PISA 2003. Der Bildungsstand der Jugendlichen in Deutschland – Ergebnisse des zweiten internationalen Vergleichs. Deutsches PISA Konsortium. Münster: Waxmann.

Deutsches PISA-Konsortium/Prenzel, Manfred/Artelt, Cordula/ Baumert, Jürgen/Blum, Werner/Hammann, Marcus/Klieme, Eckhard/Pekrun, Reinhard (Hrsg.) (2008): PISA 2006 in Deutschland. Die Kompetenzen der Jugendlichen im dritten Ländervergleich, Münster: Waxmann.

Dewey, John (2010): Demokratie und Erziehung. Eine Einleitung in die philosophische Pädagogik, in: Oelkers, Jürgen (Hrsg.): John Dewey. Demokratie und Erziehung. Eine Einleitung in die philosophische Pädagogik, Weinheim: Beltz, S. 11 – 504.

Diefenbach, Heike (2011): Die Nachteile von Jugendlichen aus Migrantenfamilien gegenüber deutschen Jugendlichen bezüglich ihres schulischen Erfolgs. Eine geschlechtsspezifische Betrachtung, in: Becker, Rolf (Hrsg.): Integration durch Bildung, Wiesbaden: VS Verlag für Sozialwissenschaften, S. 139 – 159.

Directorate Council of Europe (Hrsg.) (2010): Charter on Education for Democratic Citizenship and Human Rights Education. Recommendation CM/Rec (2010) 7 adopted by the Committee of Ministers of the Council of Europe, Strasbourg: Council of Europe Publ.

Diskowski, Detlef (2008): Bildungspläne für Kindertagesstätten – ein neues und noch unbegriffenes Steuerungsinstrument, in: Roßbach, Hans-Günther/Blossfeld, Hans-Peter (Hrsg.): Frühpädagogische Förderung in Institutionen, Wiesbaden: VS Verlag für Sozialwissenschaften, S. 47 – 61.

Dohmen, Dieter (2009): Finanzierung lebenslangen Lernens von der Kita bis zur Weiterbildung – Deutschland und Österreich im

Vergleich. FiBS-Forum Nr. 22, Köln: Forschungsinstitut für Bildungs- und Sozialökonomie.

Dohmen, Dieter (2011): Finanzierung und ökonomische Aspekte, in: Dohmen, Dieter/Wieland, Joachim (Hrsg.): Bildungsföderalismus und Bildungsfinanzierung. Gutachten im Auftrag der Friedrich-Ebert-Stiftung, Berlin: Friedrich-Ebert-Stiftung.

Domisch, Rainer/Klein, Anne (2012): Niemand wird zurückgelassen. Eine Schule für Alle. München: Hanser.

Donovan, Suzanne/Watts, Harold (1990): What Can Child Care Do for Human Capital?, in: Population Research and Policy Review, 9 (1), S. 5 – 23.

Doose, Stefan (2009): Berufliche Integration von Menschen mit Behinderung, in: Eberwein, Hans/Knauer, Sabine (Hrsg.): Handbuch Integrationspädagogik: Kinder mit und ohne Beeinträchtigung lernen gemeinsam, 7. Aufl., Weinheim: Beltz, S. 245 – 263.

Drößler, Thomas/Lorenz, Annekatrin/Wiere, Andreas (2011): Wege zur chancengerechten Kita – Innovationsimpulse und Praxisdynamiken in einem gewachsenen Handlungsfeld, in: Robert, Günther/Pfeifer, Kristin/Drößler, Thomas (Hrsg.): Aufwachsen in Dialog und sozialer Verantwortung: Bildung – Risiken – Prävention, Wiesbaden: VS Verlag für Sozialwissenschaften, S. 245 – 270.

Dumke, Dieter (Hrsg.) (1991): Integrativer Unterricht. Gemeinsames Lernen von Behinderten und Nichtbehinderten, Weinheim: Deutscher Studien-Verlag.

Ebner, Christian (2013): Von der Lehre in den Arbeitsmarkt. Die duale Berufsausbildung im internationalen Vergleich. Frankfurt am Main: Campus (im Erscheinen).

Edelstein, Benjamin/Allmendinger, Jutta (2012a): Bildungsföderalismus – Déjà-vu mit Happy End?, in: Schultz, Tanjev/Hurrelmann, Klaus (Hrsg.): Bildung und Kleinstaaterei – Brauchen wir mehr Zentralismus?, Weinheim: Beltz Juventa, S. 18 – 51.

Edelstein, Benjamin/Allmendinger, Jutta (2012b): Wofür brauchen wir eine Nationale Bildungsstrategie? in: Pädagogik, 9-12.

Edelstein, Wolfgang (2009): Werte und Kompetenzen für eine zukunftsfähige Schule. Online im Internet: http://www.ganztaegig-lernen.de/werte-und-kompetenzen-fuer-eine-zukunftsfaehige-schule.

Ehmke, Timo/Baumert, Jürgen (2007): Soziale Herkunft und Kompetenzerwerb: Vergleiche zwischen PISA 2000, 2003 und 2006, in: Deutsches PISA Konsortium, Prenzel, Manfred/Artelt, Cordula/Baumert, Jürgen/Blum, Werner/Hammann, Marcus/Klieme, Eckhard/Pekrun, Reinhard (Hrsg.): PISA 2006: Die Ergebnisse der dritten internationalen Vergleichsstudie, Münster: Waxmann, S. 309 – 335.

Ehmke, Timo/Drechsel, Barbara/Carstensen, Claus H. (2008): Klassenwiederholen in PISA-I-Plus: Was lernen Sitzenbleiber in Mathematik dazu?, in: Zeitschrift für Erziehungswissenschaft, 11, S. 368 – 387.

Esping-Andersen, Gøsta (1990): The Three Worlds of Welfare Capitalism. Princeton, NJ: Princeton University Press.

Esping-Andersen, Gøsta (2000): Social Foundations of Postindustrial Economies. Oxford: Oxford University Press.

Expertenrat »Herkunft und Bildung« (2011): Empfehlungen für Bildungspolitische Weichenstellungen in der Perspektive auf das Jahr 2020 (BW 2020). Stuttgart: Ministerium für Kultus, Jugend und Bildung Baden-Württemberg. Online im Internet: http://www.kultusportal-bw.de/servlet/PB/show/1285001/ExpertenberichtBaW%FC_online.pdf.

Fauser, Peter/Prenzel, Manfred/Schratz, Michael (Hrsg.) (2010): Was für Schulen! Individualität und Vielfalt – Wege zur Schulqualität. Der Deutsche Schulpreis 2010. Robert Bosch Stiftung und Heidehof Stiftung, Seelze/Stuttgart: Kallmeyer/Klett.

Feinstein, Leon (2002): Quantitative Estimates of the Social Benefits of Learning. 2: Health (Depression and Obesity). Wider Benefits of Learning Research Report, London.

Fischer-Lescano, Andreas/Möller, Kolja (2012): Der Kampf um globale soziale Rechte. Berlin: Wagenbach.

Friedenskreis Halle e.V., Modellprojekt: Transkulturelle Kompetenz – eine aktuelle Schlüsselqualifikation (2010): Zitatensammlung zu den Begriffen Transkulturalität, Transkulturelles Lernen und Transkulturelle Kompetenzen. Halle an der Saale.

Fritschi, Tobias/Jann, Ben (2009): Zum Einfluss vorschulischer Kinderbetreuung auf den Bildungsweg und den erwarteten Erfolg am Arbeitsmarkt, in: Empirische Pädagogik, 23 (4), S. 500 – 520.

Fritschi, Tobias/Oesch, Tom (2009): Volkswirtschaftlicher Nutzen von frühkindlicher Bildung in Deutschland. Eine ökonomische Bewertung langfristiger Bildungseffekte bei Krippenkindern. Gütersloh: Bertelsmann Stiftung. Online im Internet: http://

www.bertelsmann-stiftung.de/bst/de/media/xcms_bst_dms_23966_23968_2.pdf.

Fuchs, Kirsten/Peuker, Christian (2007): »… und raus bist du!« Welche Kinder besuchen nicht den Kindergarten und warum?, in: Bien, Walter/Rauschenbach, Thomas/Riedel, Birgit (Hrsg.): Wer betreut Deutschlands Kinder? DJI Kinderbetreuungsstudie, Weinheim: Beltz, S. 61 – 81.

Fuchs-Rechlin, Kirsten (2010): Die berufliche, familiäre und ökonomische Situation von Erzieherinnen und Kinderpflegerinnen. Sonderauswertung des Mikrozensus. Im Auftrag der Max-Traeger-Stiftung der GEW, Frankfurt am Main.

Fuchs-Rechlin, Kirsten/Moya, Ana/Schilling, Matthias (2011): Empirische Forschung auf der Basis der amtlichen Kinder- und Jugendhilfestatistik zur frühkindlichen Bildung, Betreuung und Erziehung, in: Oelerich, Gertrud/Otto, Hans-Uwe (Hrsg.): Empirische Forschung und Soziale Arbeit, Wiesbaden: VS Verlag für Sozialwissenschaften, S. 221 – 239.

Führ, Christoph (1997): Bildungsgeschichte und Bildungspolitik. Köln: Böhlau.

Füller, Christian (2010): Ausweg Privatschulen? Was sie besser können, woran sie scheitern. Hamburg: Edition Körber-Stiftung.

Füssel, Hans-Peter/Kretschmann, Rudolf (1993): Gemeinsamer Unterricht für behinderte und nicht-behinderte Kinder, Witterschlick: Wehle.

Füssel, Hans-Peter/Leschinsky, Achim (2008): Der institutionelle Rahmen des Bildungswesens, in: Cortina, Kai S./Baumert, Jürgen/Leschinsky, Achim/Mayer, Karl Ulrich/Trommer, Luitgard (Hrsg.): Das Bildungswesen in der Bundesrepublik Deutschland. Strukturen und Entwicklungen im Überblick, Reinbek: Rowohlt, S. 131 bis 204.

Geißler, Rainer/Weber-Menges, Sonja (2010): Überlegungen zu einer behutsamen Perestroika des deutschen Bildungssystems, in: Quenzel, Gudrun/Hurrelmann, Klaus (Hrsg.): Bildungsverlierer, Wiesbaden: VS Verlag für Sozialwissenschaften, S. 557 – 584.

Giddens, Anthony (2000): The Third Way and Its Critics. Cambridge: Polity Press.

Giddens, Anthony (2001): Die Frage der sozialen Ungleichheit. Frankfurt am Main: Suhrkamp.

Gilbert, Neil (2005): The »Enabling State?« From Public to Private Responsibility for Social Protection: Pathways and Pitfalls. OECD

Social, Employment and Migration Working Papers No. 26, Paris: OECD.

Glockner, Daniela/Storck, Johanna (2012): Uni, Fachhochschule oder Ausbildung – welche Fächer bringen die höchsten Löhne? DIW Wochenbericht Nr. 13/2012, Berlin: DIW.

Gresch, Cornelia (2012): Der Übergang in die Sekundarstufe I. Leistungsbeurteilung, Bildungsaspiration und rechtlicher Kontext bei Kindern mit Migrationshintergrund. Wiesbaden: VS Verlag für Sozialwissenschaften.

Gutschow, Katrin (2010): Anerkennung von nicht formalen und informell erworbenen Kompetenzen. Wissenschaftliche Diskussionspapiere Heft 118, Bonn: Bundesinstitut für Berufsbildung.

Hahn, Kurt (1959): Erziehung zur Verantwortung: Reden und Aufsätze. 2. Aufl. Aus den deutschen Landerziehungsheimen, Heft 2, Stuttgart: Klett.

Hanushek, Eric A./Wößmann, Ludger (2008): The Role of Cognitive Skills in Economic Development, in: Journal in Economic Literature, 46, S. 607–668.

Harms, Thelma/Clifford, Richard M. (1980): Early Childhood Environment Rating Scale. New York.

Harms, Thelma/Clifford, Richard M./Cryer, Debby (1998): Early Childhood Environment Rating Scale. Revised Edition. New York.

Hauenschild, Katrin (2005): Transkulturalität – eine Herausforderung für Schule und Lehrerbildung. Online unter http://www.widerstreit-sachunterricht.de/Ausgabe Nr. 5/Oktober 2005.

Heckman, James J./Masterov, Dimitriy V. (2007): The Productivity Argument for Investing in Young Children. IZA Discussion Paper No. 2725, Bonn: IZA.

Helbig, Marcel (2010a): Geschlecht der Lehrer und Kompetenzentwicklung der Schüler, in: Hurrelmann, Klaus/Quenzel, Gudrun (Hrsg.): Bildungsverlierer, Wiesbaden: VS Verlag für Sozialwissenschaften, S. 273–288.

Helbig, Marcel (2010b): Neighborhood does matter! Soziostrukturelle Nachbarschaftscharakteristika und Bildungserfolg, in: Kölner Zeitschrift für Soziologie und Sozialpsychologie, 62 (4), S. 655 bis 679.

Helbig, Marcel (2012): Sind Mädchen besser? Der Wandel geschlechtsspezifischen Bildungserfolgs in Deutschland. Frankfurt am Main: Campus (im Erscheinen).

Helliwell, John F./Putnam, Robert D. (1999): Education and Social Capital. NBER Working Paper 7121, Cambridge, Massachusetts.

Helsper, Werner/Böhme, Jeanette (Hrsg.) (2008): Handbuch der Schulforschung. 2. Aufl., Wiesbaden: VS Verlag für Sozialwissenschaften.

Helsper, Werner/Kramer, Rolf-Torsten/Thiersch, Sven/Ziems, Carolin (2010): Bildungshabitus und Übergangserfahrungen bei Kindern, in: Baumert, Jürgen/Maaz, Kai/Trautwein, Ulrich (Hrsg.): Bildungsentscheidungen, Wiesbaden: VS Verlag für Sozialwissenschaften, S. 126–152.

Hillmert, Steffen (2011): Bildung und Lebensverlauf. Bildung im Lebensverlauf, in: Becker, Rolf (Hrsg.): Lehrbuch der Bildungssoziologie, Wiesbaden: VS Verlag für Sozialwissenschaften, S. 223–244.

Hock, Beate/Holz, Gerda/Wüstendörfer, Werner (2000a): »Folgen familiärer Armut im frühen Kindesalter – Eine Annäherung anhand von Fallbeispielen«. Dritter Zwischenbericht zu einer Studie im Auftrag des Bundesverbandes der Arbeiterwohlfahrt.

Hock, Beate/Holz, Gerda/Wüstendörfer, Werner (2000b): Frühe Folgen – langfristige Konsequenzen? Armut und Benachteiligung im Vorschulalter. Vierter Zwischenbericht zu einer Studie im Auftrag des Bundesverbandes der Arbeiterwohlfahrt.

Holodynski, Manfred (2007): Bildungsbedeutung von Eltern, Familien und anderen Bezugspersonen für Kinder. Expertise im Auftrag der Enquetekommission »Chancen für Kinder« des Landtags NRW. Düsseldorf: Landtag Nordrhein-Westfalen.

Holtappels, Heinz Günter/Radisch, Falk/Rollett, Wolfram/Kowoll, Magdalena E. (2010): Bildungsangebot und Schülerkompetenzen in Ganztagsgrundschulen, in: Bos, Wilfried/Hornberg, Sabine/Arnold, Karl-Heinz/Faust, Gabriele/Fried, Lilian/Lankes, Eva-Maria/Schwippert, Knut/Tarelli, Irmela/Valtin, Renate (Hrsg.): IGLU 2006 – die Grundschule auf dem Prüfstand. Vertiefende Analysen zu Rahmenbedingungen schulischen Lernens, Münster: Waxmann, S. 165–198.

Hopf, Wulf (2011): Bildung, chancengleiche Konkurrenz und gleiche gesellschaftliche Teilhabe, in: WSI Mitteilungen, 4/2011, S. 195–201.

Hornberg, Sabine (2012): Internationale Schulen, in: Ullrich, Heiner/

Strunck, Susanne (Hrsg.): Private Schulen in Deutschland: Entwicklungen – Profile – Kontroversen, Wiesbaden: Springer VS, S. 117–130.

Howes, Carollee (1997): Children's Experiences in Center-Based Child Care as a Function of Teacher Background and Adult:Child Ratio, in: Merrill-Palmer Quarterly, 43 (3), S. 404–425.

Hüsken, Katrin (2011): Kita vor Ort. Betreuungsatlas auf Ebene der Jugendamtsbezirke 2010. München: Deutsches Jugendinstitut. Online im Internet: http://www.dji.de/betreuungsatlas/Betreuungsatlas_komplett.pdf.

Iversen, Torben/Soskice, David (2009): Distribution and Redistribution. The Shadow of the Nineteenth Century, in: World Politics, 61, S. 438–486.

Iversen, Torben/Stephens, John D. (2008): Partisan Politics, the Welfare State, and Three Worlds of Human Capital Formation, in: Comparative Political Studies, 41, S. 600–637.

Jenson, Jane (2009): Redesigning Citizenship Regimes after Neoliberalism. Moving Towards Social Investment, in: Morel, Nathalie/Palier, Bruno/Palme, Joakim (Hrsg.): What Future for Social Investment?, Institute for Futures Studies Research Report 2009/2, Stockholm, S. 27–44.

Kaas, Leo/Manger, Christian (2010): Ethnic Discrimination in Germany's Labour Market: A Field Experiment. IZA Discussion Paper No. 4741, Bonn: IZA.

Kahl, Heike (2009): Bildungslandschaften und Zivilgesellschaft – ein stiftungspolitischer Exkurs, in: Bleckmann, Peter/Durdel, Anja (Hrsg.): Lokale Bildungslandschaften, VS Verlag für Sozialwissenschaften, S. 251–264.

Kanevski, Rimma/Salisch, Maria von (2011): Peer-Netzwerke und Freundschaften in Ganztagsschulen. Auswirkungen der Ganztagsschule auf die Entwicklung sozialer und emotionaler Kompetenzen von Jugendlichen. Weinheim: Beltz Juventa.

Kember, David (1991): Instructional design for meaningful learning, in: Instructional Science, 20 (4), S. 289–310.

Keupp, Heiner (2010): Verwirklichungschancen von Anfang an, in: Bundesgesundheitsblatt – Gesundheitsforschung – Gesundheitsschutz, 53 (10), S. 1011–1017.

Kieselbach, Thomas/Lödige-Röhrs, Lena/Lünser, Astrid (1998): Familien in der Arbeitslosigkeit, in: Iben, Gerd (Hrsg.): Kindheit und Armut: Analysen und Projekte, Münster: Lit, S. 38–56.

Klafki, Wolfgang/Stöcker, Herrmann (1994): Innere Differenzierung des Unterrichts, in: Klafki, Wolfgang (Hrsg.): Neue Studien zur Bildungstheorie und Didaktik. Zeitgemäße Allgemeinbildung und kritisch-konstruktive Didaktik, 4., durchges. Aufl. Weinheim: Beltz, S. 173–208.

Klemm, Klaus (2008): Vierzig Jahre Chancenungleichheit in der Grundschule – keine Hoffnung auf Abhilfe in Sicht?, in: Ramseger, Jörg/Wagener, Matthea (Hrsg.): Chancenungleichheit in der Grundschule. Ursachen und Wege aus der Krise, Wiesbaden: VS Verlag für Sozialwissenschaften, S. 17–23.

Klemm, Klaus (2009): Klassenwiederholungen – teuer und unwirksam. Eine Studie zu den Ausgaben für Klassenwiederholungen in Deutschland. Studie im Auftrag der Bertelsmann Stiftung, Gütersloh. Online im Internet: http://www.bertelsmann-stiftung.de/bst/de/media/xcms_bst_dms_29361_29362_2.pdf.

Klemm, Klaus (2010): Jugendliche ohne Hauptschulabschluss: Analysen – Regionale Trends – Reformansätze. Im Auftrag der Bertelsmann Stiftung, Gütersloh: Bertelsmann Stiftung.

Klemm, Klaus (2011): Das Bildungssystem Deutschlands: Strukturen und Strukturreformen, in: Reinders, Heinz/Ditton, Hartmut/Gräsel, Cornelia/Gniewosz, Burkhard (Hrsg.): Empirische Bildungsforschung, VS Verlag für Sozialwissenschaften, S. 153–164.

Klemm, Klaus/Preuss-Lausitz, Uwe (2011): Auf dem Weg zur schulischen Inklusion in Nordrhein-Westfalen. Empfehlungen zur Umsetzung der UN-Behindertenrechtskonvention im Bereich der allgemeinen Schulen. Essen/Berlin.

KMK (2010): Schüler, Klassen, Lehrer und Absolventen der Schulen 1999 bis 2008. Bonn.

Koch, Hans Konrad (2010): Entwicklung und Perspektiven kommunaler Bildungslandschaften, in: Wernstedt, Rolf/John-Ohnesorg, Marei (Hrsg.): Beginnt die Bildungsrepublik vor Ort? Die Stärken lokaler Bildungsnetzwerke, Schriftenreihe des Netzwerk Bildung, Berlin: Friedrich-Ebert-Stiftung, S. 23–28.

Koch, Katja (2001): Von der Grundschule in die Sekundarstufe. Band 2. Der Übergang aus der Sicht der Lehrerinnen und Lehrer, Opladen: Leske + Budrich.

Köller, Olaf/Knigge, Michael/Tesch, Bernd (Hrsg.) (2010): Sprachliche Kompetenzen im Ländervergleich. Münster: Waxmann.

Kölling, Arnd (2012): Berufsorientierungscamps für Hauptschüler, Schulerfolg und Integration auf dem Ausbildungsmarkt – Evaluation einer Maßnahme der erweiterten vertieften Berufsorientierung. Newsletter »Sozialer Fortschritt«, 1. Aprilheft 2012, Landau: Gesellschaft für Sozialen Fortschritt.

Konsortium der Studie zur Entwicklung von Ganztagsschulen (StEG) (Hrsg.) (2010): Ganztagsschule: Entwicklung und Wirkungen. Ergebnisse der Studie zur Entwicklung von Ganztagsschulen 2005 – 2010. 2. Aufl., überarbeitete Aufl. Frankfurt am Main: StEG.

Krais, Beate (1983): Bildung als Kapital – Neue Perspektiven für die Analyse der Sozialstruktur, in: Kreckel, Reinhard (Hrsg.): Soziale Ungleichheiten, Sonderband der Sozialen Welt 2, Göttingen: Schwartz, S. 199 – 220.

Kramer, Rolf-Thorsten/Helsper, Werner/Thiersch, Sven/Ziems, Carolin (2009): Selektion und Schulkarriere. Kindliche Orientierungsrahmen beim Übergang in die Sekundarstufe I. Wiesbaden: VS Verlag für Sozialwissenschaften.

Kratzmann, Jens/Schneider, Thorsten (2009): Soziale Ungleichheiten beim Schulstart, in: Kölner Zeitschrift für Soziologie und Sozialpsychologie, 61, S. 1 – 24.

Krause, Annabelle/Rinne, Ulf/Zimmermann, Klaus F. (2010): Anonymisierte Bewerbungsverfahren. IZA Research Report Nr. 27, Bonn: IZA.

Kreyenfeld, Michaela (2007): Soziale Ungleichheit und Kinderbetreuung. Eine Analyse der sozialen und ökonomischen Determinanten der Nutzung von Kindertageseinrichtungen, in: Becker, Rolf/Lauterbach, Wolfgang (Hrsg.): Bildung als Privileg, Wiesbaden: VS Verlag für Sozialwissenschaften, S. 99 – 123.

Kristen, Cornelia (2002): Hauptschule, Realschule oder Gymnasium? Ethnische Unterschiede am ersten Bildungsübergang, in: Kölner Zeitschrift für Soziologie und Sozialpsychologie, 54 (3), S. 534 – 552.

Kristen, Cornelia (2006): Ethnische Diskriminierung in der Grundschule? Die Vergabe von Noten und Bildungsempfehlungen, in: Kölner Zeitschrift für Soziologie und Sozialpsychologie, 58 (1), S. 79 – 97.

Krüger, Heinz-Hermann/Köhler, Sina-Mareen/Zschach, Maren (2010): Teenies und ihre Peers. Freundschaftsgruppen, Bildungsverläufe und soziale Ungleichheit. Opladen: Barbara Budrich.

Lange, Andreas/Xyländer, Margret (Hrsg.) (2011): Bildungswelt Familie. Theoretische Rahmung, empirische Befunde und disziplinäre Perspektiven. Weinheim: Juventa.

Lareau, Annette (2011): Unequal Childhoods: Race, Class, and Family Life. Second Edition with an Update a Decade Later, Berkeley: University of California Press.

Laubstein, Claudia/Dittmann, Jörg/Holz, Gerda (2010): Jugend und Armut. Forschungsstand sowie Untersuchungsdesign der AWO-ISS-Langzeitstudie »Kinder- und Jugendarmut IV«. Zwischenbericht 2010. Frankfurt am Main: Institut für Sozialarbeit und Sozialpädagogik.

Lehmann, Rainer H./Gänsfuß, Rüdiger/Peek, Rainer (1999): Aspekte der Lernausgangslage und der Lernentwicklung von Schülerinnen und Schülern an Hamburger Schulen – Klassenstufe 7. Bericht über die Untersuchung im September 1998 (unveröffentlichter Forschungsbericht). Hamburg. Online im Internet: http://bildungsserver.hamburg.de/contentblob/2815698/data/pdf-schulleistungstest-lau-7.pdf.

Loebe, Herbert/Severing, Eckart (Hrsg.) (2012): Jugendliche im Übergang begleiten. Konzepte für die Professionalisierung des Bildungspersonals. Bielefeld: W. Bertelsmann Verlag.

Maaz, Kai/Baeriswyl, Franz/Trautwein, Ulrich (2011): Herkunft zensiert? Leistungsdiagnostik und soziale Ungleichheiten in der Schule. Eine Studie im Auftrag der Vodafone Stiftung Deutschland. Vodafone Stiftung Deutschland.

Mack, Wolfgang (2010): Lokale Verantwortung für Bildung – Begründungen und Konturen des Konzepts Bildungslandschaften, in: Wernstedt, Rolf/John-Ohnesorg, Marei (Hrsg.): Beginnt die Bildungsrepublik vor Ort? Die Stärken lokaler Bildungsnetzwerke, Schriftenreihe des Netzwerk Bildung, Berlin: Friedrich-Ebert-Stiftung, S. 18 – 22.

Maikowski, Rainer/Podlesch, Wolfgang (2009): Kinder und Jugendliche mit geistiger Behinderung in Grundschulen und in der Sekundarstufe, in: Eberwein, Hans/Knauer, Sabine (Hrsg.): Handbuch Integrationspädagogik: Kinder mit und ohne Beeinträchtigung lernen gemeinsam, 7. Aufl., Weinheim: Beltz, S. 349 – 359.

Mayer, Karl Ulrich (2008): Retrospective Longitudinal Research: The German Life History Study, in: Menard, Scott (Hrsg.): Handbook of Longitudinal Research: Design, Measurement and Analysis, San Diego: Elsevier, S. 85 – 106.

Meyer-Hesemann, Wolfgang (2009): Der Bildungsföderalismus auf dem Prüfstand. Status Quo und Perspektiven, in: Netzwerk Bildung (Hrsg.): Bildungsföderalismus auf dem Prüfstand. Status Quo und Perspektiven, Berlin: Friedrich-Ebert-Stiftung, S. 10 – 17.

Miller, Susanne (2006): Heterogene Lerngruppen aus grundschulpädagogischer Sicht unter besonderer Berücksichtigung von Kindern in Armutslagen, in: Hinz, Renate/Schumacher, Bianca (Hrsg.): Auf den Anfang kommt es an, Wiesbaden: VS Verlag für Sozialwissenschaften, S. 135 – 144.

Motakef, Mona (2006): Das Menschenrecht auf Bildung und der Schutz vor Diskriminierung. Exklusionsrisiken und Inklusionschancen. Berlin: Deutsches Institut für Menschenrechte.

Müller, Walter/Haun, Dietmar (1994): Bildungsungleichheit im sozialen Wandel, in: Kölner Zeitschrift für Soziologie und Sozialpsychologie, 46, S. 1 – 43.

Müller, Walter/Mayer, Karl Ulrich (1976): Chancengleichheit durch Bildung? Untersuchungen über den Zusammenhang von Ausbildungsabschlüssen und Berufsstatus. Gutachten und Studien der Bildungskommission Band 42, Stuttgart: Klett.

Muñoz Villalobos, Vernor (2007): Report of the Special Rapporteur on Education, Vernor Muñoz, on His Mission to Germany. A/HRC/4/29/Add.3, 9. März 2007, New York: United Nations.

Naumann, Johannes/Artelt, Cordula/Schneider, Wolfgang/Stanat, Petra (2010): Lesekompetenz von PISA 2000 bis PISA 2009, in: Klieme, Eckhard/Artelt, Cordula/Hartig, Johannes/Jude, Nina/Köller, Olaf/Prenzel, Manfred/Schneider, Wolfgang/Stanat, Petra (Hrsg.): PISA 2009. Bilanz nach einem Jahrzehnt, Münster: Waxmann, S. 23 – 71.

Neugebauer, Martin (2011): Werden Jungen von Lehrerinnen bei den Übergangsempfehlungen für das Gymnasium benachteiligt? Eine Analyse auf Basis der IGLU-Daten, in: Hadjar, Andreas (Hrsg.): Geschlechtsspezifische Bildungsungleichheiten, Wiesbaden: VS Verlag für Sozialwissenschaften, S. 235 – 260.

Neugebauer, Martin/Helbig, Marcel/Landmann, Andreas (2011): Unmasking the Myth of the Same-Sex Teacher Advantage, in: European Sociological Review, 27 (5), S. 669 – 689.

Nickel, Sven (2002): Funktionaler Analphabetismus – Ursachen und Lösungsansätze hier und anderswo. Vortrag auf der IV. Internationalen Woche des Fachbereiches Erziehungs- und Bildungswissenschaften der Universität Bremen. Online im Internet: http://

elib.suub.uni-bremen.de/ip/docs/ELibD890_Nickel-Analphabetismus.pdf.

Oberhuemer, Pamela (2009): Frühpädagogische Ausbildungskonzepte in drei nordischen Ländern, in: Zeitschrift für Erziehungswissenschaft, 12, S. 651–665.

Obinger, Herbert/Wagschal, Uwe (2010): Social Expenditure and Revenues, in: Castles, Francis G./Leibfried, Stephan/Lewis, Jane/Obinger, Herbert/Pierson, Christopher (Hrsg.): The Oxford Handbook of the Welfare State, Oxford: Oxford University Press, S. 333–352.

OECD (2010a): PISA 2009 Ergebnisse: Was Schülerinnen und Schüler wissen und können: Schülerleistungen in Lesekompetenz, Mathematik und Naturwissenschaften. Band 1. Gütersloh: W. Bertelsmann Verlag.

OECD (2010b): PISA 2009 Results: Learning to Learn – Student Engagement, Strategies and Practices. Volume III., Paris: OECD.

OECD (2011a): Bildung auf einen Blick 2011: OECD-Indikatoren. Berlin: BMBF.

OECD (2011b): Does Participation in Pre-Primary Education Translate into Better Learning Outcomes at School?, in: PISA in Focus, Paris: OECD.

OECD (2011c): PISA 2009 Ergebnisse: Potenziale nutzen und Chancengerechtigkeit sichern – Sozialer Hintergrund und Schülerleistungen. Band 2. Paris: OECD.

Oelkers, Jürgen (2011): Bildungsföderalismus und Kooperationsverbot. Expertise im Auftrag der Telekom Stiftung und der Robert Bosch Stiftung.

Olk, Thomas/Hübenthal, Maksim (2009): Child Poverty in the German Social Investment State, in: Zeitschrift für Familienforschung, 21 (2), S. 150–167.

Osel, Johann (2012): Leistung mit Liebe, in: Süddeutsche Zeitung, München13. Juni 2012.

Perkins, Daniel/Nelms, Lucy/Smyth, Paul (2005): Beyond Neo-Liberalism: The Social Investment State?, in: Just Policy: A Journal of Australian Social Policy, 38, S. 34–41.

Pfahl, Lisa (2013): Das Recht auf Inklusion und der Wandel pädagogischer Professionalität, in: BMBF und Deutsches Institut für Internationale Pädagogische Forschung (Hrsg.): Bildungsforschung 2020. Herausforderungen und Perspektiven, Berlin (im Erscheinen).

Pfahl, Lisa/Powell, Justin J. W. (2010): Draußen vor der Tür: Die Arbeitsmarktsituation, in: Aus Politik und Zeitgeschichte, 23/2010, S. 32–38.

Picht, Georg (1964): Die deutsche Bildungskatastrophe. Analyse und Dokumentation. Olten und Freiburg im Breisgau: Walter-Verlag.

Pierson, Paul (1994): The New Politics of the Welfare State, in: World Politics, 48, S. 143–179.

Platte, Andrea (2008): Inklusive Bildungsprozesse: Teilhaben am Lernen und Lehren in einer Schule für alle, in: Rihm, Thomas (Hrsg.): Teilhaben an Schule, Wiesbaden: VS Verlag für Sozialwissenschaften, S. 39–52.

Podlesch, Wolfgang (2003): Integrationspädagogische Lernprinzipien zum Förderschwerpunkt geistige Entwicklung, in: Eberwein, Hans/Knauer, Sabine (Hrsg.): Behinderungen und Lernprobleme überwinden, Stuttgart: Kohlhammer, S. 39–53.

Powell, Justin J. W. (2011): Barriers to Inclusion. Special Education in the United States and Germany. Boulder, CO.: Paradigm.

Powell, Justin J. W./Pfahl, Lisa (2008): Sonderschule behindert Chancengleichheit. WZBrief Bildung Nr. 4, Berlin: WZB.

Powell, Justin J. W./Pfahl, Lisa (2012): Sonderpädagogische Fördersysteme, in: Bauer, Ullrich/Bittlingmayer, Uwe H./Scherr, Albert (Hrsg.): Handbuch Bildungs- und Erziehungssoziologie, Wiesbaden: VS Verlag für Sozialwissenschaften, S. 721–740 (im Erscheinen).

Prengel, Annedore (1993): Pädagogik der Vielfalt. Verschiedenheit und Gleichberechtigung in Interkultureller, Feministischer und Integrativer Pädagogik, Opladen: Leske + Budrich.

Preuß, Otmar (1970): Soziale Herkunft und die Ungleichheit der Bildungschancen. Weinheim: Beltz.

Preuß, Roland (2012): Bildungsforscher Hurrelmann über das G8: »Eine gewaltige Druckwelle«. in: sueddeutsche.de, 30. Juli 2012. Online im Internet: http://www.sueddeutsche.de/bildung/bildungsforscher-hurrelmann-ueber-das-g-eine-gewaltige-druckwelle-1.1425908 (Zugriff am: 31. Juli 2012).

Radisch, Falk/Klieme, Eckhard/Bos, Wilfried (2006): Gestaltungsmerkmale und Effekte ganztägiger Angebote im Grundschulbereich, in: Zeitschrift für Erziehungswissenschaft, 9 (1), S. 30–50.

Rat für Nachhaltige Entwicklung (2010): Chancen, Qualität und Kompetenz: Bausteine für eine nachhaltige Bildungspolitik. Empfehlungen. Berlin, den 18. März 2010.

Rauschenbach, Thomas (2007): Im Schatten der formalen Bildung. Alltagsbildung als Schlüsselfrage der Zukunft, in: Diskurs Kindheits- und Jugendforschung, 4/2007, S. 439 – 453.

Rauschenbach, Thomas (2009): Zukunftschance Bildung. Familie, Jugendhilfe und Schule in neuer Allianz. Weinheim: Juventa.

Rauschenbach, Thomas/Schilling, Matthias (2007): Erwartbare ökonomische Effekte durch den Ausbau der Betreuungsangebote für unter Dreijährige auf 750 000 Plätze bis 2013. München: DJI. Online im Internet: http://www.dji.de/dasdji/home/news_0705_2_oekonomischeeffekte.pdf.

Ravitch, Diane (2010): The Death and Life of the Great American School System: How Testing and Choice Are Undermining Education. New York: Basic Books.

Ravitch, Diane (2012): Schools We Can Envy, in: The New York Review of Books, 59 (4), S. 19 – 20.

Richards, Colin (2008): Educational Inequality and Inner Urban Education: The English Experience, in: Ramseger, Jörg/Wagener, Matthea (Hrsg.): Chancenungleichheit in der Grundschule. Ursachen und Wege aus der Krise, Wiesbaden: VS Verlag für Sozialwissenschaften, S. 57 – 64.

Ricking, Heinrich (2003): Schulabsentismus als Forschungsgegenstand. Dissertation Universität Oldenburg. Online unter oops.uni-oldenburg.de/volltexte/2003/607/pdf/ricsch03.pdf

Riedo, Dominicq (2000): »Ich war früher ein sehr schlechter Schüler«. Schule, Beruf und Ausbildungswege aus der Sicht ehemaliger schulleistungsschwacher junger Erwachsener. Analyse von Langzeitwirkungen schulischer Integration oder Separation, Bern, Stuttgart, Wien: Paul Haupt.

Robert Bosch Stiftung (Hrsg.) (2012): Starke Kinder – Starke Familie. Wohlbefinden von Kindern in Städten und Gemeinden. Studie im Auftrag der Robert Bosch Stiftung. Stuttgart: Robert Bosch Stiftung.

Rohrbach, Daniela (2007): The Development of Knowledge Societies in 19 OECD Countries Between 1970 and 2002, in: Social Science Information, 46, S. 655 – 689.

Roßbach, Hans-Günther/Kluczniok, Katharina/Kuger, Susanne (2009): Auswirkungen eines Kindergartenbesuchs auf den kognitiv-leistungsbezogenen Entwicklungsstand von Kindern, in: Roßbach, Hans-Günther/Blossfeld, Hans-Peter (Hrsg.): Frühpädagogische Förderung in Institutionen, Wiesbaden: VS Verlag für Sozialwissenschaften, S. 139 – 158.

Sacher, Werner (2005): Deutsche Lesedefizite bei PISA. Bedingungsfaktoren in Unterricht, Schule und Gesellschaft, in: Frederking, Volker/Heller, Hartmut/ Scheunpflug, Annette (Hrsg.): Nach PISA. Konsequenzen für Schule und Lehrerbildung nach zwei Studien, Wiesbaden: VS Verlag für Sozialwissenschaften, S. 22 – 50.

Saldern, Matthias von (2010): Klassengröße, in: Rost, Detlef H. (Hrsg.): Handwörterbuch Pädagogische Psychologie, Weinheim: Beltz, S. 362 – 368.

Salend, Spencer J./Garrick Duhaney, Laurel M. (1999): The Impact of Inclusion on Students with and without Disabilities and their Educators, in: Remedial and Special Education, 20 (2), S. 114 – 126.

Sammons, Pam/Elliot, Karen/Sylva, Kathy/Melhuish, Edward/Siraj Blatchford, Iram/Taggart, Brenda (2004): The Impact of Preschool on Young Children's Cognitive Attainments at Entry to Reception, in: British Educational Research Journal, 30 (5), S. 69 – 712.

Scharpf, Fritz W./Schmidt, Vivian A. (Hrsg.) (2000): Welfare and Work in the Open Economy. 2 Bände, Oxford: Oxford University Press.

Schilling, Matthias (2007): Kosten für Kindertageseinrichtungen und Kindertagespflege und ihre Finanzierung, in: Deutsches Jugendinstitut (Hrsg.): Zahlenspiegel 2007 – Kindertagesbetreuung im Spiegel der Statistik, München: DJI.

Schilling, Matthias (2010): U3 – Der Ausbau kommt weiter voran, in: KomDat. Kommentierte Daten der Kinder- und Jugendhilfe. Informationsdienst der Arbeitsstelle Kinder- und Jugendhilfestatistik, 13 (3), S. 3 – 4.

Schmidt, Manfred G. (2005): Das politische System der Bundesrepublik Deutschland, München. C. H. Beck.

Schroeder, Wolfgang (2012): Vorsorge und Inklusion. Wie finden Sozialpolitik und Gesellschaft zusammen? Berlin: vorwärts.

Seibert, Holger/Solga, Heike (2005): Gleiche Chancen dank einer abgeschlossenen Ausbildung?, in: Zeitschrift für Soziologie, 34 (5), S. 364 – 382.

Sell, Stefan (2009): Finanzierungssysteme für Kindertageseinrichtungen aus ökonomischer Sicht, in: Recht der Jugend und des Bildungswesens, 57, S. 114 – 130.

Sermier Dessemontet, Rachel/Benoit, Valérie/Bless, Gérard (2011): Schulische Integration von Kindern mit einer geistigen Behinderung. Untersuchung der Entwicklung der Schulleistungen und der adaptiven Fähigkeiten, der Wirkung auf die Lernentwicklung der Mitschüler sowie der Lehrereinstellungen zur Integration, in: Empirische Sonderpädagogik, 2011, Nr. 4, S. 291–307.

Shavit, Yossi/Blossfeld, Hans-Peter (1993): Persisting Barriers. A Comparative Study of Educational Inequality in Thirteen Countries. Boulder: Westview Press.

Sliwka, Anne (2004): Service Learning: Verantwortung lernen in Schule und Gemeinde. Beiträge zur Demokratiepädagogik, Berlin: BLK-Programm »Demokratie lernen & leben«.

Solga, Heike (2002): »Ausbildungslosigkeit« als soziales Stigma in Bildungsgesellschaften. Ein soziologischer Erklärungsbeitrag für die wachsenden Arbeitsmarktprobleme von gering qualifizierten Personen, in: Kölner Zeitschrift für Soziologie und Sozialpsychologie, 54 (3), S. 476–506.

Solga, Heike (2005a): Meritokratie – die moderne Legitimation ungleicher Bildungschancen, in: Berger, Peter A./Kahlert, Heike (Hrsg.): Institutionalisierte Ungleichheiten?, Weinheim: Juventa, S. 19–38.

Solga, Heike (2005b): Ohne Abschluss in die Bildungsgesellschaft. Die Erwerbschancen gering qualifizierter Personen aus ökonomischer und soziologischer Perspektive. Opladen: Barbara Budrich.

Solga, Heike (2008): Wie das deutsche Schulsystem Bildungsungleichheiten verursacht. WZBrief Bildung Nr. 01, Berlin: WZB.

Solga, Heike (2011): Bildungsarmut und Ausbildungslosigkeit in der Bildungs- und Wissensgesellschaft, in: Becker, Rolf (Hrsg.): Lehrbuch der Bildungssoziologie, 2. Aufl. Wiesbaden: VS Verlag für Sozialwissenschaften, S. 399–342.

Solga, Heike (2012): Bildung und materielle Ungleichheiten – Der investive Sozialstaat auf dem Prüfstand, in: Becker, Rolf/Solga, Heike (Hrsg.): Soziologische Bildungsforschung. Kölner Zeitschrift für Soziologie und Sozialpsychologie, Sonderheft 52, Wiesbaden: VS Verlag für Sozialwissenschaften, S. 459–487 (im Erscheinen).

Solga, Heike/Baas, Meike/Kohlrausch, Bettina (2011): Übergangschancen benachteiligter Hauptschülerinnen und Hauptschüler. Evaluation der Projekte »Abschlussquote erhöhen – Berufstätigkeit steigern 2« und »Vertiefte Berufsorientierung und Praxisbegleitung«. IAB-Forschungsbericht 6/2011, Nürnberg: IAB.

Solga, Heike/Becker, Rolf (2012): Soziologische Bildungsforschung – eine kritische Bestandsaufnahme, in: Becker, Rolf/Solga, Heike (Hrsg.): Soziologische Bildungsforschung. Kölner Zeitschrift für Soziologie und Sozialpsychologie, Sonderheft 52, Wiesbaden: VS Verlag für Sozialwissenschaften (im Erscheinen).

Solga, Heike/Wagner, Sandra (2001): Paradoxie der Bildungsexpansion, in: Zeitschrift für Erziehungswissenschaft, 4, S. 107 – 127.

Soremski, Regina/Urban, Michael/Lange, Andreas (Hrsg.) (2011): Familie, Peers und Ganztagsschule. Weinheim: Juventa.

Spieß, C. Katharina/Büchel, Felix (2003): Effekte der regionalen Kindergarteninfrastruktur auf das Arbeitsangebot von Müttern, in: Schmähl, Wilfried (Hrsg.): Soziale Sicherung und Arbeitsmarkt, Reihe »Schriften des Vereins für Socialpolitik«, Berlin: Duncker & Humblot, S. 95 – 126.

Spieß, C. Katharina/Wrohlich, Katharina (2005): Kindertageseinrichtungen: Bedarf und nachhaltige Finanzierung, in: Aus Politik und Zeitgeschichte, 23-24/2005, S. 30 – 37.

Statistisches Bundesamt (2010): Allgemeinbildende Schulen. Fachserie 11. Reihe 1. Schuljahr 2008/09. Wiesbaden: Statistisches Bundesamt.

Statistisches Bundesamt (2011a): Allgemeinbildende Schulen. Fachserie 11. Reihe 1. Schuljahr 2009/10. Wiesbaden: Statistisches Bundesamt.

Statistisches Bundesamt (2011b): Allgemeinbildende Schulen. Fachserie 11. Reihe 1. Schuljahr 2010/11. Wiesbaden: Statistisches Bundesamt.

Stieve, Claus (2009): Integrieren statt Ausschließen: Bildungsbiografien durch kommunale Kooperation stärken. Bertelsmann Stiftung. Online im Internet: http://www.wegweiser-kommune.de/themenkonzepte/bildung/download/pdf/Bildungsbiographie.pdf.

Stubbe, Tobias C./Bos, Wilfried/Hornberg, Sabine (2008): Soziale und kulturelle Disparitäten der Schülerleistungen in den Ländern der Bundesrepublik Deutschland, in: Bos, Wilfried/Hornberg, Sabine/Arnold, Karl-Heinz/Faust, Gabriele/Fried, Lilian/Lankes, Eva-Maria/Schwippert, Knut/Valtin, Renate (Hrsg.): IGLU 2006. Die Länder der Bundesrepublik Deutschland im nationalen und internationalen Vergleich, Münster: Waxmann, S. 103 – 109.

Tietze, Wolfgang/Becker-Stoll, Fabienne/Bensel, Joachim/Eckhardt,

Andrea G./Haug-Schnabel, Gabriele/Kalicki, Bernhard/Keller, Heidi/Leyendecker, Birgit (Hrsg.) (2012): NUBBEK. Nationale Untersuchung zur Bildung, Betreuung und Erziehung in der frühen Kindheit. Fragestellungen und Ergebnisse im Überblick. Broschüre, Berlin: PädQUIS/NUBBEK Projekt.

Tietze, Wolfgang/Schuster, Käthe-Marie/Grenner, Katja/Roßbach, Hans-Günther (2005): Kindergarten-Skala (KES-R). Weinheim: Beltz.

Tillmann, Klaus-Jürgen (2009): Die Bildungsstandards der Kultusministerkonferenz – Zur bildungspolitischen Entwicklung seit 2000, in: Wernstedt, Rolf/John-Ohnesorg, Marei (Hrsg.): Bildungsstandards als Instrument schulischer Qualitätsentwicklung. Zementierung des Selektionsprinzips oder Mittel zur Chancengerechtigkeit? Dokumentation der Sitzung des Netzwerk Bildung vom 26. Januar 2009, Berlin: Friedrich-Ebert-Stiftung, S. 21–27.

Tillmann, Klaus-Jürgen/Meier, Ulrich (2001): Schule, Familie und Freunde – Erfahrungen von Schülerinnen und Schülern in Deutschland, in: Baumert, Jürgen/Klieme, Eckhard/Neubrand, Michael/Prenzel, Manfred/Schiefele, Ulrich/Schneider, Wolfgang/Stanat, Petra/Tillmann, Klaus-Jürgen/Weiß, Manfred (Hrsg.): PISA 2000. Basiskompetenzen von Schülerinnen und Schülern im internationalen Vergleich, Opladen, S. 468–510.

Tophoven, Silke (2011): Schulleistung von Kindern und familiale Einkommensarmut, in: Berger, Peter A./Hank, Karsten/Tölke, Angelika (Hrsg.): Reproduktion von Ungleichheit durch Arbeit und Familie, Wiesbaden: VS Verlag für Sozialwissenschaften, S. 237–258.

Trautwein, Ulrich (2012): Anstöße für die Bildung, in: Vodafone Stiftung Deutschland (Hrsg.): Lehre(r) in Zeiten der Bildungspanik. Eine Studie zum Prestige des Lehrerberufs und zur Situation an den Schulen in Deutschland, Düsseldorf: Vodafone Stiftung Deutschland, S. 48–56.

Ullrich, Heiner/Strunck, Susanne (2012): Private Schulen in Deutschland: Entwicklungen – Profile – Kontroversen. Wiesbaden: Springer VS.

UNICEF (2008): The Child Care Transition. Innocenti Report Card 8. Florence: UNICEF Innocenti Research Centre.

UNICEF (2012): Measuring Child Poverty. New League Tables of Child Poverty in the World's Rich Countries. UNICEF Innocenti

Research Centre Report Card 10, Florence: UNICEF Innocenti Research Centre.

UNICEF (2012): UNICEF-Vergleichsstudie 2012: Reiche Länder – arme Kinder. Online im Internet: http://www.unicef.de/presse/2012/vergleichsstudie-kinderarmut/(Zugriff am: 10. August 2012).

Vesper, Dieter (2004): Anreize für Kommunen, mehr Kinderbetreuungsmöglichkeiten bereitzustellen. Endbericht. Forschungsprojekt im Auftrag des Bundesministeriums für Familie, Senioren, Frauen und Jugend. DIW Berlin: Politikberatung kompakt 5, Berlin: DIW.

Vodafone Stiftung Deutschland (Hrsg.) (2012): Lehre(r) in Zeiten der Bildungspanik. Eine Studie zum Prestige des Lehrerberufs und zur Situation an den Schulen in Deutschland. Düsseldorf: Vodafone Stiftung Deutschland.

Wagner, Michael/Dunkake, Imke/Weiß, Bernd (2004): Schulverweigerung. Empirische Analysen zum abweichenden Verhalten von Schülern, in: Kölner Zeitschrift für Soziologie und Sozialpsychologie, 56 (3), S. 457–489.

Weinert, Franz E. (Hrsg.) (1997): Psychologie des Unterrichts und der Schule. Enzyklopädie der Psychologie, Band D/I/3, Göttingen: Hogrefe.

Weinert, Franz E. (2001): Concept of Competence: A Conceptual Clarification, in: Rychen, Dominique S./Salganik, Laura H. (Hrsg.), Defining and Selecting Key Competencies, Göttingen: Hogrefe & Huber, S. 46-65.

Welsch, Wolfgang (1997): Transkulturalität: Zur veränderten Verfassung heutiger Kulturen, in: Schneider, Irmela/Thomsen, Christian W. (Hrsg.): Hybridkultur: Medien, Netze, Künste, Köln: Wienand Verlag, S. 67–88.

Wernstedt, Rolf/John-Ohnesorg, Marei (2009): 10 Fragen – 10 Antworten, in: Wernstedt, Rolf/John-Ohnesorg, Marei (Hrsg.): Bildungsstandards als Instrument schulischer Qualitätsentwicklung. Zementierung des Selektionsprinzips oder Mittel zur Chancengerechtigkeit? Dokumentation der Sitzung des Netzwerks Bildung vom 26. Januar 2009, Berlin: Friedrich-Ebert-Stiftung, S. 5–10.

Wetzels, Peter/Wilmers, Nicola/Mecklenburg, Eberhard/Enzmann, Dirk/Pfeiffer, Christian (2000): Gewalterfahrung und Delinquenz Jugendlicher in Delmenhorst. Eine Totalerhebung bei Schülerinnen und Schülern der 9. und 10. Jahrgangsstufe und des

Berufsvorbereitungsjahres, Hannover: Kriminologisches Forschungsinstitut Niedersachsen.

Wocken, Hans (2010): Über Widersacher der Inklusion und ihre Gegenreden, in: Aus Politik und Zeitgeschichte, 23/2010, S. 25 – 31.

Wößmann, Ludger (2008): Die Bildungsfinanzierung in Deutschland im Licht der Lebenszyklusperspektive: Gerechtigkeit im Widerstreit mit Effizienz?, in: Zeitschrift für Erziehungswissenschaft, 11 (2), S. 214 – 233.

Wößmann, Ludger/Piopiunik, Marc (2009): Was unzureichende Bildung kostet. Eine Berechnung der Folgekosten durch entgangenes Wirtschaftswachstum. Gutachten im Auftrag der Bertelsmann Stiftung. Gütersloh: Bertelsmann Stiftung.

Zymek, Bernd (2009): Prozesse der Internationalisierung und Hierarchisierung im Bildungswesen. Von der Beharrungskraft und Auflösung nationaler Strukturen und Mentalitäten, in: Zeitschrift für Pädagogik, 55 (2), S. 175 – 193.

Dank

Ich danke den vier Jungen und Mädchen, die mir jedes Kapitel vorgelebt haben und mich dabei oft fassungslos machten. Alex, Erkan, Jenny und Laura sind wunderbare Kinder. Wir werden uns nicht verlieren.

Meine klugen, kraftvollen und kreativen Mitarbeiterinnen in München, Nürnberg und Berlin haben mir ermöglicht, die Lebensverläufe der vier Kinder aus großer Nähe zu verfolgen. Almuth Kleinert, Ingrid Guber und Miriam Godefroid im Besonderen stehen für meine Vereinbarkeit von Beruf und Familie über die letzten zwanzig Berufsjahre.

Die sichere, nervenstarke und zuverlässig zaubernde Arbeit meiner Lektorin Jana Schrewe macht das Buch rund und lesbar. Es tut gut, sie auch als Gedankenschärferin um mich zu haben. Meine studentische Hilfskraft Julia Haarbrücker arbeitet nachts. Und so begrüßten mich jeden Morgen neue Berge von Büchern und Materialien. Wenn aus diesem biografischen Sachbuch ein gesättigtes Fachbuch entstehen sollte, sie kann es schreiben. Gezogen haben Rebekka Göpfert und Karen Guddas. Rebekka Göpfert hat ein »Bildungsbuch« schon seit vielen Jahren im Kopf, hat mich getriezt und nicht locker gelassen. Karen Guddas, die Lektorin des Verlags, hat mich mit Geduld, Wissen und Beharrlichkeit in den letzten Monaten sehr unterstützt.

Ohne die blitzende Hilfe von Stephan Leibfried und Paul Stoop würde den Zeilen viel fehlen. Ich danke auch ihnen sehr.

Am WZB arbeiten ganz wunderbare Wissenschaftlerinnen und Wissenschaftler. Sie machen mein Arbeitsleben zu einem täglichen inhaltlichen und menschlichen Vergnügen. Ich danke insbesondere den Mitgliedern meiner Lesegruppe, Tina Baier, Benjamin Edelstein, Christian Ebner, Lena Hipp und Lena Ulbricht, die zeigen, was starke Wissenschaftlerinnen und Wissenschaftler ausmacht. Und belegen, dass die Zusammenarbeit uns alle stärkt. Ein Lob auf die Vielfalt, auch hier. Keine der vielen Anregungen und Kommentare hat sich gedoppelt. Das macht Arbeit und bringt Fortschritt.

Dieses Buch wäre ohne die vielen Gespräche mit den Eltern der Kinder, ihren Lehrerinnen und Lehrern, mit Sonderpädagogen und Freunden nicht zustande gekommen. Mein großer Dank und meine Hochachtung gilt ihnen allen.

Die Musik meiner Freunde, die Geduld meiner Familie und die Unterstützung von Konrad, Elisabeth und Christa haben mir immer wieder gezeigt, dass das Leben mehr als Arbeit ist. Staunen, Lachen und spleenige Ideen verdanke ich Philipp, der mittlerweile auch ein junger Mann geworden ist.

Mein großer Dank gilt allen.

Berlin, im August 2012
Jutta Allmendinger